新文科背景下经管类专业系列教材

SPSS统计分析方法

▶ 主　编◎马文波　崔风暴

▶ 副主编◎白如彬　罗　霞

▶ 参　编◎章铖红　杨　岚

西南财经大学出版社

中国·成都

图书在版编目(CIP)数据

SPSS 统计分析方法/马文波,崔风暴主编;白如彬,
罗霞副主编.--成都:西南财经大学出版社,2024.8.
ISBN 978-7-5504-6235-9

Ⅰ.C819

中国国家版本馆 CIP 数据核字第 2024HK5807 号

SPSS 统计分析方法
SPSS TONGJI FENXI FANGFA

主 编 马文波 崔风暴
副主编 白如彬 罗 霞

责任编辑:陈何真璐
责任校对:石晓东
封面设计:墨创文化
责任印制:朱曼丽

出版发行	西南财经大学出版社(四川省成都市光华村街55号)
网 址	http://cbs.swufe.edu.cn
电子邮件	bookcj@swufe.edu.cn
邮政编码	610074
电 话	028-87353785
照 排	四川胜翔数码印务设计有限公司
印 刷	郫县犀浦印刷厂
成品尺寸	185 mm×260 mm
印 张	15.375
字 数	406 千字
版 次	2024 年 8 月第 1 版
印 次	2024 年 8 月第 1 次印刷
书 号	ISBN 978-7-5504-6235-9
定 价	39.80 元

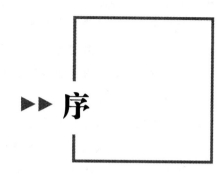

▶▶ 序

统计分析运用的领域十分广泛：在教育领域中，研究电子笔记对学习有帮助还是有阻碍；在体育领域中，确定未通过药检的运动员是否服用了违禁药物；在健康领域中，比较两种饮食中哪一种可以帮助肥胖儿童减轻更多体重；在医疗领域中，讨论缺血预适应训练对治疗高血压患者是否有效；在药学领域中，判断新药或者疫苗是否具有有效性；在经济领域中，预测新政策是否能促进经济增长。以上运用领域也只是冰山一角，其实几乎所有领域都需要运用统计分析。

什么是统计呢？为什么应该学习和研究统计？

统计学是一门分析数据的科学。

统计是收集、组织和分析数据以及从数据中得出推论的活动。

数据通常是数字，但它们不仅仅是"数字"。数据是带有上下文的、具有特定含义的数字。例如，数字 50 本身不携带任何信息。但如果我们听说家人或朋友的新生儿出生时身高为 50 厘米，我们会祝贺他们的孩子健康。这时文字让我们对基本情况有了了解，并让我们能够做出判断。我们知道，身高为 50 厘米的婴儿非常常见。这些背景说明婴儿身高为 50 厘米，而不是婴儿每分钟呼吸 50 次，也不是汽车的速度为每小时 50 千米。上下文使这个数字有意义，否则不知所云。

如今我们生活在一个信息爆炸的时代。某地区选举的民意调查结果、电视收视率、汽车销量、汽油价格、媒体每天讨论的经济发展情况、医学研究结果和高考录取分数线等等，这些都是数据。

统计方法和统计思维是使用常识和统计工具，从数据中进行分析并推导出结论的过程。

数据收集特别重要。数据是统计分析的前提，各种手机 App 收集着我们的生活数据，同时为我们提供生活服务。比如，电商平台非常了解我们，通过日常数据收集与分析，就能在我们需要的时候向我们精准推送商品。新能源汽车厂商都用百米加速用时、电池续航里程等数据证明其汽车具有优越性。统计学知识有助于我们从大量数据中找到有意义的信息。

数据来源特别重要。在做统计分析或者统计研究之前，最重要的事是搞清楚你的数据从何收集而来。只有可信、充实的数据才能产生值得信赖的结果。

人们很容易根据自己的经历或认识的人的经历得出结论。这种结论往往是错误的。在我读书时，我老家的农村流传着"读书无用论"。因为部分当老板的有钱人是没有读大学的，所以大家认为读书是无用的。为什么呢？统计学会告诉我们这是幸存者偏差。在公众心目中，引人入胜的故事往往更容易被记住和传播，但一个有统计学知识的人则知道得更清楚：数据比个人经历更可靠，因为数据系统地描述了整体情况。

几乎所有职业都需要有效地使用数据统计技能。例如，国家和地方统计局每月、每季度、每年会适时发布与经济相关的统计数据，如 GDP、CPI、农业的农作物播种面积、工业增加值、进出口额等。经济学家、财务顾问以及政府和企业的政策制定者研究这些数据，以便做出明智的决策。医生必须了解医学期刊中出现的数据的来源并判断其可信度。企业业务决策必须基于消费者偏好的市场研究数据。总之，学习好统计学，有助于学生对入职做好准备工作。对统计学的深入学习将使我们能够在职业和日常生活中做出明智的、基于数据的决策。

统计学的目标是从数据中获取有效信息。为此，我们经常根据一组数字进行计算或绘制图表。但仅仅计算和绘图（表）还远远不够，因为数据不仅仅是数字，还有需要我们去揭示数字背后的信息。当你做统计题时，即使是简单的教科书问题，也不要只是计算或绘图（表）。请记住，统计不是为了计算而计算，而是为了从数字中获得信息而进行计算。计算和绘图（表）可以通过计算器或软件辅助完成，但你必须理解背后蕴藏的信息。本书将介绍一些统计分析中最常见的软件及使用程序。当你掌握统计学思想和原理后，你将很快学会更高级的统计方法。

马文波

2024 年 1 月

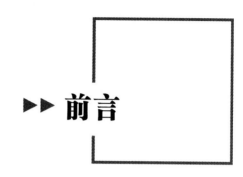

▶▶ 前言

　　随着信息技术的飞速发展，数据已成为现代社会不可或缺的一部分。在海量数据中寻找规律、做出决策，已成为各行各业的普遍需求。统计学作为一门研究数据的科学，其重要性日益凸显。而 SPSS 软件作为一款功能强大的统计分析软件，已成为数据分析领域的重要工具。

　　《SPSS 统计分析方法》旨在帮助读者掌握统计学的基本概念、原理和方法，并通过 SPSS 软件的实际应用，提升数据分析的能力。本书具有以下特点：

　　（1）理论与实践相结合：本书在介绍统计学理论的同时，注重实践操作，通过大量实例演示如何使用 SPSS 软件进行数据分析。

　　（2）循序渐进的结构设计：从基础的统计概念到复杂的统计推断，再到回归分析的应用，本书内容安排合理，便于读者逐步深入学习。

　　（3）丰富的实例分析：通过具体的数据集和案例，展示 SPSS 软件的功能和统计分析的全过程，帮助读者更好地理解和掌握知识点。

　　（4）清晰的图表展示：书中包含了大量的图表和图解，直观地展示了数据分析的结果，增强了可读性和易理解性。

　　本书不仅适合作为高等教育中统计学、数据分析、社会科学等相关课程的教材，也适合作为研究人员、数据分析从业者以及对统计分析感兴趣的自学者的参考图书。

　　本书的编写分工：马文波撰写第一、四、五、六、七、八、九、十章，崔风暴负责逻辑建构并撰写第二章，罗霞撰写第三章，白如彬负责案例和数据收集，之后由章铖红、杨岚负责校稿，最终全书由马文波统稿。限于撰写人员的知识水平和教学经验，本书难免存在不足，希望使用本书的读者向编者提出意见和建议，编者将不胜感激！

编者

2024 年 1 月

▶▶ 目录

目录

第 1 章

统计概念与统计思维

本章提要

在开始学习统计之前，首先要把统计学中涉及的核心概念搞清楚，也要把统计学思维印入大脑。本章开始介绍一些核心的统计学概念和统计学思维。学习完本章后，学生将了解总体与样本、参数与统计量、概率与频率、标准差与标准误差、同质与变异、随机化原则、因素与水平、变量等概念；同时也会了解和掌握抽样思维、样本推断总体思维、反证思维、小概率事件、误差控制思维。

学习目标

● 理解总体与样本、参数与统计量、概率与频率、标准差与标准误差、同质与变异、随机化原则、因素与水平、变量等概念。

● 理解抽样思维、样本推断总体思维、反证思维、小概率事件、误差控制思维。

● 举例说明抽样思维、样本推断总体思维、反证思维、小概率事件、误差控制思维。

主要内容

⭐ 总体与样本　　　⭐ 参数与统计量　　　⭐ 概率与频率

⭐ 标准差与标准误差　⭐ 随机与变量　　　⭐ 同质与变异

⭐ 因素与水平　　　⭐ 抽样思维　　　　⭐ 标本推断总体思维

⭐ 反证思维　　　　⭐ 小概率事件　　　⭐ 误差控制思维

1.1 统计概念

统计学是处理复杂科学问题的艺术。概念是思维的基本单位,是思维的出发点和终点,统计概念是统计的基石。掌握统计的核心概念,将会促进初学者对统计思维的理解和学习。本章重点讲解一些核心的统计概念,其他概念会在相关章节中讲解。

1.1.1 总体与样本

总体(population)指的是我们研究的整个群体或集合。

在统计学中,"总体"可以是有生命的,如一国的所有居民;也可以是无生命的,如所有制造的产品。总体是我们想要理解或推断的对象,它包含了所有可能的观测值或个体。值得注意的是,总体不一定是大量的或无限的;它也可以是小的或有限的。总体的关键特点是它包括了研究的全部个体。

例如,如果一个研究想要了解某种疾病在全球的发病率,那么"总体"就是全世界所有人;如果一个研究想要了解某大学所有在校学生的平均体重,那么"总体"就是该大学所有在校生;如果一个研究想了解某城市人均可支配收入,那么"总体"就是该城市所有居民。

样本(sample)是从总体中选取的一部分个体。

为了研究总体情况,人们发明了抽样的方法。例如我们想知道一锅鸡汤的味道,不需要喝完所有的汤,只需要摇匀,尝一勺即可,这种思想叫作抽样。相对于总体,样本的目的是代表总体,使我们能够通过研究样本来了解和推断总体的特征。样本的选择通常基于随机性,以确保其代表性。样本大小(即样本中个体的数量)可以根据研究的需要而变化。

以前面的例子为例,如果要研究全球某疾病的发病率,由于不可能对全世界每个人进行调查,研究者可能会从不同国家或地区抽取一定数量的人作为样本进行研究。

总体提供了我们想要探索的全貌,而样本则是我们接触这个全貌的窗口。总体与样本在统计学中占据着重要的地位。

1.1.2 参数与统计量

参数(parameter)是用于描述总体特征的概括性数字度量,一般用希腊字母表示,如总体均值(μ)、总体标准差(σ)、总体比例(π)等。

统计量(statistics)是用于描述样本特征的概括性数字度量,是可计算的随机变量,一般用拉丁字母表示,如常见的统计量有样本均值($\bar{X}$)、样本标准差(s)、样本比例(p)等。

一般而言,我们进行科学研究,直接获取到的仅是样本的统计量,研究的目的就是想获知总体的属性特征,即总体参数。统计学存在的核心价值就在于可以通过描述样本的统计量去推断描述总体的参数,即通过偶然去发现必然,通过一般去发现普遍的过程。

总体的特征数字度量对应的就是参数，而样本的特征数字度量对应的就是样本量。也就是说，当我们提及参数时，那说的一定是总体特征；当我们提及样本量时，那说的一定是样本特征。总体与参数、样本与统计量是一一对应的。同时，参数一般用希腊字母表示，而样本量用拉丁字母表示。这是一种默认的规则，以便于大家理解。

参数与统计量关系如图 1-1 所示：

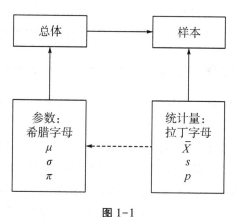

图 1-1

1.1.3　概率与频率

概率（probability，P）是用于反映某一事件发生可能性大小的一种度量，一般用大写斜体的 P 表示。概率一定是在 ［0，1］ 的数字。

我们根据事件发生的概率大小，把事件分成三类：

$P=1$ 为必然事件，发生概率为 100%；

$P=0$ 为不可能事件，发生的概率为 0；

$0<P<1$ 为偶然事件，其中统计学默认 $P \leqslant 0.05$（有时 $P \leqslant 0.01$、$P \leqslant 0.1$）的事件为小概率事件，其实际应用意义在一次实验、抽样或者研究过程中几乎不可能发生。

小概率事件非常重要，是统计推断的基础。比如一个游戏，在一个不透明的箱子中有 100 个乒乓球，其中 5 个为黄球，95 个为白球。现在请大家玩这个摸球游戏，摸球有放回的，每玩一次交 1 元钱，如果摸中黄球得 10 元，如果摸中白球就"谢谢参与"。那么玩这个游戏能赢钱吗？

基于统计的分析，黄球占比为 5%，你每次能摸中黄球的概率为 0.05，如果摸一次就摸中黄球，那是小概率事件。那么平均需要摸多少次才能摸到黄球呢？统计学会告诉你 20 次。也就是你平均拿出 20 元，才能中一个黄球得到 10 元。自然这个游戏，从统计学角度来说赢不了钱。**特别注意：统计学推断都是从平均意义上来说的。**

还有一个掷骰子游戏，掷两个骰子，把两个骰子点数加起来得到总点数，如果总点数为 7、8 庄家赢，如果总点数为 2、3、11、12 玩家赢。每次每人都押 10 元底金，谁赢就拿走全部底金。那么，玩家会赢吗？平均要玩多少次才能赢一次？这些问题将在后面讲解。

频率（frequency，f）是指我们进行了 N 次实验，其中一个事件出现的次数 m 与总的实验次数 N 之间的比值。

概率与频率就如同总体与样本。事件的概率是一个理论值，它是由事件的本质属性决定的，能精确反映事件发生可能性的大小。事件的频率是个试验值，会有波动，只能近似反映事件发生可能性的大小。用频率度量一个事件发生的可能性大小是基本合理的，但还有缺点，频率有波动性，即频率具有随机性。人们在实践研究中发现，在大量重复同一个试验时，事件发生的频率有一个稳定值，这个稳定值称为该随机事件的概率。频率像是样本统计量，概率像是总体参数。我们用频率来估计概率。

1.1.4 标准差与标准误差

标准差（standard deviation，SD）反映一个数据集的离散程度（或理解为数据集的波动大小），它是对一列数据的描述性分析。

方差与标准差都是反映数据集的离散程度。方差与要处理的数据的量纲是不一致的（单位不一致），它虽然能很好地描述数据与均值的偏离程度，但是处理结果不符合人们的直观思维；而标准差与原单位一致，符合人们的直觉思维，也能更好理解。

标准误差（standard error，SE），口语里也叫作"标准误"，指样本统计量对总体参数的离散程度。均方误差是各数据偏离真实值的距离平方和的平均数，也即误差平方和的平均数，计算公式形式上接近方差，它的开方叫均方根误差。均方根误差和标准差形式上接近。误差根据产生的原因分为四种：一是系统误差，二是随机误差，三是抽样误差，四是过速误差。具体内容将在后面章节中讲解，这里只需要知道误差是观察值与真值之间的差异，即通过一次实验得到的结果与事件真实结果之间的差值。

1.1.5 同质与变异

同质（homogeneity）是指观察单位所受到的影响因素相同。总体中的所有个体均具有共同的性质——大同小异或被研究指标的影响因素相同。我们研究观察单位所受的影响因素只可能相对相同，不可能绝对相同，因此同质是相对的。科研所确定的总体或者样本在某些因素上必须是同质的，只有这样我们才能将其作为一个群体来进行研究。如在针对人群健康的研究中有些影响因素是难以控制的，甚至是未知的，如遗传、营养、心理等因素。因此，实际工作中，影响被研究指标的主要的、可控制的因素达到相同或基本相同就可以认为是同质。如研究儿童的生长发育，规定的同性别、同年龄、同地区、同民族、健康的儿童即为同质的儿童。

变异（variation）原则是指在同质的基础上各观察单位（或个体）之间的差异。如同质的儿童身高有高有矮，体重有胖有瘦；用相同的降压药治疗病情、年龄相同的原发性高血压病人，其血压值的降低有多有少。因此，同质是相对的，变异是绝对的。统计学的任务就是在同质的基础上，对个体变异进行分析研究，揭示由变异所掩盖的同质事物内在的本质和规律。

1.1.6　随机化原则

随机化（randomization）原则是指在选择受试对象、对受试对象进行分组以及对受试对象施加不同的干预措施时，受试对象被抽到的概率、被随机分到各组的概率以及接受不同干预措施的概率是相等的。统计学中的随机化具体包括随机化抽样、随机化分组和随机化顺序。

随机化抽样指在抽样过程中，采用随机化方法，使总体中所有对象都有同等的机会被抽中进入研究样本。目的是保证样本的代表性，避免发生选择偏倚。

随机化分组又叫随机分配，它是指在研究样本确定后，进一步采用随机的方法，将研究对象以同等的机会分配进入试验组（experimental group）或对照组（control group）中。随机分组可以提高组间的均衡性，减少非研究因素的干扰。

随机化顺序是指当我们进行交叉试验时，随机化分组后的研究组接受不同干预措施的顺序是随机的。

1.1.7　因素与水平

因素（factor）是可能对因变量有影响的变量，也就是统计实验中的自变量，有几个自变量就是有几个因素。一般两个以上自变量的实验设计统称为多因素实验。实验中由一个因素的不同水平引起的变异叫因素的主效应；当一个因素的水平在另一个因素的不同水平上变化趋势不一致时，我们称两个因素之间存在交互作用。

水平（level）是指一个因素的不同情况。例如，性别因素有男女两个水平，血型因素有 A、B、O 和 AB 型 4 个水平。水平往往是统计学分组的依据。

1.1.8　变量

变量（variable）为观察单位的某些特征，如人的身高、体重、性别、年龄、血型、营养程度等，通俗地讲就是我们研究的指标。根据变量特征的属性，变量可分为定量变量（quantitative variable）、定性变量（qualitative variable）。定量变量又可分为定距变量（interval variable）、定比变量（ratio variable）；定性变量又可分为名义变量（nominal variable）、定序变量（ordinal variable）。

变量的解释和运用离不开测量，不同的变量需要相应的测量尺度。美国统计学家史蒂文斯于 1951 年创立了测量尺度分类法，将测量尺度分为定类尺度、定序尺度、定距尺度、定比尺度。

测量是指根据一定的法则，将某种物体或现象所具有的属性或特征用数字或符号表示出来的过程，主要作用是确定一个特定分析单位的特定属性的类别或水平。

名义变量是具有相同属性的变量，变量之间不存在大小和顺序，比如性别、电脑品牌等。它是由定类尺度确定的。定类尺度（nominal scale）也称为类别尺度、定名尺度，是用于测量定类变量的尺度，是测量尺度中最低级的一种。定类尺度在本质上是一种分类体系，即把研究对象的不同属性或特征加以区分，标以不同的名称或符号，确定其类别。

定序变量是指变量之间存在顺序关系的变量，不能进行四则运算，比如学历、产品满意度等。它是由定序尺度确定的。定序尺度（ordinal scale）又称等级尺度、顺序尺度。一个变量如果能够按照某种逻辑顺序，依操作定义所界定的明确特征或属性而排列等级大小、高低、先后的次序，就适合用定序尺度进行测量。定序尺度可以按某种特征或标准将对象区分为强度、程度或等级不同的序列。

定距变量是指有测量单位但是没有绝对零点的变量，可以进行加减运算，不能进行乘除运算，比如成绩、温度等。它是由定距尺度测度的。定距尺度（interval scale）又称等距尺度、区间尺度，不仅能够把社会现象或事物区分为不同的类别、不同的等级，还可以确定相互之间不同等级的间隔距离和数量差别。典型定距变量有智商、温度等。例如甲的智商为100，乙的智商为90，那么可以知道甲乙的智商不同（定类尺度）、甲的智商比乙高（定序尺度）、甲的智商比乙高10（定距尺度）。

定比变量是数据类别之间的最高级，既有测量单位也有绝对零点，可以进行四则运算，比如身高、参赛人数等。它是由定比尺度测度的。定比尺度（ratio scale）又称比例尺度、等比尺度，能够测量事物间比例、倍数关系。定比尺度是测量中的最高层次，含有前三个测量尺度的特征，具有实在意义的真正零点。

变量是可以从高级向低级变量转化的。定比变量、定距变量可以通过分组变成定序变量；定序变量不考虑顺序就成了名义变量。

1.2 统计思维

马寅初曾说："学者不能离开统计而究学，实业家不能离开统计而执业，政治家不能离开统计而施政。"统计思维是在获取数据、从数据中提取信息、论证结论可靠性等过程中表现出来的一种思维模式，对于人类提高认知起到巨大的作用。无论是解开自然奥秘的科学调查，或是考查早期匿名文学作品的作者、给出考古文物的时间年表，还是解决法庭争端以及做出最佳决策等，统计思维都在其中起到不可替代的重要作用。

1.2.1 样本推断总体思维

我们的研究对象复杂，一般情况下，从可得性、经济性、必要性等考虑，不能或者不必获取到全部总体，几乎都是按照随机化的原则从总体抽出一定数量的样本，从样本特征来推断总体特征。

通过抽样我们可以获得研究样本，对有限的研究样本进行研究，从而得到样本的统计量进而推断总体的特征。

用样本统计量估计总体参数时，必然存在误差。需要我们对误差进行控制，以达到通过样本统计量去预测总体参数的目的。有时我们无法控制误差，但是可以做到心中有数，知道误差对我们的推断产生了多大的影响。

1.2.2 小概率事件与反证思维

反证法作为一种逻辑推理方法，其核心在于通过否定一个假设来间接证明其对立面的正确性。在这个过程中，将问题划分为两种互斥且穷尽的可能性（即 A 与 B），是反证法的基础框架。当假设 A 被提出后，不是直接证明 A 的正确性，而是寻找能够证明 A 错误的证据，即找到与 A 相矛盾的情况或事实。一旦成功证明 A 不成立，根据排中律（即事物必为 A 或 B，无第三种可能），B 的成立便自然得证。

引入小概率事件的概念，则为反证法提供了更为精细和有力的工具。在统计学和概率论中，小概率事件指的是在大量重复试验中几乎不可能发生的事件。根据小概率原理，如果一个事先认为发生概率极小的事件在单次试验中被观测到，那么就有理由质疑导致这一事件发生的原始假设的正确性。

在反证法的应用中，我们可以故意将待验证的假设 A 设置为一种"大概率"或"期望"发生的事件（尽管这并非绝对必要，但有助于构建逻辑上的对比），而将其对立事件 B 视为小概率事件。随后，通过收集和分析数据，如果发现了 B 事件发生的证据，即一个几乎不可能发生的小概率事件居然发生了，那么这就有力地反驳了原假设 A，从而间接证明了 B 的成立。

因此，运用小概率事件进行反证思维的过程，实质上是通过观测到的小概率事件来挑战和推翻原有的假设，进而确立其对立面的可信度。

1.2.3 误差控制思维

误差控制应用在很多的领域，如工程学、人工智能、生物学、社会学等领域。这些误差控制都是统计学的应用。误差是不可避免的——条件再理想，也不可能完全避免随机干扰因素的影响。因此，使用平均值等统计手段取得结果，多次测量是排除偶然因素的好办法。

统计计算的算法要得到正确的结果，就需要尽可能减少误差。统计问题中的误差有模型误差、实验误差和数值计算误差，在统计计算研究中主要解决的是如何减少数值计算误差的问题。

统计计算的算法通常是用来求解某种统计模型。任何用来解决实际问题的数学模型都或多或少地简化了实际问题，忽略掉一些细节。如果模型不合适，其他误差控制得再完美，问题也不能得到解决；更糟的是，计算结果会给使用者以错误的信心。比如，使用的回归模型要求观测是独立的，而实际数据观测有不可忽略的序列相关性，尽管用软件算出了很"完美"的结果，这个结果也是错误的。

建立统计模型所需的数据来自实验、观测、抽样调查等过程，在这样的过程中会出现实验误差，包括随机误差、系统误差、过失误差。

随机误差是试验过程中由一系列随机因素引起的不易控制的误差。我们可以通过多次重复试验或改进模型设计来减小随机误差。随机误差可能来自物理量本身的波动，比如测量风速，就是在测量一个随时变化的物理量，不可避免地受到随机误差影响。随机误差可能来自不可控制的随机因素影响，比如，在用雷达测量飞机的方位和速度时，可能受到地磁、气温、地形的影响。测量仪器精度的限制也会带来随机误差，比如用最小刻度是 1 度的温度计测量温度，只能把不足 1 度的值四舍五入或者估计小数点后一位数字。随机误差也可能来自特定条件下才发生的程序错误。

系统误差是多次测量持续偏高或偏低的误差。多次重复测量不能消除或减少系统误差。系统误差可能来自仪器本身的误差，比如用不锈钢直尺测量家具高度，直尺本身在温度不同时长度有细微变化。系统误差也可能来自仪器使用不当，比如用天平测量质量时天平没有配准。当发现有系统误差时，必须找出引起误差的原因并消除。

在记录实验数据时人的过失也会导致误差发生，这样的误差称为过失误差。比如，在记录仪表（如水表、电表）的读数时看错数字，在记录数值时写错小数点位置，在上传数据时报告了过时的或错误的数据，等等。统计数据分析必须甄别并改正这样的过失误差，否则会对分析结果产生严重影响。在使用计算机软件处理数据时程序设计的质量问题也会导致误差发生。比如，当输入条件不满足模型要求而程序中未进行检查时，可能给出错误的结果。

目标达成表

学习目标	目标达成情况自评
理解总体与样本、参数与统计量的概念	
理解概率与频率、因素与水平的概念	
理解标准差与标准误差、随机化的概念	
理解变量、同质、变异的概念	
理解抽样的思维，并说明抽样思维的关键	
理解样本推断样本思维，并说明总体推断思维的重要性	
理解反证思维、小概率事件，举例说明何谓反证思维、小概率事件	
理解误差控制思维，说明误差控制思维的重要性	

第 2 章

探索性数据分析：
一维数据分析

本章提要

在开始学习数据分析时，首先要考虑一维（单变量）数据分布情况，包括图形和分析两个部分，通常称为探索性数据分析（EDA）。图形展示数据有助于我们理解数据，因此我们开始时会介绍展示数据的各种图表。分析数据特征有助于描述数据集的中心和分布，因此我们会学习一系列的数字特征度量。此外，我们要学会运用统计软件进行图形展示和描述数据特征。学习本章后，我们将能够用数据集的形状、中心和离散（变异性）来描述数据集。

学习目标

● 运用合适的图形展示数据，如用点图、茎叶图、条形图、直方图等，描述数据集的中心和离散度量，如中位数、平均数、方差、标准差等。

● 运用正态分布，查找并解释数据分布中单个值的标准化分数（z 分数）；描述加、减、乘或除常数对数据分布的形状、中心和变异性的影响；使用 68-95-99.7 规则来估计指定区间内的值的比例，在正态分布条件下给定百分位数能够确定 z 值；使用密度曲线对定量数据的分布进行建模；从密度曲线中确定分布的平均值和中位数的相对位置。

● 查表计算正态分布中指定区间内的值的比例、正态分布中给定百分位相对应的值。

● 使用统计软件完成图形和分析，如使用 SPSS 软件进行五数汇总和绘制箱线图。

主要内容

⭐ 分布形状　　　⭐ 图形　　　⭐ 中心度量

⭐ 离散度量　　　⭐ z 分数　　　⭐ 正态分布

某班共有 30 人，以下是统计学考试成绩。

从表 2-1 统计学考试成绩表、表 2-2 统计学选课性别表中，我们能分析些什么呢？

表 2-1

76	56	66	84	54	52	56	54	72	86
46	44	100	56	58	56	82	36	58	68
64	58	54	92	84	68	80	82	30	100

表 2-2

女	男	女	女	男	男	女	女	男	男
女	男	男	男	女	男	男	男	女	女
男	男	女	女	女	女	男	女	女	女

提示：当我们分析一组数据时，请务必讨论数据的形状（包括数据中的差距和聚类）、数据的中心（平均值、中位数、众数）和数据的分布（范围、四分位间范围、标准差）。

2.1 图形分析

绘制数据图表的目的是获得对数据的直观感受。我们感兴趣的是数据的形状以及数据中的缺口、数据点群和离群值。

2.1.1 形状

当描述形状时，我们根据数据画出图形，再观察图形对称性。

图形是向左边还是向右边倾斜的？如果尾部在左，数据就会向左倾斜；如果尾部在右，数据就会向右倾斜。

图形是单峰还是双峰的？单峰：数据集中有一个中心点，大多数数据点都围绕这个中心点分布。双峰：数据集中存在两个不同的群体或类别，它们各自有中心点。

图形形状如表 2-3 所示。

表 2-3

示例	说明
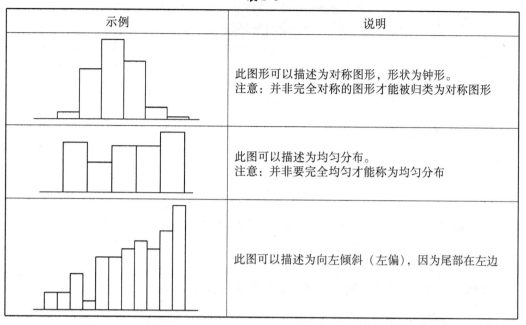	此图形可以描述为对称图形，形状为钟形。 注意：并非完全对称的图形才能被归类为对称图形
	此图可以描述为均匀分布。 注意：并非要完全均匀才能称为均匀分布
	此图可以描述为向左倾斜（左偏），因为尾部在左边

2.1.2 点图

点图是一种非常简单的图表类型。它是在数轴上相应数值的上方画小圈，有几个相同数据就画几个小圈。统计计算机软件 SPSS 绘制的统计测验分数点图如图 2-1 所示。

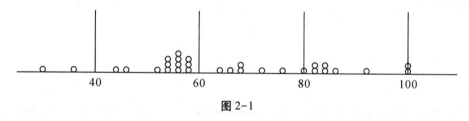

图 2-1

结论：从点图中，我们可以看出数据略微向右倾斜（即向高分倾斜）。数据更多地出现在 55~60 之间，以此为参考，左边相对数据较少，右边数据较多。

SPSS 操作

步骤一：打开 SPSS 软件，输入数据。变量视图下，第一行的"名称"输入"成绩"，"类型"选择"数字"，"小数位数"输入"0"，"测量"选择"标度"，如图 2-2所示。

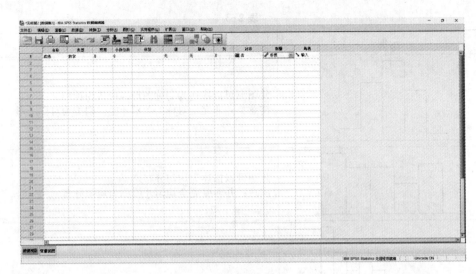

图 2-2

步骤二：数据视图下，输入数据，如图 2-3 所示。

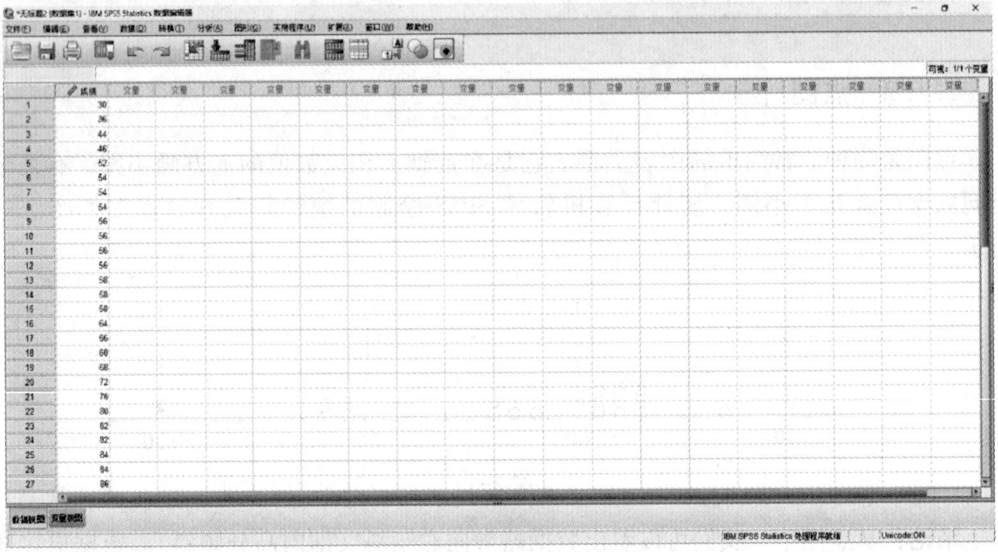

图 2-3

步骤三：菜单"图形"下选择"图表构建器"，如图 2-4 所示。"图库"下选择"散点图/点图"，再在右边图形里选择"简单点图"，之后将其拖入上面的图表预览区，点击"确定"，如图 2-5 所示。

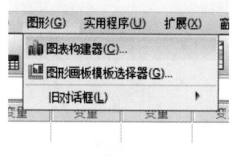

图 2-4

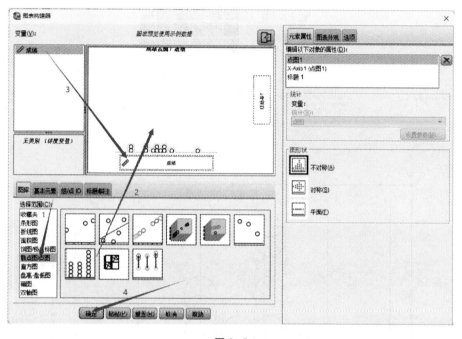

图 2-5

步骤四：在输出查看器中，找到刚输出的结果，双击图形，进入"图表编辑器"，选择圆圈并双击，弹出"属性"对话框，"类型"选择"○"，将"标记"下的"大小"修改为"3"，将"颜色"下的"填充"和"边框"都选择为"黑色"，再点击"应用""关闭"，如图 2-6 所示。回到"图表编辑器"，关闭对话框，如图 2-7 所示。回到"输出查看器"得到结果，如图 2-8 所示。

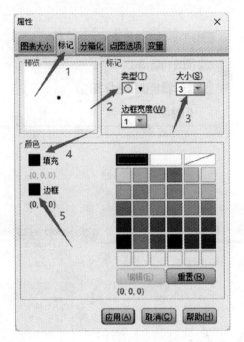

图 2-6

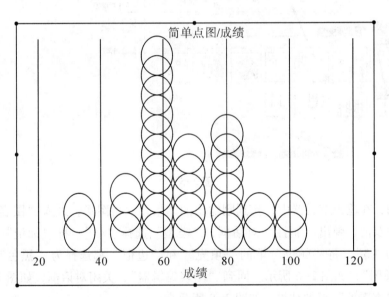

图 2-7

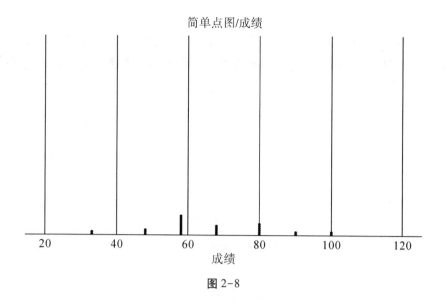

图 2-8

2.1.3 茎叶图

茎叶图比点图复杂一些。在茎叶图中，每个数据值都由一个"茎"和一个"叶"组成。对于何为"茎"、何为"叶"，并没有严格的数学规则来界定。一般而言，将数据的最后一位作为叶，前面的数据作为茎。对于给定两位数的数据，我们可以选择第一位数字作为茎，第二位数字作为叶。成绩数据 84，在茎叶图中，8 为茎，4 为叶，显示为 8 | 4。通常，这些叶子是按递增顺序排列的。因此，茎干"8"所在的行可以写成 8 | 022446。学生成绩数据的完整茎图如图 2-9 所示。

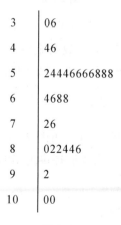

图 2-9

在这组数据中，使用十位数表示茎，使用个位数表示叶；根据数据类型的不同，选择也是不同的。假设我们有一组特定汽车的油耗测试数据（如 10.3，7.5，6.1，…），在这种情况下，将数字的整数部分作为茎，小数部分作为叶，才是合理的。另一个例子是计算机芯片不同厂家的刻蚀尺寸（0.0156，0.0283，0.0146，0.0075，…）。在这里，你可能想忽略 0.0（因为这无助于区分数值），并将最后一个数字作为叶，之前的数字作为茎。

有时需要更精确更细致的刻画分布，也可以将茎分成两个或者多个部分。学生成绩数据，茎干"8"可以用 0~4 和 5~9 两片叶子来表示。这样，学生成绩数据的茎叶图就会是这样的，如图 2-10 所示。

3	0
3	6
4	4
4	6
5	2444
5	6666888
6	4
6	688
7	2
7	6
8	02244
8	6
9	2
10	00

图 2-10

结论：与点图一样，从茎叶图中我们可以看出，学生成绩最为集中的是在 50 多分，低于 50 分的人数较少，高于 60 分人数明显多于低于 50 分的人数。与图 2-9 相比，图 2-10 突出了更细致的分布特征：学生成绩集中的位置有 51~54、55~59、65~69、80~84 四个小区间。

拓展：

有时，比较两组数据可以并排绘制，如图 2-11（a）所示；或背靠背绘制，如图 2-11（b）所示。两组数据比较可为我们提供更多的信息。

3	06			
4	46		4	15
5	24446666888		5	134689
6	4688		6	13358
7	26		7	12334578
8	022446		8	2459
9	2		9	23
10	00		10	0

(a)

成绩1   成绩2

60	3	
64	4	15
88866664442	5	134689
8864	6	13358
26	7	12334578
22644220	8	2459
2	9	23
00	10	0

(b)

图 2-11

结论：从比较中可以看出，成绩 1（左边）的分数两极分化现象严重，成绩 2（右边）的分数比较集中。高分段特征是成绩 1 的个数要多于成绩 2；低分段特征是成绩 1 的个数要多于成绩 2。

SPSS 操作

步骤一、步骤二同点图。

步骤三：在菜单中选择"分析"，然后选择"描述统计"，再选择"探索"，如图 2-12 所示；调出"探索"对话框，如图 2-13 所示。

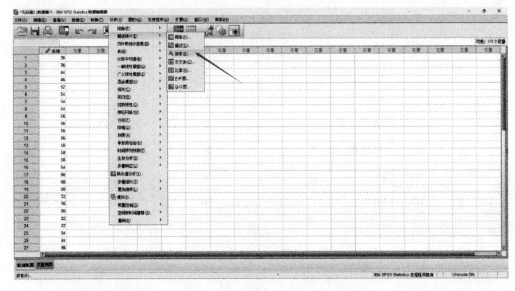

图 2-12

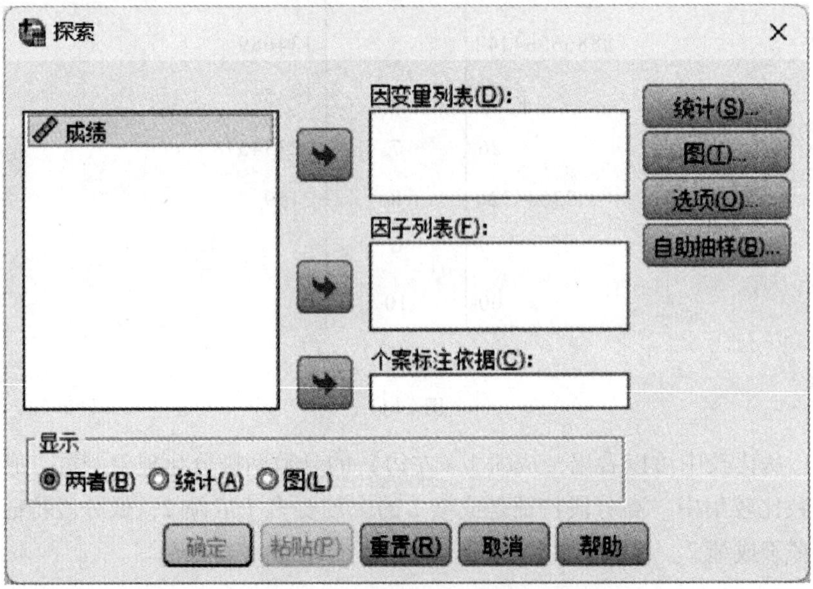

图 2-13

步骤四：将"成绩"放入"因变量列表"中，点击"图（T）"，在"探索：图"的对话框中，在"描述图"下勾选"茎叶图"，点击"继续"，如图 2-14 所示。再点击"确定"，输出结果如图 2-15 所示。

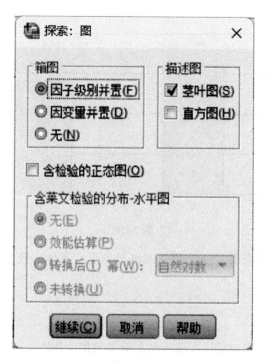

图 2-14

成绩 茎叶图

频率　　 Stem & 叶

```
2.00      3 . 06
2.00      4 . 46
11.00      5 . 24446666888
4.00      6 . 4688
2.00      7 . 26
6.00      8 . 022446
1.00      9 . 2
2.00      10 . 00
```

主干宽度：　　 10
每个叶：　　　 1 个案

图 2-15

2.1.4 柱状图

条形图用于展示定性数据。条形图的横轴为类别，纵轴为每个类别的频率或相对频率。

案例中,性别是定性数据,分成男、女两类,采用条形图进行图示（如图 2-16 所示）。

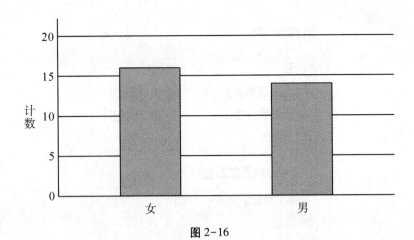

图 2-16

结论：从学生性别来看，统计学选课情况的男女大体一致。女生略多一些，男生略少一些。

SPSS 操作

步骤一：与前面不同的是这次输入的是分类数据。如图 2-17 所示，选择"变量视图"下的"值"，调出"值标签"对话框，"值"填写"0"，"标签"填写"女"，点击"添加"；"值"填写"1"，"标签"填写"男"，再点击"添加"。最后点击"确定"，在"测量"下选择"名义"。

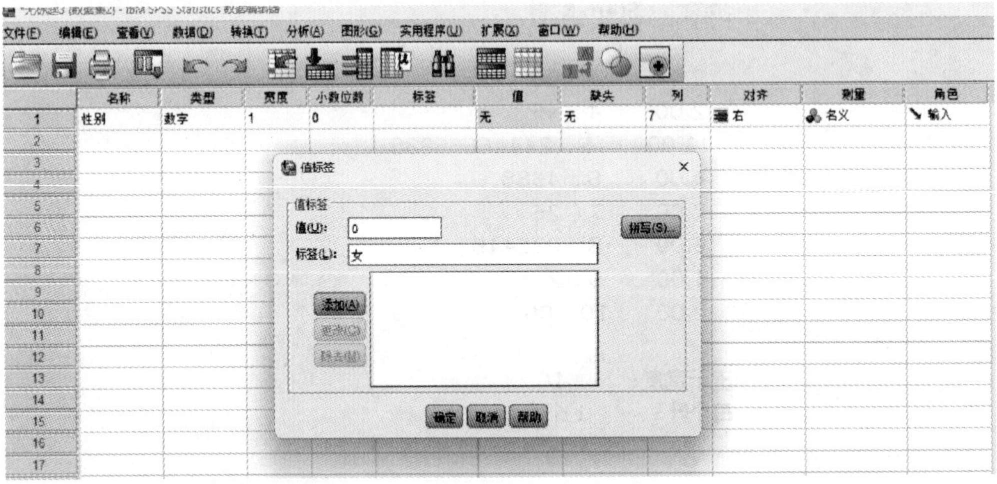

图 2-17

步骤二：在"数据视图"下，输入数据。注意：数据为"男"时，就输入"1"；数据为"女"时，就输入"0"。

步骤三：调出"图表构建器"，在"图库"中选择"条形图"，并选择一个图例，拖入"图形预览区"，再将变量"性别"拖至"X 轴"处，点击"确定"，如图 2-18 所示。在"输出查看器"中查看结果，如图 2-19 所示（只是效果不那么理想，需要修改）。

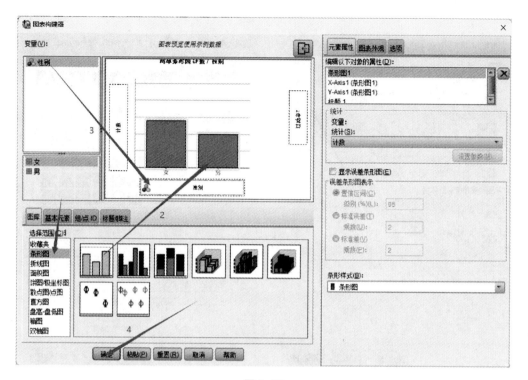

图 2-18

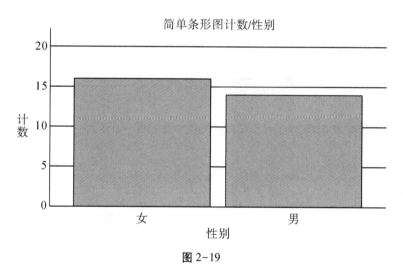

图 2-19

步骤四：在"输出查看器"中，双击"图表"，调出"图表编辑器"，在"男"或者"女"的柱状图上双击，调出"属性"对话框，点击"条形图选项"。"宽度"下"条形图"值修改为"40"，再选择"填充与边框"，将颜色都改成"黑色"，点击"应用"，如图 2-20 所示。输出结果如图 2-21 所示。

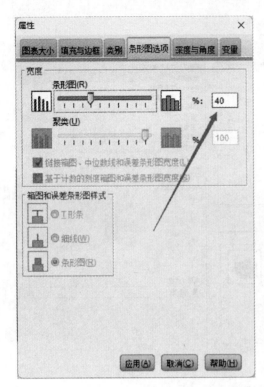
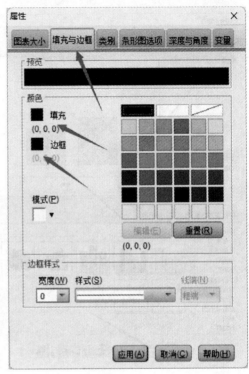

图 2-20

简单条形图计数/性别

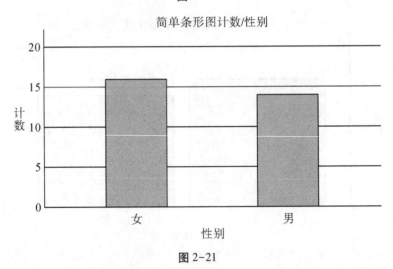

图 2-21

直方图用于展示定量数据。直方图的横轴为数值，纵轴为数值的频率或相对频率。

直方图对于显示单个刻度变量的分布情况非常有用。直方图由等宽的条形图组成，而且有共同的边缘。一般先对数据进行分组，在选择区间时，要确保每个数据点都有组别。

我们再次使用统计学成绩数据进行分析，首先对数据进行分组，我们以 10 分进行分组，分成 8 组，以 30 为中心的区间为 [25，35），以 100 为中心的区间为 [95，105）。以此来确定分组区间的边界，得分组区间（25~35、35~45、45~55、55~65、65~75、75~85、85~95、95~105），然后绘制直方图如图 2-22 所示。

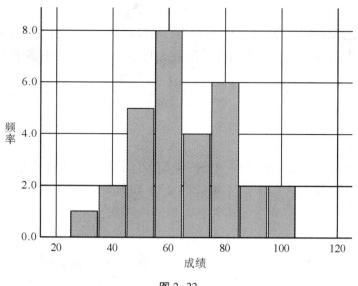

图 2-22

结论： 与点图、茎叶图分析的结论一样，55~65 分区间的人数最多，其左边人数较少，其右边人数较多，数据向右边偏斜（右偏）。

拓展：

分组可以根据需要选择，我们可以选择 5 分区间进行分组，共分 15 组。分组结果为 30~35、35~40、40~45、45~50、50~55、55~60、60~65、65~70、70~75、75~80、80~85、85~90、90~95、95~100、100~105，如图 2-23 所示。但是这种分法并不好，因为数据没有居中。为此，将直方图向左移动 2.5 位置，变成 27.5~32.5、32.5~37.5、37.5~52.5、42.5~47.5、47.5~52.5、52.5~57.5、57.5~62.5、62.5~67.5、67.5~72.5、72.5~77.5、77.5~82.5、82.5~87.5、87.5~92.5、92.5~97.5、97.5~102.5。

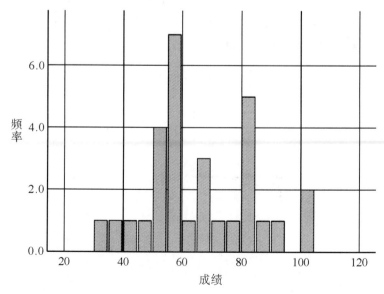

图 2-23

注意：

（1）一般分组区间起点是包含在区间内的，而终点是不包含在内的，即 $a \leqslant x < b$。

（2）一般情况下，一组数据所分的组数 K 应不少于 5 组且不多于 15 组，即 $5 \leqslant K \leqslant 15$。

SPSS 操作

步骤一、步骤二与点图一样。

步骤三：先调出"图表构建器"，选择"直方图"，将直方图例拖入图形预览区，再将变量"成绩"拖入"X 轴"，点击"确定"，如图 2-24 所示。输出结果如图 2-25 所示。

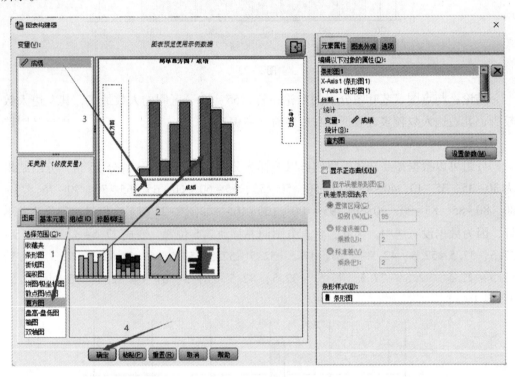

图 2-24

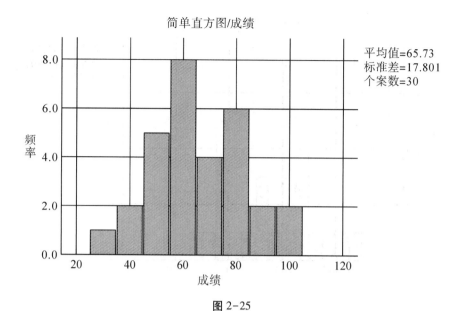

图 2-25

步骤四：在"输出查看器"中，双击"图表"，调出"图表编辑器"，在直方图框内双击，调出"属性"对话框，选择"填充与边框"，将颜色改成期望的颜色，再选择"分箱化"，选择"X轴"下"定制"，"区间宽度"修改为"5"，再依次点击"应用"及"关闭"，如图 2-26 所示。关掉"图表编辑器"后，在"输出查看器"中，得到分析结果，如图 2-27 所示。

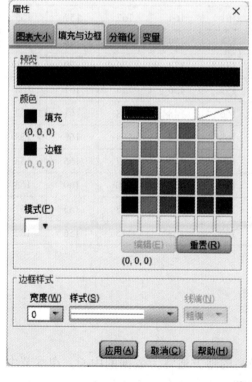

图 2-26

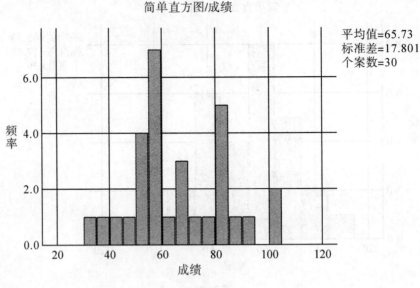

简单直方图/成绩

平均值=65.73
标准差=17.801
个案数=30

图 2-27

快速自测

表 2-4 是 100 名大学女生的身高（单位为厘米），请使用点图、茎叶图、直方图、柱状图等图形描述数据。

表 2-4

170	171	159	158	157	161	164	167	159	165
162	150	156	157	142	154	159	161	168	169
168	171	171	166	176	175	153	174	170	161
136	159	168	169	148	157	156	156	161	160
163	190	154	157	159	156	148	148	161	152
167	163	158	173	155	168	174	164	169	158
170	151	165	169	181	149	170	177	166	158
176	139	153	162	161	174	159	160	160	168
165	170	159	148	159	177	171	148	165	157
184	160	157	176	157	159	163	175	156	182

2.2 中心度量

在上一节图形分析中，我们看到图形最高的地方通常为数据的中心。在本节中，我们将讨论数据中心度量方法。数据中心有两个主要度量：平均值和中位数。另外，还有第三个度量——众数，但它告诉我们出现最多的值可能代表也可能不代表中心。在某些分布中，均值、中位数和众数的值很接近，但众数可以出现在分布中的任意点，有时存在多个众数。

2.2.1 平均值

X 为一个集合，由 n（$i = 1$，2，$\cdots$，n）个值组成。x_i 为集合中的任意一个值。集合的平均值 $\bar{x}$ 定义为所有 x_i 的和除以 n。

$$\bar{x} = \frac{\sum_{i=1}^{n} x_i}{n}$$

$\sum_{i=1}^{n} x_i$ 意为 X 的和，定义如下：

$$\sum_{i=1}^{n} x_i = x_1 + x_2 + \cdots + x_n$$

$\bar{x}$ 表示样本的平均值（一种统计量），如果是总体的均值，一般用希腊字母 μ 表示。

注意：要区分统计量和参数两个概念。统计量是描述样本的数据特征值，一般用英文字母表示；参数是描述总体的数据特征值，一般用希腊字母表示。比如刚学习的样本的平均值 $\bar{x}$、总体的均值 μ。

现在以案例中成绩数据计算平均值。

$$\bar{x} = \frac{\sum_{i=1}^{n} x_i}{n} = \frac{76 + 56 + 66 + \cdots + 100}{30} \approx 65.7333$$

结论：统计学成绩平均值为 65.7333。

2.2.2 中位数

中位数是有序数据集中的"中间值"。数据集先要按从小到大的顺序进行排序。如果数据集中数据的个数是奇数，中位数就是数据集中的中间值。比如有 3 个值，中位数就是第二个值。如果有 5 个值，中位数就是第三个值。如果数据集中数据的个数是偶数，中位数就是中间两个数值的平均值。如果有 4 个值，中位数就是第二和第三个值的平均值。简单的做法是，如果有序数据集中 n 个值，则中位数位于 $\frac{n+1}{2}$ 位置。比如有 30 个有序项，则中位数位于 $\frac{30+1}{2} = 15.5$ 的位置（即第 15 和第 16 个有序项之间），再计算平均值。

现在以案例中成绩的数据计算中位数。首先要对数据进行从小到大排序；其次计算中位数位置 $\frac{30+1}{2} = 15.5$，即第 15 和第 16 两个数之间；最后计算中位数，即第 15 和第 16 个有序项的平均数：

$$中位数 = \frac{58+64}{2} = 61$$

结论：统计学成绩中位数为 61。

注意：不要将 $\dfrac{n+1}{2}$ 理解为中位数的值，中位数是居数据集中间位置的数值。

拓展：

平均数和中位数都是中心的度量。但是两者不同，平均值受极端值的影响，而中位数不受极端值的影响。比如，计算班级 30 个同学的家庭收入水平时，如果某位同学 A 家庭收入达到 100 亿元，而其他的同学家庭收入水平都是 20 万元。那么班级同学平均家庭收入水平 $\dfrac{1000000+20\times29}{30}\approx 33352.6667$ 万元，而中位数仍为 20 万元。

平均数和中位数到底选择哪个作为数据的中心描述，这要取决于数据分布的形状。如果分布是对称的钟形，那么均值和中位数就会很接近，两个都可以使用。但是，如果分布有离群值或偏斜严重，那么中位数可能是描述中心的更好选择。

思考：图 2-28 中，你认为平均值大还是中位数大？为什么？

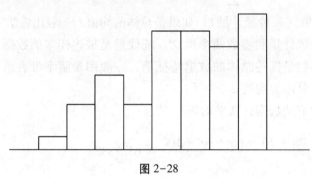

图 2-28

思路：如图 2-28 所示，数据是向左偏斜的（左偏），平均值受极小值影响，被拉到左边。所以中位数应该大于平均数。事实上，根据数据计算，平均值为 5.4，中位数为 6。我们分析是正确的。

SPSS 操作

步骤一：输入数据。

步骤二：在"菜单"中选择"描述统计"下的"频率"，如图 2-29 所示。调出"频率"对话框，如图 2-30 所示。将成绩选入"变量"中，点击"统计"。在"集中趋势"下勾选"平均值""中位数"，如图 2-31 所示。在"输出查看器"中得到结果，如图 2-32 所示。

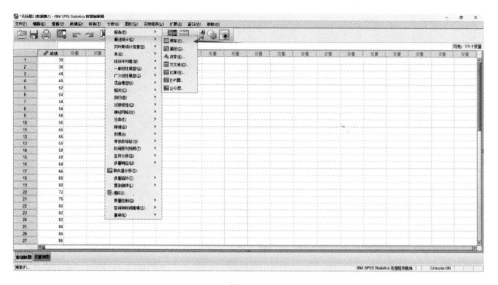

图 2-29

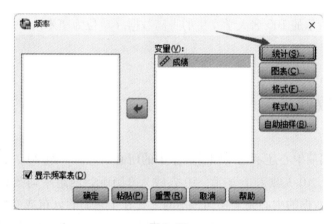

图 2-30

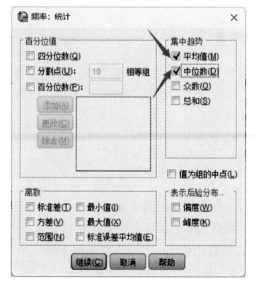

图 2-31

第 2 章　探索性数据分析：一维数据分析

· 29 ·

统计

成绩

个案数	有效	30
	缺失	0
平均值		65.73
中位数		61.00

图 2-32

快速自测

根据表 2-4 所示的 100 名大学女生的身高数据（单位为厘米），使用中心统计量描述数据中心特征。

2.3 离散度量

仅仅知道数据的中心还不足以知道数据中的所有信息。一组 20 人，每人收入 2 万元；另一组 20 人，10 人收入 1 万元，10 人收入 3 万元，两组平均数和中位数完全相同。这两组 20 个数据的中心完全相同，不同之处在于它们的分布或变异性。正如根据平均数和中位数来衡量中心一样，我们也可以根据方差和标准差来衡量分布、变异性或离散程度。

2.3.1 方差和标准差

基于均值来衡量数据分布、变异性或离散程度的方法叫方差。顾名思义，方差就是平均偏离均值的平方。也就是说，它是一种偏差度量，因为一个值离均值越远，它与均值之间差值的平方就越大。

方差用符号 s^2 表示，定义如下：

$$s^2 = \frac{1}{n-1} \sum_{i=1}^{n} (x_i - \bar{x})^2$$

注意：与平均值不同，方差分母用的是 $n-1$，而不是 n。这是因为，如果已经知道了 $\bar{x}$，一旦确定了 $n-1$ 个数据，那么最后一个数据也就确定了。换句话说，$\bar{x}$ 值确定后，只有 $n-1$ 是可自由变化的（自由度）。比如，现在你知道三个数中的两个数为 6、10，另外知道三数的平均值为 8，你自然知道另一个数是 8。

用方差来衡量变异性存在一个问题，就是方差的单位与原始数据的单位不一致，因为每个差值都是平方。例如，如果你找到一组以米为单位的测量值的方差，那么方差将以平方米为单位。为了纠正这种情况，我们通常取方差的平方根作为离散统计量。

方差的平方根称为标准差。用符号 s 表示。定义如下：

$$s = \sqrt{\frac{1}{n-1} \sum\nolimits_{i=1}^{n} (x_i - \bar{x})^2}$$

注意：样本的方差用符号 s^2 表示，标准差用符号 s 表示；而总体的方差用符号 σ^2 表示，标准差用符号 σ 表示。在统计学中，大多数情况下处理的是样本数据，而不是总体数据，大多情况下使用的是 s 而不是 σ。

标准差与平均数一样，易受极端值的影响。因为它取决于与均值的距离，所以很明显极端值会对标准差的数值产生较大影响。

现在用案例中成绩数据计算方差和标准差。

方差：

$$s^2 = \frac{1}{n-1} \sum\nolimits_{i=1}^{n} (x_i - \bar{x})^2$$

$$= \frac{1}{30-1} \left[(76-65.7333)^2 + (46-65.7333)^2 + (100-65.7333)^2 \right]$$

$$\approx 316.8920$$

标准差：

$$s = \sqrt{\frac{1}{n-1} \sum\nolimits_{i=1}^{n} (x_i - \bar{x})^2}$$

$$= \sqrt{\frac{1}{30-1} \left[(76-65.7333)^2 + (46-65.7333)^2 + \cdots + (100-65.7333)^2 \right]}$$

$$\approx 17.8015$$

结论：统计学成绩方差为 316.8920，标准差为 17.8015。

SPSS 操作

步骤一：输入数据。

步骤二：在"菜单"中选择"描述统计"下的"频率：统计"。调出"频率：统计"对话框。将成绩选入"变量"中，点击"统计"，在"离散"下勾选"标准差""方差"，如图 2-33 所示。在"输出查看器"中得到结果，如图 2-34 所示。

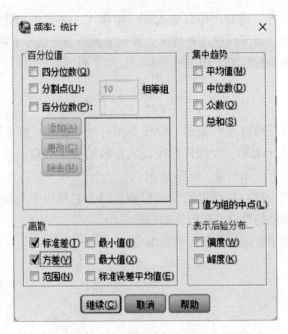

图 2-33

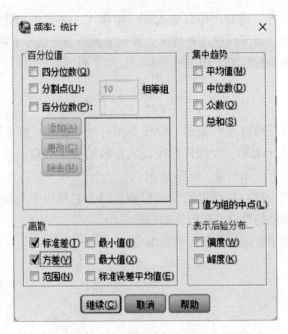

统计

成绩

个案数	有效	30
	缺失	0
标准偏差		17.801
方差		316.892

图 2-34

或者步骤二可用以下步骤替代：在"菜单"中选择"描述统计"下的"描述"，调出"描述"对话框。将成绩选入"变量"中，点击"选项"，在"离散"下勾选"标准差""方差"，如图 2-35 所示。在"输出查看器"中得到结果，如图 2-36 所示。

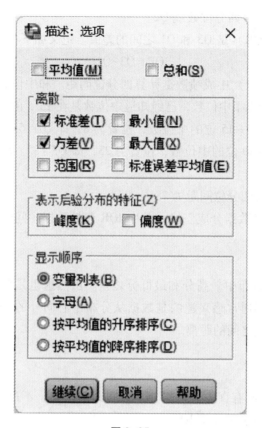

图 2-35

描述统计

	N	标准偏差	方差
成绩	30	17.801	316.892
有效个案数（成列）	30		

图 2-36

2.3.2 四分位数间距

标准差度量的前提条件是在平均值有效的情况下，标准差很好地发挥作用，但当平均值的度量方法不合适时，我们需要另一种能发挥作用的离散程度测量方法。这个指标就是四分位数间距。

在 2.2.2 中位数那节，我们知道了中位数将分布数据一分为二，它是数据的中间值。被中位数分开的上半部分和下半部分的中位数（不包括中位数本身）称为四分位数。下半部分的中位数称为下四分位数或第一四分位数（即第 25 个百分位数：Q1）。上半部分的中位数称为上四分位数，或第三四分位数（即第 75 个百分位数：Q3）。中位数本身可以看作第二个四分位数或 Q2。

四分位数间距（IQR）是 Q3 和 Q1 之间的差值。定义如下：

$$IQR = Q3 - Q1$$

下面用案例（表 2-1）中成绩数据计算四分位间距。和中位数一样，先对数据进行从小到大排序，之前计算了中位数，已经知道中位数是在 15.5 的位置。计算上半部分的中位数，上半部分是取 1~15 位的中位数，位置为 8，即 Q1 = 54；计算下半部分的中位数，下半部分是取 16~30 位的中位数，位置为 23，即 Q3 = 82。所以 IQR = Q3 - Q1 = 82 - 54 = 28。

结论：统计学成绩四分位间距为 28。

注意：Q1 和 Q3 将数据分成三段，其中 IQR 包括数据中间的 50%，四分位间距为中间 50%数据的范围。

拓展：

范围（极差）是分布中最高分和最低分之差。虽然这也是离散程度的度量，但并不是很有用，因为我们通常感兴趣的是数据从分布中心向外的分布情况，而不仅仅是数据从最小值到最大值之间的距离。

SPSS 操作

在 SPSS 软件中，没有直接计算四分位数间距的选项，不过我们可选择四分位数，先计算出 Q1 和 Q3，再手工计算 IQR。

步骤一：准备好数据。

步骤二：在"菜单"中选择"描述统计"下的"频率"，调出"频率"对话框，将成绩选入"变量"中，点击"统计"，再在"百分位值"下勾选"四分位数"，如图2-37 所示。在"输出查看器"中得到结果，如图 2-38 所示。

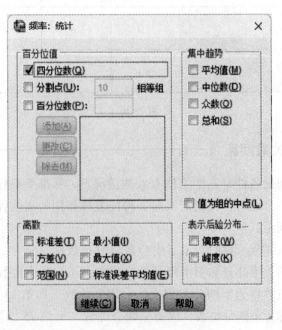

图 2-37

统计

成绩

个案数	有效	30
	缺失	0
百分位数	25	54.00
	50	61.00
	75	82.00

图 2-38

步骤三：计算 IQR。Q3 对应的是百分位数 75，值为 82.00；Q1 对应的是百分位数 25，值为 54.00。IQR＝Q3-Q1＝82.00-54.00＝28.00。

2.4 异常值处理

什么是异常值？它还有一个更直观的名字：离群值。我们有一个相当直观的认识：它是一个与其他值相差甚远的值。虽然没有严格的数学公式来判断某值是否是离群值，但人们形成了一些惯例，达成了一些共识。不足为奇的是，其中有些是基于平均值，有些是基于中位数。

根据平均值来考虑离群值，一个普遍认同的方法是考虑一个项与平均值相差多少个标准差。有些文本将离群值定义为与平均值相差两个或三个标准差以上的数据点。在钟形对称分布中，这个值偏离分布中心两个标准差以外（概率只有 5%）或三个标准差以外（概率只有 0.3%），就可以把它看作离群值。

现在，大多数教科书都使用基于中位数的测量方法，并根据数据在分布中高于或低于四分位数的程度来定义异常值。通常以 1.5（IQR）区域来确定一个分布中是否有异常值，称为"1.5（IQR）规则"。定义如下：

正常数值区间：［Q1-1.5×IQR，Q3+1.5×IQR］，所有不在此区间的数据都是离群值（异常值）。

有些文献将上述定义的离群值称为轻度离群值。极端离群值是指超出 Q1、Q3 两位置 3×IQR 以上的离群值，即不在［Q1-3×IQR，Q3+3×IQR］区间内的数值。

下面用案例中成绩数据计算，看是否存在离群值。

Q1＝54，Q3＝82，IQR＝Q3-Q1＝28，1.5×IQR＝1.5×28＝42。

$[Q1-1.5\times IQR，Q3+1.5\times IQR] = [12，124]$。遍历全部数据后，没有发现异常值。

结论： 案例中的成绩数据中，没有找到异常值。

注意： 异常值之所以重要，是因为它们通常会告诉我们数据中出现了异常或意外情况。如果生产过程中产生的产品远远超出规格，以至于成为异常值，这通常表明生产过程出了问题。有时，异常值只是一种自然而然的但罕见的变化。通常情况下，异常值表明生成数据的过程在某种程度上失控了。

快速自测

根据表 2-4 所示的 100 名大学女生的身高数据（单位为厘米），使用离散统计量描述数据离散特征，并计算看是否有离群值。

2.5 五数汇总与箱线图

数据集中的一些位置可以为我们提供有关数据集的宝贵信息。数据集的五数汇总由最小值、下四分位数、中位数、上四分位数和最大值组成，记为 $[minX，Q1，Med，Q3，maxX]$。箱线图是五数汇总的图示，离群值本身用特殊符号标记，如点、方框或加号。

下面用案例中成绩数据进行五数汇总 $[30，54，65.73，82，100]$，并绘出箱线图如图 2-39 所示。

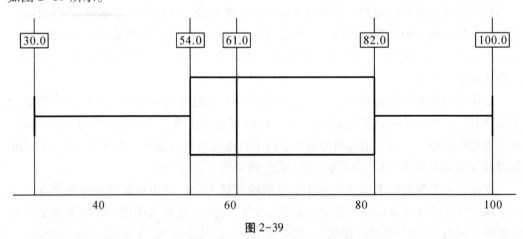

图 2-39

结论： 统计学成绩最小值为 30，下四分位数为 54，中位数为 61，上四分位数为 82，最大值为 100；四分位间距为 82-54＝28。从箱线图可以看出中位数偏左，所以数据整体是右偏的。

为了让离群值在箱线图上表示，用下面的数据画出箱线图：2.8，3.9，4.6，5.3，20.2，9.8，7.7，13，2.1，0.3，9.8，5.3，9.8，2.7，3.9，7.7，7.6，10.1，8.4，8.3。

先排序后，共有 20 个数据，中位数是在 10 和 11 两个位置上的数值平均数，为 $\frac{7.6+7.7}{2}=7.65$。Q1 是上半部分的中位数，即 5 和 6 两个位置上数值平均值：Q1 = 3.90；Q3 是下半部分的中位数，即 15 和 16 两个位置上数值平均值：Q3 = 9.80。IQR = Q3 - Q1 = 9.80 - 3.90 = 5.9，正常数据的区间：[Q1 - 1.5IQR，Q3 + 1.5IQR] = [3.9 - 1.5×5.9，9.8 + 1.5×5.9] = [-4.95，18.65]。遍历全部数据后，发现只有 20.2 不在此区间内，可以认为它是离群值。

箱线图绘制如图 2-40 所示。

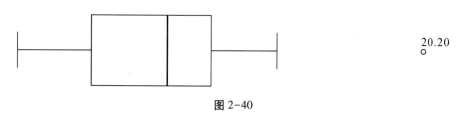

图 2-40

SPSS 操作

步骤一：数据输入。

步骤二：先调出"图表构建器"，选择"箱图"，将箱图图例拖入"图形预览区"，再将变量"成绩"拖入"X 轴"，点击"确定"，如图 2-41 所示。输出结果如图 2-42 所示。

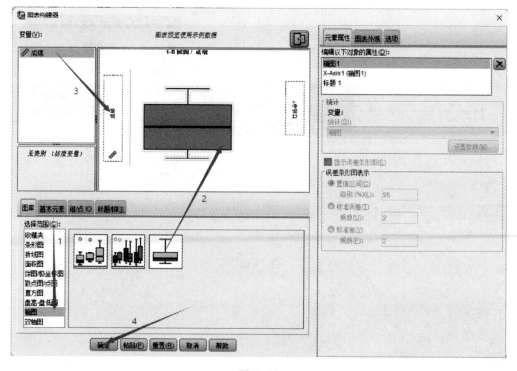

图 2-41

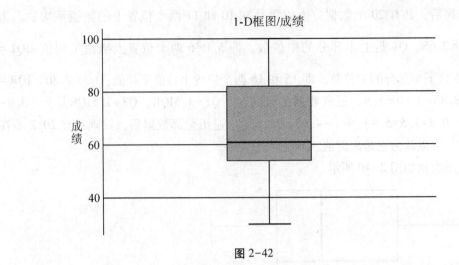

图 2-42

步骤三：修改相应属性。一是修改"转换图表坐标系"，可以选择工具栏中"转换图表坐标系"，也可以选择"选项"菜单下"转换图表"。二是修改颜色、边框，双击条线图主体，弹出"属性"对话框，修改填充颜色为"白色"，如图 2-43 所示。输出结果如图 2-44 所示。

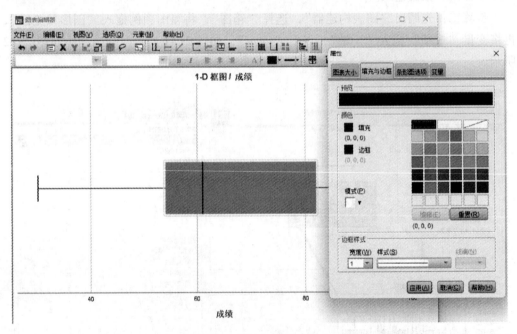

图 2-43

1-D框图/成绩

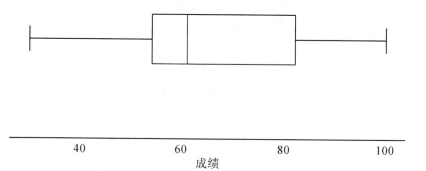

图 2-44

步骤四：加入显著性标记。工具栏中选择"向 x 轴添加参考线"，或者在"选项"菜单中选择"x 轴参考线"。填写参考线的"位置"值"61"（如图 2-45 所示），并勾选"将标签附加到线"。用同样的方法，也可为五数汇总中的其他四个值也添加参考线。在相应的位置上添加文本，输出结果如图 2-46 所示。

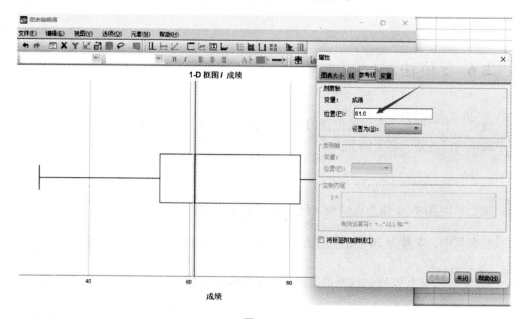

图 2-45

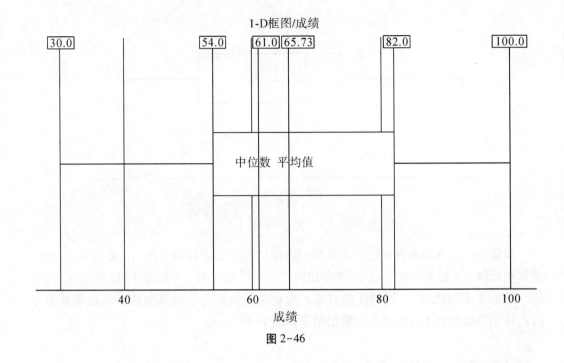

图 2-46

2.6 z 值法

确定一个数据在分布中的位置的另一种方法是 z 值，它关心的是该数值是高于或低于平均值的标准差。定义如下：

$$z_i = \frac{x_i - \bar{x}}{s}$$

当 x 高于平均值时，z 值为正；当 x 低于平均值时，z 值为负。

在案例中，学号为 30 号的同学统计学考试得分为 100 分，他的 z 值为 $z_{30} = \frac{x_{30} - \bar{x}}{s}$ =

$\frac{100 - 65.7333}{17.8015} \approx 1.9249$，意思是该同学比平均值高 1.9253 个标准差。学号为 23 的同

学统计学考试得分为 36 分，那么他的 z 值为 $z_{23} = \frac{x_{23} - \bar{x}}{s} = \frac{36 - 65.7333}{17.8015} = -1.6703$，意

思是该同学比平均值低 1.6702 个标准差。

注意：z 值法真正的目的是将数据标准化。假设我们有一组数据，其均值为 $\bar{x}$，标准差为 s。如果我们从分布中的每个项中减去 $\bar{x}$，则可以证明新的数据均值为 0。如果我们再用 s 除以每个项，则新的数据的标准差为 1。

结论： 如果计算一个数据集中每个数据的 z 值，则 z 值的均值为 0，标准差为 1。

SPSS 操作

步骤一：在"菜单"中选择"描述统计"下的"描述"，调出"描述"对话框，

将成绩选入"变量"中，勾选"将标准化值另存为变量"，如图 2-47 所示。

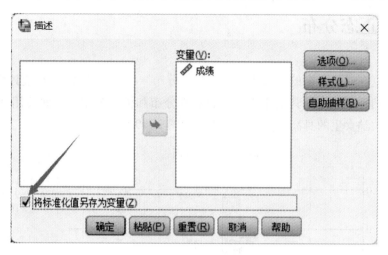

图 2-47

步骤二：在"数据视图"中得到结果，如图 2-48 所示。

	成绩	Z成绩	变量	变量
1	30	-2.00733		
2	36	-1.67028		
3	44	-1.22087		
4	46	-1.10852		
5	52	-.77147		
6	54	-.65912		
7	54	-.65912		
8	54	-.65912		
9	56	-.54677		
10	56	-.54677		
11	56	-.54677		

图 2-48

快速自测

根据表 2-4 所示的 100 名大学女生的身高数据（单位为厘米），计算其五数汇总，并据此绘制箱线图，同时对数据进行标准化处理。

2.7　正态分布

我们一直在讨论数据的分布特征（形状、分布、中心、离散）。在统计中，我们对某些分布特别感兴趣，尤其是那些已知的对称分布和钟形分布。下面运用如表 2-4 所示的 100 名大学女生的身高数据作直方图，如图 2-49 所示。

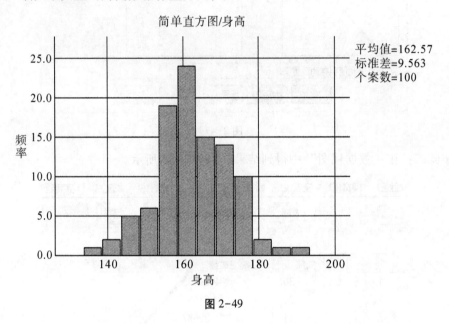

图 2-49

2.7.1　正态分布曲线

这个图形是近似对称的，形状像一个土堆。我们用一条曲线来模拟这种情况，该曲线将我们在 100 个样本中看到的情况理想化。也就是说，我们将用一条连续曲线来模拟，这条曲线"描述"了大量样本的分布形状。这条曲线就是正态分布的图形。将正态曲线叠加到如图 2-49 所示的直方图上，显示如图 2-50 所示。

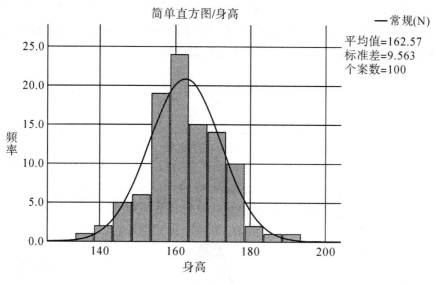

图 2-50

正态曲线的函数是由其平均值和标准差一起来定义。正态曲线的函数定义如下：

$$f(x) = \frac{1}{\sigma\sqrt{2\pi}} e^{-\frac{1}{2}(\frac{x-\mu}{\sigma})^2}$$

这个定义下，曲线下方和 x 轴上方的总面积为 1。其公式为

$$\int_{-\infty}^{\infty} \frac{1}{\sigma\sqrt{2\pi}} e^{-\frac{1}{2}(\frac{x-\mu}{\sigma})^2} dx = 1$$

注意：当我们以后把正态曲线下的面积视为概率时，面积为 1 是非常有用的。当提到正态曲线时，面对的是理论分布，我们将使用 μ 和 σ，而不是 $\bar{x}$ 和 s。

2.7.2 标准正态分布

如果变量 X 是均值 μ 和标准差 σ 的正态分布的。我们记之为

$$X \sim N(\mu, \sigma)$$

读成：X 服从 (μ, σ) 的正态分布。那么，我们可以通过对数据进行标准化处理来得到一个相关的分布，即标准正态分布。为此，我们使用以下公式将数据转换为一组标准化 z 值。

$$z = \frac{x-\mu}{\sigma}$$

将此式代入正态曲线定义式中：

$$f(\frac{x-\mu}{\sigma}) = \frac{1}{\sigma\sqrt{2\pi}} e^{-\frac{1}{2}(\frac{x-\mu}{\sigma})^2}$$

$$f(z) = \frac{1}{\sqrt{2\pi}} e^{-\frac{1}{2}z^2}$$

得到一个均值为 0、标准差为 1 的 z 值分布。计算 z 值只是对原始数据进行线性变换，这意味着变换后的数据与原始数据的分布形状相同。在这种情况下，z 值的分布是正态分布。我们记为 $z \sim N(0, 1)$ 。这将定义函数简化为

$$f(x) = \frac{1}{\sqrt{2\pi}} \, e^{-\frac{1}{2}x^2}$$

2.7.3   68-95-99.7 规则

68-95-99.7 规则或经验规则指出，标准正态分布中约有 68% 的项在均值的一个标准差范围内，95% 的项在均值的两个标准差范围内，99.7% 的项在均值的三个标准差范围内。图 2-51 说明了 68-95-99.7 规则。

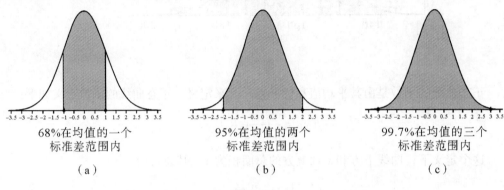

（a）68% 在均值的一个标准差范围内 （b）95% 在均值的两个标准差范围内 （c）99.7% 在均值的三个标准差范围内

图 2-51

对于标准化正态曲线，根据 68-95-99.7 规则，大约 68% 的数据在（-1，1）之间，95% 的数据在（-2，2）之间，99.7% 的数据在（-3，3）之间。

2.7.4   给定 z 值求面积

许多数据分布都近似于正态分布（例如身高、分数），我们常常想知道在正态曲线下的给定区间内的数据比例是多少。如图 2-52 所示，如果给定一个 z 值，那么比例为标准正态分布与 X 轴及 z 值围成的面积（阴影部分的面积）。标准正态曲线与 X 轴围成的面积为 1，当知道阴影部分的面积，也就知道剩余部分的面积（白色部分的面积：1-阴影部分的面积）。

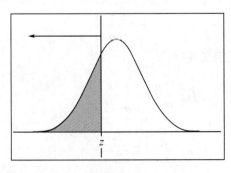

图 2-52

阴影部分的面积可以用计算软件或标准正态概率表来解决。正态分布表由两部分组成,"列 y 轴"组成前两位,"行 x 轴"组成最后一位,通过 ($X+Y$) 的形式查询对应的值。比如: $z=1.96$,查表(见附表,后同)时则需要 $1.9+0.06$ 的方式查询为 0.9750,得知对应的面积为 0.9750。

快速自测

$z=-1.37$ 左侧的正态曲线面积比例是多少?

提示:查表可知,$z=1.37$ 的面积约为 0.9147,那么右边阴影的面积约为 $1-0.9147=0.0853$。由于标准正态分布左右对称(如图 2-53 所示,两边阴影是对称的),$z=-1.37$ 的面积也约为 0.0853。

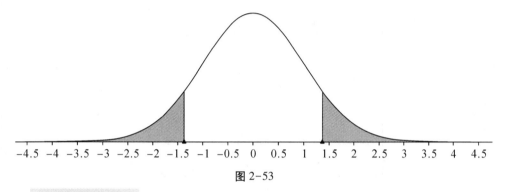

图 2-53

学以致用 2-1

在 $z=-1.2$ 和 $z=0.58$ 之间,正态曲线围成的面积是多少?

提示:查表可知 $z=1.2$ 的面积约为 0.8849,那么 $z=-1.2$ 左边的面积约为 0.1151,$z=0.58$ 左边的面积约为 0.7190。阴影面积(如图 2-54 所示)是两个值之间的面积,应约为 $0.7190-0.1151=0.6039$。

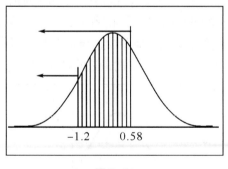

图 2-54

第 2 章 探索性数据分析·一维数据分析

学以致用 2-2

在前面的例子中（见图 2-49，2-50），大学女生的身高近似正态分布，软件给出的平均值约为 162.57，标准差约为 9.563。身高超过 170 的女生占比多大？请务必画出草图。

提示：均值为 162.57，标准差约为 9.5635，显然不是标准正态分布。为了使用标准正态概率表，我们必须先将 170 转换成对应的 z 值。

$$z = \frac{170 - 162.57}{9.5635} \approx 0.7769$$

$z=0.7769$ 左边的面积是 0.7814，如图 2-55 所示。然而，我们需要的是 0.769 右边的面积，即 $1-0.7814=0.2186$。因此，大学女生的身高有 21.86% 超过 170 cm。

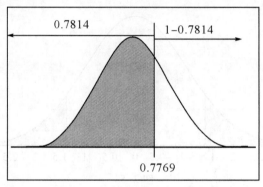

图 2-55

结论： 大学女生的身高有 22.31% 超过 170 cm。

学以致用 2-3

对于上例中的大学女生，身高必须达到多少才能跻身前 10%？

提示：首先，设跻身前 10% 的女大学生身高为 x。大学女生身高跻身前 10%，换句话说就是超过 90%。也就是 z 值达到多少，与正态曲线围成的面积达到 0.90，如图 2-56所示。再查表，找到与 0.90 相等的最近的是 0.8997，对应的 z 值是 1.28。

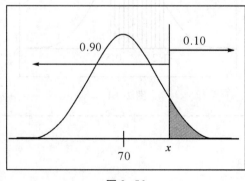

图 2-56

$$z_x = \frac{x - 162.57}{9.5635} = 1.28$$

$$x = 1.28 \times 9.5635 + 162.57 \approx 174.8113$$

结论：大学女生身高至少要达到 174.8113 cm，才能在所有大学女生中排名前 10%。

一、选择题

1. 下面的列表从小到大排列：25，26，26，30，x，x，x，33，150。下面哪些说法是正确的？（ ）

Ⅰ. 平均数大于中位数。Ⅱ. 众数为 26。Ⅲ. 没有异常值。

    A. 只有Ⅰ   B. Ⅰ、Ⅱ

    C. 只有Ⅲ   D. Ⅰ、Ⅲ

    E. Ⅱ、Ⅲ

2. 学校女生的身高近似正态分布，平均值为 160，标准差为 10。张玉珍身高 162 cm，张玉珍身高的百分位数是多少？（ ）

    A. 58   B. 65

    C. 74   D. 92

    E. 97

3. 一个正态分布数据集，其平均值和标准差分别为 25 和 5。数据集中的每项都减去 25，再除以 5，以下哪项最能描述所得到的分布？（ ）

    A. 平均值为 0，标准差为 1，形状未知

    B. 平均值为 0，标准差为 5，形状为正态

    C. 平均值为 1，标准差为 0，形状为正态

    D. 平均值为 0，标准差为 1，形状为正态

    E. 平均值为 0，标准差为 5，形状未知

4. 数据集的五数汇总为 {5，18，20，40，75}。请为该数据集绘制一个箱线图，那么非异常值区间内最大值是多少？（ ）

    A. 18   B. 5

    C. −15   D. 55

    E. 73

5. 对某项工作进行评价打分，得到 5000 个单位的分数，分数近似正态分布，均值为 72，标准差为 6。得分在 63 到 75 之间的约有多少单位？（ ）

    A. 0.6247   B. 4115

    C. 3650   D. 3123

    E. 3227

6. 对于第 5 题中给出的数据，哪个分数最接近第 63 个百分位数？（　　　）

A. 45
B. 63
C. 72
D. 74
E. 81

7. 下面的柱状图显示了本学年每周参观本地博物馆人数。

该图的形状可以描述为（　　　）。

A. 钟形对称
B. 双峰
C. 向左倾斜
D. 均匀
E. 向右倾斜

8. 以下哪些说法是正确的？（　　　）

Ⅰ. 中位数不受极端值的影响。Ⅱ. 平均值不受极端值的影响。Ⅲ. 标准偏差不受极端值的影响。

A. 只有Ⅰ
B. 只有Ⅱ
C. 只有Ⅲ
D. Ⅱ、Ⅲ
E. Ⅰ、Ⅲ

9. 正态分布中的一个值是 43，它的 z 值是 1.65。如果分布的平均值是 40，那么分布的标准差是多少？（　　　）

A. 3
B. −1.82
C. 0.55
D. 1.82
E. −0.55

10. 问卷调查时态度评价按 4、3、2、1 或 0 分打分。平均分是 2.05 分，标准差是 1 分。那么，在所有打分中处于第 90 百分位数的分数是多少？（可以假设该题的打分近似于正态分布。）（　　　）

A. 3.5
B. 3.3
C. 2.9
D. 3.7
E. 3.1

11. 以下哪些是正态分布的性质？（　　　）

A. 平均值为 0，标准差为 1
B. 平均数＝中位数＝众数
C. 分布中的所有项都在平均值的四个标准差之内

D. 形态钟形

E. 曲线下方和横轴上方的总面积为1

二、非选择题

12. 有15名学生进行技能测试，其得分分别为66，82，76，79，72，98，75，80，76，55，77，68，84，89，69。请进行五数汇总并绘制数据箱线图。该图有哪些显著特点？

13. 假设血液中胆固醇水平高的前20%的人被认为是危险的。又假设胆固醇水平近似正态分布，平均值为185，标准差为25。不属于前20%的胆固醇水平的最高值是多少？

14. 以下是某单位的员工工资（单位为万元）：6.2，5.4，5.4，4.9，4.4，4.4，3.4，3.3，3.0，2.4，2.3，1.3，0.3，0.3。平均数和中位数哪个更能代表这些工资情况？请解释。

15. 一位女士想决定是否购买一套1450枚硬币的收藏品（至少有225枚硬币的价值超过170元时，她才会购买这套藏品）。该藏品的现任拥有者报告说，藏品中硬币的平均价值为130元，标准差为15元。这位女士应该购买这套藏品吗？

16. 以下哪些是标准差的性质？请解释你的答案。

（1）它是每项与平均值的差，然后求平方，再求平方根。

（2）对极端值有抵抗力。

（3）它与分布中的项数无关。

（4）如果在数据集中的每个值上都加上25，标准偏差不会改变。

（5）区间 $\bar{x} \pm 2s$ 包含了分布中50%的数据。

17. 给出下面的直方图，请尽可能画出相同数据的方框图。

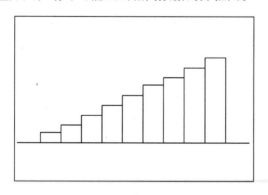

18. 在本学期的第一次测试中，全班的平均分是72分，标准差是6分；在第二次测试中，全班的平均分是65分，标准差是8分。王玲第一次考了80分，第二次考了76分，请问与班上其他同学相比，王玲哪次考试中成绩更好？

19. 有一组数据，其 $s = 20$，$\sum x = 245$，且 $\sum (x - \bar{x})^2 = 13600$，平均值是多少？

实践测评

选择一个基于个人兴趣的研究课题，进行数据收集和分析。通过图形和统计数据来评估数据分布是否接近正态分布。设定一个基准点，以确定超过或低于该点的人数及其所占的比例。

目标达成表

学习目标	目标达成情况自评
运用合适的图形展示数据，如用点图、茎叶图、条形图、直方图等	
描述数据集的中心和离散度量，如中位数、平均数、方差、标准差等	
使用累积相对频率图估计百分位数和个体值	
查找并解释数据分布中单个值的标准化分数（z分数）	
描述加、减、乘或除常数对数据分布的形状、中心和变异性的影响	
使用密度曲线对定量数据的分布进行建模	
根据密度曲线中确定分布的平均值和中位数的相对位置	
使用68-95-99.7规则来估计指定区间内的值的比例，或与正态分布中给定百分位数对应的值	
查表计算正态分布中指定区间内的值的比例	
查表计算与正态分布中给定百分位相对应的值	
根据图形和数字证据确定数据分布是否近似正态	
使用统计软件完成图形和分析，如使用 SPSS 软件进行五数汇总和绘制箱线图	

· 50 ·

SPSS 统计分析方法

第 3 章

探索性数据分析：
二维数据分析

本章提要

在上一章中，我们使用了探索性数据分析来帮助我们理解单变量数据集所揭示的信息。在本章中，我们将扩展这些想法，以考虑两个变量之间的关系。研究变量之间的关系是统计学工作的核心。当了解两个变量之间的关系时，我们可以使用一个变量的值来对另一个变量进行预测。本章主要是探讨具有线性关系的变量。

学习目标

● 区分定量数据的解释变量和响应变量。

● 制作散点图来显示两个定量变量之间的关系，描述散点图中显示的关系的方向、形式和强度，并识别不寻常的特征。

● 解释相关性，区分相关性和因果关系；了解相关性的基本属性，包括异常值如何影响相关性。

● 建立回归模型，使用一个变量的值帮助我们对另一个变量进行预测；说明线性关系中一个变量中可归因于与另一个变量的可解释比例。

主要内容

⭐ 散点图　　　　⭐ 线性模型　　　　⭐ 相关系数

⭐ 最小二乘回归线　⭐ 测定系数　　　　⭐ 残差

⭐ 离群值和影响点　⭐ 线性变换

案例资料

表 3-1 是随机抽取 80 名学生测量得到的身高和体重的数据。从这些数据中，我们能分析些什么呢？

表 3-1

身高/cm	体重/kg	身高/cm	体重/kg	身高/cm	体重/kg	身高/cm	体重/kg
168.0	60.9	160.2	53.5	162.4	60.5	169.1	66.7
171.5	66.2	167.1	68.6	173.3	72.7	162.9	61.9
167.6	63.7	163.5	67.7	173.0	77.6	165.3	68.7
165.5	55.7	157.9	50.1	173.2	66.6	163.8	54.8
172.1	70.3	167.1	58.5	166.9	67.7	162.4	58.6
177.1	81.3	170.2	72.6	165.3	64.4	155.1	47.1
166.9	62.2	155.8	44.0	175.8	69.0	169.8	72.8
170.5	67.1	163.4	58.7	168.2	76.0	177.8	81.2
170.6	68.3	171.1	71.5	175.4	69.5	166.5	60.4
168.5	63.3	165.3	55.2	168.9	64.2	169.4	60.9
169.8	74.1	163.9	59.0	160.9	52.9	158.0	53.1
167.4	68.1	169.6	68.9	166.9	54.6	165.8	56.3
170.0	62.4	171.2	62.7	162.2	55.1	165.8	61.8
167.8	59.9	161.5	52.7	169.6	60.8	171.5	70.3
175.2	70.2	161.2	62.5	162.9	55.2	164.3	49.7
174.1	69.0	175.6	69.9	163.7	61.2	170.0	64.6
167.2	59.8	170.7	67.0	163.5	66.0	161.7	54.6
171.3	57.3	167.2	58.0	169.4	57.9	171.1	56.4
169.3	68.4	162.5	55.3	175.6	70.7	172.6	68.3
170.5	65.6	163.0	58.8	160.8	53.5	170.0	69.0

提示：当我们分析两组数据时，请务必讨论数据的关系（散点图、相关关系），计算关系强弱，判断线性关系，再建立回归模型。

3.1 解释变量与响应变量

在上一章中，我们学习了几种绘制单变量数据图的不同方法。通过选择点图、茎叶图、直方图或箱线图，我们可以直观地研究数据的中心、离散与分布。大多数统计研究都会涉及多个变量的数据。在本章中，我们将讨论双变量数据（二维数据）的数据分析技术。对两个变量之间关系的分析，是在分析单一变量时所用工具的基础上进行的扩展。我们遵循的原则保持一致：首先绘制数据图，观察其总体分布特征、中心位置以及离散情况。当发现数据呈现出一定的规律性时，我们采用简单的模型来描述。

具体而言，我们关注的焦点是两个变量之间是否存在线性关系，以及如何通过一个变量的变化来预测另一个变量的变化。这种分析有助于我们理解变量间的相互作用，并为进一步的研究或决策提供依据。

当我们查看一个变量的值如何影响另一个变量时，需要确定谁是自变量（也称为解释变量），谁是因变量（也称为响应变量）。

定义：响应变量是用来衡量研究结果的变量。解释变量则是用于预测或解释响应变量变化的变量。

比如，为了研究酒精对体温的影响，研究人员给小白鼠注射了几种不同量的酒精。然后他们测量了 15 分钟后每只小白鼠的体温变化。在这种情况下，酒精量是解释变量，体温变化是响应变量。在数据收集阶段，如果我们没有预先指定自变量或因变量，那么解释变量可能不太明确。

再如，为了研究身高与体重之间的关系，研究人员随机选取了 80 名学生进行测量，记录了身高与体重的数据，如果事先不申明，就没有明确解释变量和响应变量。

注意：解释变量与响应变量之间的关系是相关关系，并不一定是因果关系。在酒精和小白鼠的研究中，酒精实际上会引起体温变化，这是因果关系。但身高与体重之间不存在因果关系。

3.2 散点图

单个定量变量分析方法有很多，分析两个定量变量之间关系的最佳方法是利用散点图。举例说明：一位统计老师在一次统计课中，让他的学生记录他们在考试前复习了多少小时。表 3-2 是其中 20 名学生的数据。

表 3-2

复习时长/小时	考试成绩/分	复习时长/小时	考试成绩/分
3.1	83	4.4	59
4.8	96	0.2	45
2.3	56	5.4	96
4.3	67	1.7	41
6	100	0.9	67
1.4	36	3	83
3.8	93	0.8	88
3.3	86	6.9	74
2	77	3.8	61
1.5	70	2.3	70

老师想知道复习时长是否会带来更高的成绩，于是画了图 3-1，称为散点图。在老师看来，增加复习时长通常会提高考试成绩，这一点似乎非常明显，图 3-1 大致呈线性关系。

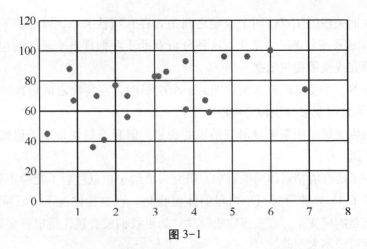

图 3-1

在这个例子中，我们想知道复习时长对考试成绩是否有影响。为此，我们绘制散点图。我们将一个变量放在横轴上，另一个变量放在纵轴上。在本例中，横轴是"复习时长"，纵轴是"考试成绩"。图上的每个点代表一个学生的（复习时长，考试成绩）有序配对。习惯上把解释变量放在横轴上，而把响应变量放在纵轴上。

我们仔细观察图 3-1：纵轴上的变量随着横轴上变量的增大而增大。

定义：如果其中一个变量随着另一个变量的增大而增大，我们就说这两个变量是正相关的；如果其中一个变量随着另一个变量的增大而减小，我们就说这两个变量是负相关的。

结论：学生的复习时长与考试成绩存在正相关关系。

学以致用 3-1

请用本章案例中的数据，绘制散点图，说明身高与体重的关系。

提示：将身高作为解释变量，将体重作为响应变量。把每名学生（身高，体重）有序对画在坐标系里，如图 3-2 所示。

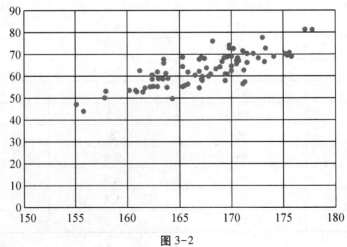

图 3-2

再仔细查看，体重随着身高的增长而增重，也就是身高与体重存在正相关关系。

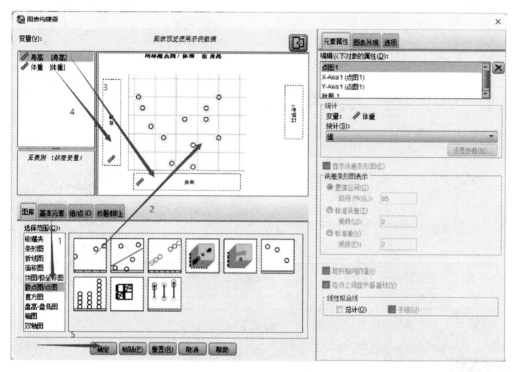

步骤一：输入数据后，调出图形编辑器。在"图库"选择"散点图/点图"，将简单散点图图例拖入图表预览区，再将变量"身高"拖入"X轴"，将变量"体重"拖入"Y轴"，点击"确定"，如图3-3所示。

图 3-3

步骤二：修改图表属性。双击图表，调出"图表编辑器"，选择工具栏中的"选择Y轴"，调出"属性"对话框，再选择"刻度"，将"最小值"的"定制"修改为"0"，如图3-4所示。

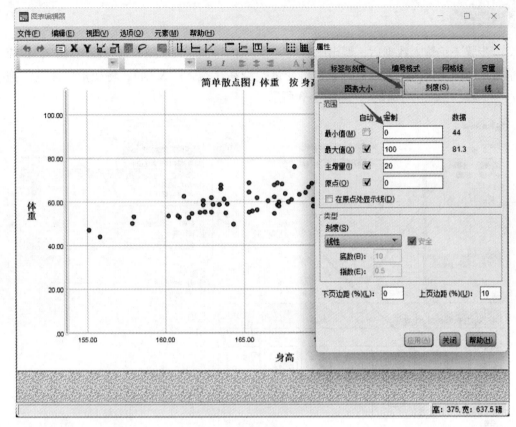

图 3-4

快速自测

以下哪项陈述最能描述图中的散点图？（　　　）

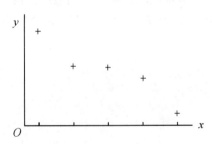

A. 能找到一条直线拟合数据
B. 变量正相关
C. 变量负相关
D. 变量不相关

3.3 相关性

我们已经学会绘制散点图看双变量数据之间的关系。按照上一章设定的模式，我们现在要对数据进行一些数值分析，以便更好地理解变量之间的关系。在统计学中，我们主要关注的是确定两个变量的线性相关强弱程度。两个变量线性相关的程度是指它们之间的关系可以用一条直线来模拟。有时数据是相关的，但不是线性关系（例如，抛出的球在抛出 t 秒后的高度是球被释放后秒数的二次函数）。我们将在后面的章节中更仔细地研究这个问题。变量可能不是线性相关的，但可以进行转换，使转换后的数据是线性的。

确定线性关系的第一个统计量是皮尔逊相关系数，用字母 r 表示。相关系数是两个变量之间线性关系强度的度量，也是线性关系方向（变量是正相关还是负相关）的指标。

如果我们有一个大小为 n 的配对数据样本，例如 (x, y)，假设我们已经计算了 x 和 y 的汇总统计量（均值和标准差），那么相关系数 r 定义如下：

$$r = \frac{1}{n-1} \sum_{i=1}^{n} \left(\frac{x_i - \bar{x}}{s_x} \right) \left(\frac{y_i - \bar{y}}{s_y} \right)$$

因为求和符号两个括号的内容分别是 x 和 y 的 Z 值，所以记住这个定义的简单方法是：

$$r = \frac{1}{n-1} \sum_{i=1}^{n} z_{x_i} z_{y_i} \quad \text{或者} \quad r = \frac{1}{n-1} \sum_{i=1}^{n} z_x z_y$$

举例说明：在 3.2 节，我们看到了一些关于复习时长和考试成绩的数据。可以看出，对于这些数据，$r \approx 0.5210$。这表明复习时长与考试成绩之间存在较强的正线性关系。也就是说，复习时长越长，考试成绩越好。

相关系数 r 的一些特性：

①相关系数 r 取值范围是 $-1 \leqslant r \leqslant 1$。

②如果 $r > 0$，则表明变量呈正相关；如果 $r < 0$，则表明变量呈负相关。

③如果线性关系很强，则相关性 r 将接近 1 或 -1；如果 $r = -1$ 或 $r = 1$，则这些点都位于一条直线上。

④如果线性关系较弱，则相关性 r 将接近于 0；如果 $r = 0$，则表明不存在线性关系，我们无法通过 x 预测 y。

⑤不管把哪个变量称为 x、哪个变量称为 y，r 都是一样的。换句话说，r 只取决于配对点，与顺序无关。

⑥r 与计量单位无关。在前面的例子中，将复习时长单位由小时转换为分钟数，r 仍然约等于 0.5210。

⑦r 受极端值的影响，因为它是以平均值为基础的。一个极端值会对 r 产生强大的影响，并可能导致我们过度解读这种关系。这时我们必须查看数据的散点图以及 r。

虽然没有硬性规定根据数值来判定相关性的强弱，但以下准则可能会帮助我们对 r 进行分类，如表 3-3 所示。

表 3-3

r 值范围	关系强弱
$-1 \leqslant r \leqslant -0.8$ $0.8 \leqslant r \leqslant 1$	强相关
$-0.8 \leqslant r \leqslant -0.5$ $0.5 \leqslant r \leqslant 0.8$	中等
$-0.5 \leqslant r \leqslant 0.5$	弱相关

注意：这只是非常粗略的经验规则。$r = 0.2$ 也有可能表明存在显著的线性关系，因为有可能受到离群值的影响；而 $r = 0.8$ 也可能反映的是一个有影响的点，而不是变量之间的实际线性关系。例如：上面的复习时长与考试成绩的关系，由于不小心多输入了一个错误的数据（100，1000），即复习时长为 100，得分为 1000。而我们没有注意到错误，直接计算了皮尔逊相关系数 $r \approx 0.9964$，相关系数接近 1，几乎是一条直接了。如果输错的数据为（5，0），计算了皮尔逊相关系数 $r \approx 0.2355$，相关性很弱了。

图 3-5 也说明 r 受离群值影响。图 3-5（a）有 12 个点，x 和 y 之间有明显的负线性关系。图 3-5（b）展示了与先前相似的基本视觉模式，然而，引入一个离群点对变量 r 的影响显著，导致原本表现为负相关的两个变量现在却显示出了正相关性。

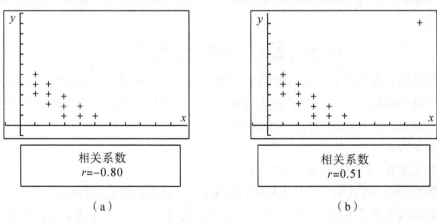

相关系数 $r = -0.80$	相关系数 $r = 0.51$
（a）	（b）

图 3-5

学以致用 3-2

请用本章案例中的数据，计算身高与体重皮尔逊相关系数。

提示：采用相关系数公式进行计算：

$$r = \frac{1}{n-1} \sum_{i=1}^{n} \left(\frac{x_i - \bar{x}}{s_x} \right) \left(\frac{y_i - \bar{y}}{s_y} \right)$$

借助 Excel 计算，得到 $r \approx 0.7877$。结果说明身高与体重存在较强的正相关系。

步骤一：菜单选择"分析"→"相关"→"双变量"（如图 3-6 所示），调出"双变量相关性"对话框。

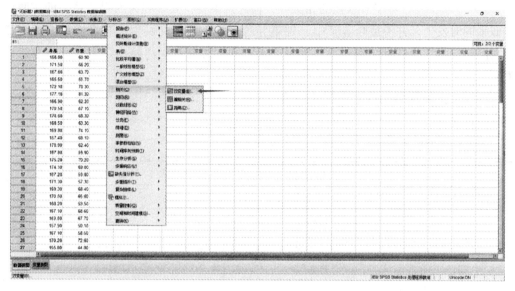

图 3-6

步骤二：将"复习时间""考试成绩"选进"变量"中，"相关系数"下勾选"皮尔逊"，如图 3-7 所示。

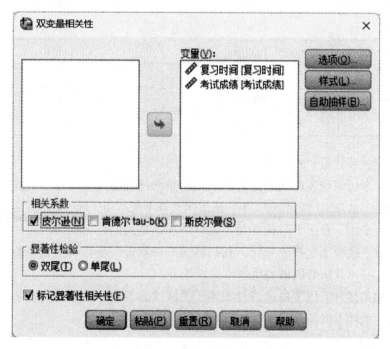

图 3-7

3.4 相关性和因果关系

x 和 *y* 两个变量可能有很强的相关性，但注意不要将其理解为因果关系。即使两件事似乎同时发生，并不意味着其中一件事导致了另一件事的发生，有可能是第三个变量在同时影响这两件事。例如，几乎每次火灾我们都能看到消防车，但这并不意味着消防车会引起火灾。

表 3-4 的数据集显示了从 2010 年到 2022 年某地区奶茶的销量和具有大学学历的消费者数量。

表 3-4

年份	销量/万杯	具有大学学历的消费者数量/人
2010	1106.4	100106
2011	1119.7	102101
2012	1138.5	104109
2013	1150.1	105102
2014	1173.8	107107
2015	1184.8	108094
2016	1176.0	108095
2017	1210.1	111103
2018	1236.0	113099
2019	1258.3	115103
2020	1274.0	117097
2021	1280.7	118102
2022	1247.6	115103

双变量相关系数是 $r \approx 0.9980$。

具有大学学历消费者的增加是否与奶茶销量的增加有关？当然有人这么认为，但真正的原因是，从 2010 年到 2022 年，该地区人口不断增加，导致奶茶销量增加。

在这个例子中，有一个潜伏变量：人口增加，是我们在做相关性分析时没有考虑到的，它导致了这两个变量的变化。我们将在下一章进一步探讨潜伏变量，但同时请记住，相关性并不意味着因果关系。

注意：相关性只能用于描述线性关系。关联性非常强，但相关性为 $r = 0$。这并不矛盾，因为相关性不能衡量非线性关系的强度，如抛物线。

3.5 最佳拟合线

在讨论相关性时，我们了解到，不管我们把哪个变量称为 x，哪个变量称为 y，相关性 r 都是一样的。也就是说，不存在解释变量和响应变量。在本节中，我们更感兴趣的是在确定两个变量之间线性关系的强度后，根据另一个变量（解释变量）的值来预测一个变量（响应变量）的值（称之为线性回归）。在此情况下，必须确定哪个变量为 x，哪个变量为 y。

3.5.1 最小二乘回归线

再回顾一下表 3-2 的复习时长与考试成绩的数据。

这些数据皮尔逊相关系数，$r \approx 0.5210$，因此变量之间存在很强的正线性关系。假设一个人在考试前复习了 2.75 小时，我们想预测他的考试成绩。如果我们有一条似乎与数据拟合得很好的直线，我们就会有信心使用这条线的方程来进行预测。我们需要寻找到一条最佳拟合线——一条回归线，它能根据解释变量的值来预测响应变量的值。在这种情况下，我们将使用回归线来预测一个复习了 2.75 小时的人的考试成绩。

现在就要寻找这条最佳拟合线。我们可以在散点图上绘制各种线段，以确定哪条线段拟合效果最好。假设 $\hat{y}$ 是给定 x 值时 y 的预测值。那么 $y - \hat{y}$ 代表预测误差。我们希望直线能将预测误差最小化，因此我们首先可能会认为 $\sum (y - \hat{y})$ 是一个很好的衡量标准（$y - \hat{y}$ 是实际值减去预测值）。然而，由于直线将以某种方式平均误差，我们会发现 $\sum (y - \hat{y}) = 0$。为了解决这个问题，我们使用 $\sum (y - \hat{y})^2$。这个表达式会随不同的直线而变化，并对直线的拟合敏感。也就是说，当线性拟合良好时，$\sum (y - \hat{y})^2$ 较小，反之则较大。

基本思维：每点 y 值到这条直线 y 值的距离平方和 $\sum (y - \hat{y})^2$ 最小，这种方法叫作最小二乘法。

最小二乘回归线（LSRL）是使平方误差之和最小化的线。如果 $\hat{y} = a + bx$ 是 LSRL，那么 $\sum (y - \hat{y})^2$ 最小化。

试图找到使 $\sum (y - \hat{y})^2$ 最小的直线 $\hat{y} = a + bx$，确定其参数 a 和 b。这是一个典型的微积分问题，需要多元微积分来推导，请读者自行求导。

$$\begin{cases} \dfrac{\partial Q}{\partial a} = -2 \sum_{i=1}^{n} (y_i - a - b x_i) = 0 \\ \dfrac{\partial Q}{\partial b} = -2 \sum_{i=1}^{n} x_i (y_i - a - b x_i) = 0 \end{cases}$$

对于 n 个有序对 (x, y)，我们可以计算出 $\bar{x}$，$\bar{y}$，s_x，s_y 和 r。

如果 $\hat{y} = a + bx$ 是 LSRL。

$$\begin{cases} b = r \dfrac{s_y}{s_x} \\ a = \bar{y} - b\bar{x} \end{cases}$$

展开后，还有一个公式：

$$\begin{cases} b = \dfrac{n\sum_{i=1}^{n} x_i y_i - \sum_{i=1}^{n} x_i \sum_{i=1}^{n} y_i}{n\sum_{i=1}^{n} x_i^2 - \left(\sum_{i=1}^{n} x_i\right)^2} \\ a = \bar{y} - b\bar{x} \end{cases}$$

上例中，复习时长（x）与考试成绩（y）的关系，LSRL 为 $\hat{y} = 55.8699 + 5.3409 \times x$。我们之前问过，如果一个人复习了 2.75 个小时，预计他的成绩是多少分？将这个值插入 LSRL，我们得到 $\hat{y} = 54.8699 + 5.3409 \times 2.75 \approx 70.5574$。重要的是：要明白这是预测值，而不是这个人一定会得到的准确值。

学以致用 3-3

请用本章案例中的数据，求身高与体重 LSRL，并写出回归方程；如果一个人身高为 165 cm，预测他的体重。

提示：设 $\hat{y} = a + bx$ 是 LSRL，x 表示身高，y 表示体重。计算出：$\bar{x} \approx 167.4963$，$\bar{y} \approx 63.0288$，$s_x \approx 4.9198$，$s_y \approx 7.5924$ 和 $r \approx 0.7877$。根据公式：

$$\begin{cases} b = r \dfrac{s_y}{s_x} \\ a = \bar{y} - b\bar{x} \end{cases}$$

求得：

$$\begin{cases} b \approx 1.2156 \\ a \approx -140.5797, \end{cases}$$

回归方程：$\hat{y} = -140.5797 + 1.2156x$。

如果一个人身高为 165，预测体重，将 $x = 165$ 代入回归方程，得到：

$\hat{y} = -140.5797 + 1.2156x = -140.5797 + 1.2156 \times 165 = 59.9943$

结论：身高与体重存在线性关系，回归方程为 $\hat{y} = -140.5797 + 1.2156x$；当一个人身高为 165 cm，预测的体重约为 59.9943 kg。

SPSS 操作

步骤一：菜单"分析"中选择"回归"，再选择"线性"（如图 3-8 所示），调出"线性回归"对话框。

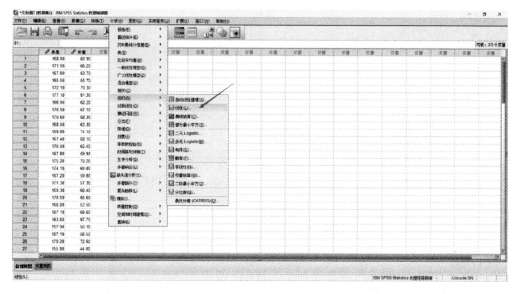

图 3-8

步骤二：将体重选至"因变量"，身高选至"自变量"，点击"统计"勾选"回归系数"下的"估算值"，如图 3-9 所示。输出结果如图 3-10 所示。

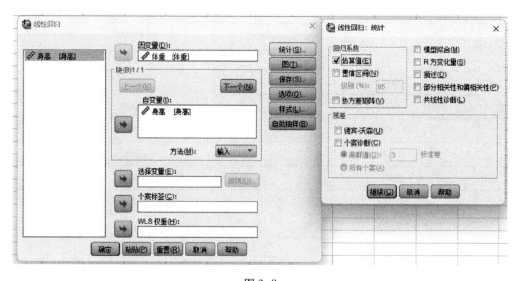

图 3-9

系数ª

模型		未标准化系数		标准化系数		
		B	标准错误	Beta	t	显著性
1	(常量)	-140.586	18.037		-7.794	.000
	身高	1.216	.108	.788	11.293	.000

图 3-10

快速自测

某企业想知道广告费用与销售额之间的关系，每月广告费用（X）和每月销售额（Y）的数据如表 3-5 所示。

表 3-5   单位：万元

广告支出	销售额
100	1900
200	3200
400	4500
600	4000
1000	5200
1400	5500
2000	6400
2100	7000
2300	7700
2600	8000
2900	9000
3300	9800

要求：

1. 找出 X 和 Y 之间的相关性，以及回归方程。

2. 绘制数据散点图，并将 LSRL 放到图上。

3. 结合问题解释回归线的斜率。

4. 某个月广告费用为 2500 万元，预测月销售额是多少。

3.5.2　残差　┠────────────────────────────────

在 LSRL 中，我们将 $y - \hat{y}$（实际值-预测值）称为预测误差，也叫残差。请注意，顺序始终是用实际值减去预测值，因此正残差表示预测值太小，负残差表示预测值太大。

残差有助于我们确定线性模型是否合适。如果线性模型是一个合适的模型，我们就会发现残差随机分布在平均残差为 0 附近。事实上，我们希望残差近似于均值为 0 的正态分布。如果残差的图形看起来不是随机分布在 0 上，则说明回归直线不是一个很好的数据模型。如果残差很小，那么即使这条直线不是一个很好的数据理论模型，它也可能预测得很好。确定一条直线是否是一个好模型的通常方法是直观地检查残差与解释变量的关系图。

图 3-11 是复习时长与残差的散点图。根据图 3-11 可以看出，复习时长与残差随机分布，且残差均值为 0，说明之前回归线性模型是一个合适的模型。

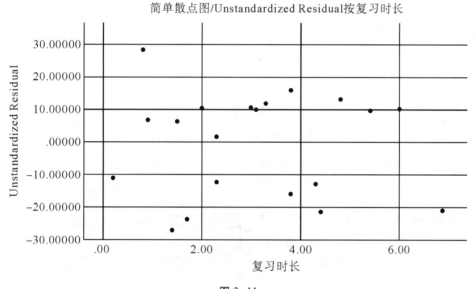

图 3-11

插值是非常重要的一个应用，特别是少量数据缺失时，一般就用插值办法解决。如果我们试图根据 x 值来预测 y 值，那么如果我们是根据现有 x 值范围内的 x 值来预测 y 值，则称为内插法；如果我们从现有 x 值范围之外的 x 值进行预测，则称为外推法。如果一条直线已被证明是一个很好的回归模型，且直线拟合良好（即我们有很强的 r 和残差随机分布），我们就可以对内插法预测有信心，但是我们很少能对外推值有信心。

前面身高与体重的例子，如果我们试图预测一个人身高为 159 cm 的体重，这是内插法。因为我们数据范围为 ［155.10，177.80］。如果一个人身高 120 cm，我们试图预测体重，这是外推法。计算后，预测此人体重竟然只有 5.2685 kg！（身高 120 cm 不位于数字区间 ［155.10，177.80］内，因此，使用外推法计算出的结果可能存在较大的错误风险。）

SPSS 操作

步骤一：先回归，方法同前，如图 3-12 所示。

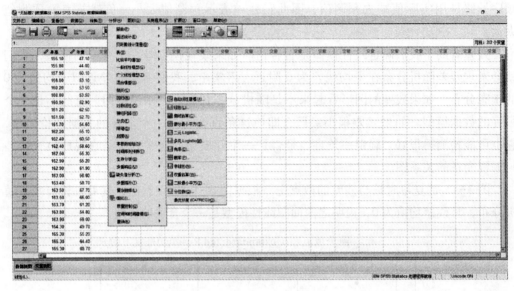

图 3-12

步骤二：将"体重""身高"分别选入"因变量""自变量"之后，点击"保存"，再在"线性回归：保存"对话框中，勾选"残差"下"未标准化"，如图 3-13 所示。点击"确定"后，求得残差，输出结果如图 3-14 所示。

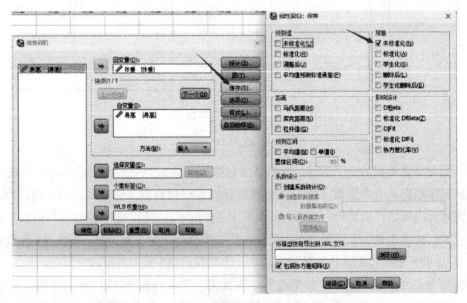

图 3-13

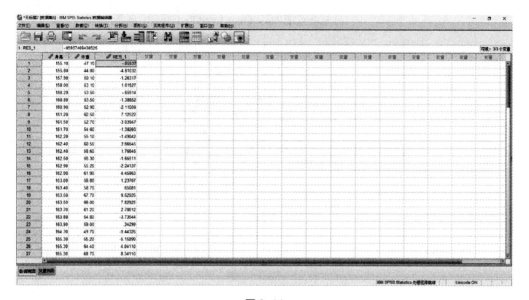

图 3-14

步骤三：用图表构建器绘制散点图，即将变量中身高拖入"X 轴"，将变量中残差拖入"Y 轴"，如图 3-15 所示。点击"确定"后得到解决变量与残差的关系图，如图 3-16 所示。

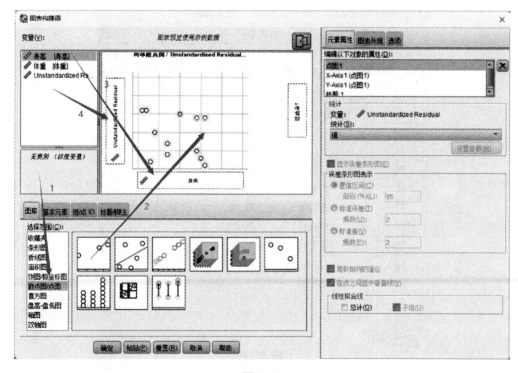

图 3-15

第 3 章　探索性数据分析：二维数据分析

简单散点图/Unstandardized Residual按身高

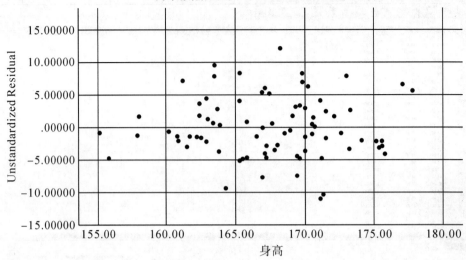

图 3-16

步骤四：如果需要预测，将解决变量写在数据视图的最后一行，如图 3-17 所示。重复步骤二，在"线性回归：保存"对话框中，勾选"预测值"下"未标准化"，再点击"确定"，结果如图 3-18 所示。

*无标题7 [数据集6] - IBM SPSS Statistics 数据编辑器

文件(F)　编辑(E)　查看(V)　数据(D)　转换(T)　分析(A)　图形(G

1:

	身高	体重	变量	变量
73	174.10	69.00		
74	175.20	70.20		
75	175.40	69.50		
76	175.60	69.90		
77	175.60	70.70		
78	175.80	69.00		
79	177.10	81.30		
80	177.80	81.20		
81	159.00			
82				
83				

图 3-17

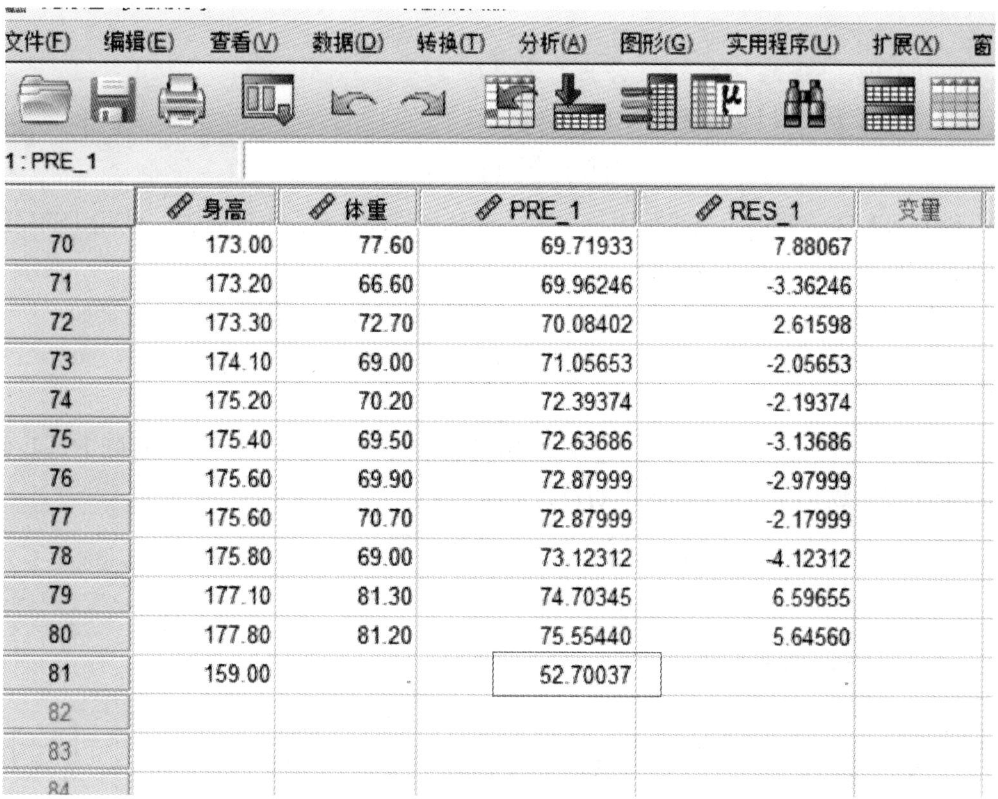

	身高	体重	PRE_1	RES_1	变量
70	173.00	77.60	69.71933	7.88067	
71	173.20	66.60	69.96246	-3.36246	
72	173.30	72.70	70.08402	2.61598	
73	174.10	69.00	71.05653	-2.05653	
74	175.20	70.20	72.39374	-2.19374	
75	175.40	69.50	72.63686	-3.13686	
76	175.60	69.90	72.87999	-2.97999	
77	175.60	70.70	72.87999	-2.17999	
78	175.80	69.00	73.12312	-4.12312	
79	177.10	81.30	74.70345	6.59655	
80	177.80	81.20	75.55440	5.64560	
81	159.00	.	52.70037	.	
82					
83					
84					

图 3-18

3.5.3 测定系数

在没有更好的方法根据 x 值预测 y 值的情况下，我们对任何给定 x 的最佳猜测可能是 $\bar{y}$，即 y 的平均值。

思考：假设你有机会获取统计班中每个学生的身高和体重数据，并计算出了他们的平均体重。将每个学生的身高分别写在纸条上，然后将这些纸条放入一个帽子中，接着随机抽取一张纸条，根据纸条上的身高数据来预测相应学生的体重。那么，你的最佳预测是什么？

提示：在身高和体重之间没有任何已知关系的情况下，你最好的猜测是所有学生的平均体重。你知道所有学生的体重都在平均值上下浮动，这就是你能做的最好的猜测。

如果我们用平均值来猜测每个学生的体重，大多数情况下都会出错。如果我们把这些误差一一求平方，就会得出所谓的误差平方总和（SST）。当我们的最佳猜测只是所有学生的平均值时，它就是我们猜测的总平方误差，代表了 y 的总变异性。

现在，有一条最小二乘回归线，我们想用它作为根据身高预测体重的模型。当然，它就是我们在本章前面详细讨论过的 LSRL，我们希望它的预测误差比使用 $\bar{y}$ 要小。现在，我们仍然会有来自回归线的误差。这些误差被称为残差。我们将这些残差的总和称为残差平方和（SSE）。因此，SST 代表使用 $\bar{y}$ 作为根据身高预测体重的基础所产生的总误差。

$$SST = \sum (y_i - \bar{y})^2$$

而 SSE 代表使用 LSRL 所产生的总误差。

$$SSE = \sum (y_i - \hat{y}_i)^2$$

SST−SSE 表示使用回归线预测与 $\bar{y}$ 进行预测的误差差异，也就是说，使用 LSRL 预测要比均值预测的误差减少多少。

y 对 x 的回归所能解释的 y 总变差的比例称为测定系数，用 r^2 表示。定义如下：

$$r^2 = \frac{SST - SSE}{SST}$$

r^2 是回归线解释了总变异比例。我们用代数方法可以证明，这个 r^2 实际上是我们熟悉的相关系数 r 的平方。读者不妨自行证明一下。

$$r^2 = \frac{SST - SSE}{SST} = \frac{\sum_{i=1}^{n} (\hat{y}_i - \bar{y})^2}{\sum_{i=1}^{n} (y_i - \bar{y})^2} = \frac{\sum_{i=1}^{n} (a + b x_i - \bar{y})^2}{\sum_{i=1}^{n} (y_i - \bar{y})^2}$$

将 $a = \bar{y} - b\bar{x}$ 代入上式：

$$r^2 = \frac{\sum_{i=1}^{n} (a + b x_i - \bar{y})^2}{\sum_{i=1}^{n} (y_i - \bar{y})^2} = \frac{\sum_{i=1}^{n} (\bar{y} - b\bar{x} + b x_i - \bar{y})^2}{\sum_{i=1}^{n} (y_i - \bar{y})^2} = \frac{\sum_{i=1}^{n} (b x_i - b\bar{x})^2}{\sum_{i=1}^{n} (y_i - \bar{y})^2} = \left(b \frac{s_x}{s_y} \right)^2$$

开方后，整理一下，不难得到：

$$b = r \frac{s_y}{s_x}$$

这与之前回归系数公式是一致的，得证。

3.5.4 异常值

一些观察结果对相关性和回归有影响。我们在处理单变量数据时定义了异常值。处理双变量数据时没有类似的数值准则，但基本思想相同：异常值位于数据的一般模式之外。具体来说，对于回归，异常值具有较大的残差。异常值肯定会影响相关性，并且根据其所在位置，还可能对回归线的斜率产生影响。

注意：要特别留心对回归模型有强烈影响的数据。它可能影响斜率、相关性、截距或其中的多个。如果它与其余数据不一致，它的影响就在于回归线的斜率。换句话说，异常值对度量产生强烈影响。

图 3-19 是异常值影响斜率的例子。除了图 Ⅱ 和图 Ⅲ 中用方框表示的点之外，其他的点图 Ⅰ、图 Ⅱ 和图 Ⅲ 都是一样的。图 Ⅰ 没有异常点或离群点。图 Ⅱ 有一个离群点，它是一个对相关性有影响的异常点。图 Ⅲ 中有一个离群点，它是一个影响点，对回归斜率有影响。比较每个图表的相关系数和回归线。（请注意，图 Ⅱ 中的离群点对斜率有一定影响，对相关系数有显著影响。图 Ⅲ 中的离群点，也是影响点，对回归线的斜率影响很大。）

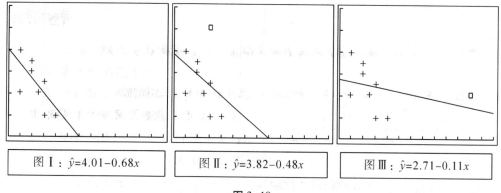

| 图 I：$\hat{y}=4.01-0.68x$ | 图 II：$\hat{y}=3.82-0.48x$ | 图 III：$\hat{y}=2.71-0.11x$ |

图 3-19

3.6 线性变换

到目前为止，我们所用的数据都是可以用线性建模的。当然，有许多双变量关系是非线性的。本课程只涉及可以用线性建模的双变量数据，或者本来是非线性的，通过变换后仍可以用线性建模的双变量数据。

例如，表 3-6 给出了一定小时后某种细菌的数量（以 100 个为单位）。

表 3-6

小时	数量
1	18
1.5	24
2	31
2.5	43
3	58
3.5	80
4	106
4.5	140
5	180

预计 3.75 小时后细菌的数量是多少？

数据的散点图和残差如图 3-20 所示，直线并不是该数据的良好模型。

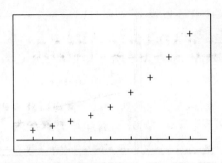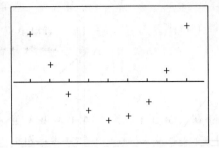

图 3-20

现在，用 ln（数量）得出以下数据，如表 3-7 所示。

表 3-7

小时	数量	ln（数量）
1	18	2.89
1.5	24	3.18
2	31	3.43
2.5	43	3.76
3	58	4.06
3.5	80	4.38
4	106	4.66
4.5	140	4.94
5	180	5.19

小时与 ln（数量）的散点图以及残差图，如图 3-21 所示。

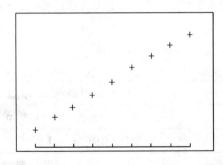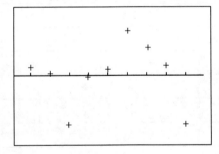

图 3-21

散点图看起来更加线性，残差图不再具有原始数据的特征。我们已经对原始数据进行了转换，转换后的数据可以很好地用一条直线来模拟。转换后数据的回归方程为

$$\widehat{\ln(数量)} = 2.2984 + 0.5853(小时)$$

要预测 3.75 小时后会有多少细菌，得将 3.75 放入回归方程，我们得到 $\widehat{\ln(数量)} = 2.2984 + 0.5853 \times 3.75 \approx 4.4933$，但这是 $\widehat{\ln(数量)}$，我们必须将这个答案反变换为原

始单位 数量 $= e^{4.4933} = 89.4160$，即约有 8942 个细菌。

注意：对于非线性的数据可尝试几种不同的变换，看看能否实现线性。一些可能的变换包括：取两个变量的对数、将一个或两个变量的幂级数提高、取其中一个变量的平方根、取一个或两个变量的倒数，等等。

知识测评

一、选择题

1. 给定一组有序对 (x, y)，$s_x = 1.6$，$s_y = 0.75$，$r = 0.55$。最小二乘法回归线的斜率是多少？（ ）

　　A. 1.82　　　　　　　　　　B. 1.17

　　C. 2.18　　　　　　　　　　D. 0.26

　　E. 0.78

2. 双变量数据集的回归线为 $\hat{y} = 2.35 + 0.86x$。x 值为 29 的点的残差值是多少？（ ）

x	23	15	26	24	22	29	32	40	41	46
y	19	18	22	20	27	25	32	38	35	45

　　A. 1.71　　　　　　　　　　B. −1.71

　　C. 2.29　　　　　　　　　　D. 5.15

　　E. −2.29

3. 一项研究发现，每周玩手机时间与每周锻炼时间之间的相关性为 $r = -0.6$。也就是说，玩手机时间越长，每周锻炼时间就越少。以下哪种说法最准确？（ ）

　　A. 锻炼时间的变化中有 36% 能够通过玩手机时间来解释

　　B. 少玩手机的人会多锻炼

　　C. 每花 1 小时玩手机，预计锻炼时间就会减少 0.6 小时

　　D. 玩手机时间与锻炼时间的减少之间存在因果关系

　　E. 锻炼时间变化能够用玩手机时间解释，解释比例为 60%

4. 响应变量似乎与解释变量呈指数关系。取每个 y 值的自然对数，发现最小二乘回归线为 $\ln (\hat{y} = 1.85 = 0.78x)$。四舍五入到小数点后两位，当 $x = 3.1$ 时，y 的预测值是多少？（ ）

　　A. −2.42　　　　　　　　　　B. −0.57

　　C. 0.34　　　　　　　　　　D. 0.56

　　E. 2.42

5. 请看下面的残差图：

以下哪些说法是正确的？（　　）

    A. 残差图表明直线是数据的合理模型

    B. 残差图表明数据之间没有关系

    C. 变量之间的相关性可能不为零

6. 假设根据身高（cm）预测体重（kg）的 LSRL：$\widehat{体重}=-140+1.2\times身高$。以下哪种说法是正确的？（　　）

    A. 身高 170 cm 的人体重为 64 kg

    B. 身高每增加 1 cm，体重平均会增加 1.2 kg

    C. 身高和体重之间有很强的正线性关系

7. 根据第 6 题中的 LSRL。有一名学生的身高 170 cm，他的体重为 65 kg。这个学生的残差是多少？（　　）

    A. -1　　　　　　　　　　　　B. -0.5

    C. 0　　　　　　　　　　　　　D. 0.5

    E. 1

8. 两个变量 X 和 Y 之间的相关性为-0.26。通过让 $X^*=-X$，$Y^*=Y+12$，可以得到一组新的分数，即 X^* 和 Y^*。X^* 和 Y^* 之间的相关性为（　　）。

    A. -0.26　　　　　　　　　　B. 0.26

    C. 0　　　　　　　　　　　　　D. 0.52

    E. -0.52

9. 一项关于停车距离的研究发现，根据车辆重量（t）预测里程数（km/L）的最小二乘回归线为：$\widehat{里程}=-19+21\times重量$。车辆的平均重量为 1.45t。平均里程数是多少？（　　）

    A. -10.09　　　　　　　　　　B. 10.27

    C. 11.45　　　　　　　　　　　D. 12.65

    E. 20.33

10. 关于最小二乘回归方程，下列哪些说法是正确的？（　　）

    A. 它是使残差之和最小且唯一的一条直线

    B. 平均残差为 0

C. 它使残差平方和最小化

D. 回归线的斜率是相关系数的恒定倍数

E. 回归线的斜率说明，解释变量每变化一个单位响应变量将变化多少

二、非选择题

11. 给定一个双变量数据集，已知 $\bar{x} = 12.0$，$\bar{y} = 20.0$，$s_x = 4$，$s_y = 2$，$r = 0.8$，求 y 对 x 的最小二乘回归线。

12. 下面的数据是统计学班 10 名学生的第一次和第二次考试成绩。

| T1 | 63 | 32 | 87 | 76 | 60 | 83 | 80 | 98 | 85 | 73 |
| T2 | 51 | 21 | 66 | 70 | 73 | 75 | 85 | 83 | 76 | 80 |

要求：

（1）绘制这些数据的散点图。

（2）分析两次测试的成绩在多大程度上有关联。

13. 下面是线性回归的残差图。直线不能很好地拟合这些数据。为什么？回归方程有可能低估或高估图中标有正方形的点的 y 值吗？

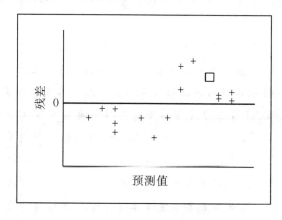

14. 在过去 10 年中，10 岁及以下 100 米仰泳的地区冠军获胜时间（秒）如下：

| 岁数 | 1 | 2 | 3 | 4 | 5 | 6 | 7 | 8 | 9 | 10 |
| 时间 | 80.2 | 77.2 | 80.1 | 76.4 | 75.5 | 75.6 | 75.1 | 74.3 | 74.4 | 74.0 |

你预计要多少年才能将获胜时间缩短到一分钟或更短？这个估计有什么问题？

15. 某家庭打扫房间的时间间隔与蟑螂数量关系数据如下：

| 时间间隔 | 2 | 5 | 8 | 11 | 14 |
| 蟑螂数量 | 3 | 4.5 | 6 | 7.9 | 11.5 |

预计 9 天不打扫房间会有多少只蟑螂？

16. 有一名年轻的教育学家正撰写专业研究报告。他报告的研究结果是，女生数学成绩变化的 72% 可以用女生的生活习惯来解释。这意味着什么？这是否表明女生的数

学成绩与生活习惯之间存在着密切的线性关系?

17. 假设根据训练次数 (x) 预测敏捷性任务成功率 (y) 的回归方程为 $\hat{y} = 45 + 3x$, $\frac{s_y}{s_x} = 4$。对 x 的回归不能解释 y 变化的百分比是多少?

18. 已知一组二元数据的 $r^2 = 0.81$。

(1) x 和 y 都已标准化，并对标准化数据拟合了一条回归线。标准化数据回归线的斜率是多少?

(2) 描述原始数据的散点图。

19. 估计下列各图的相关系数 r。

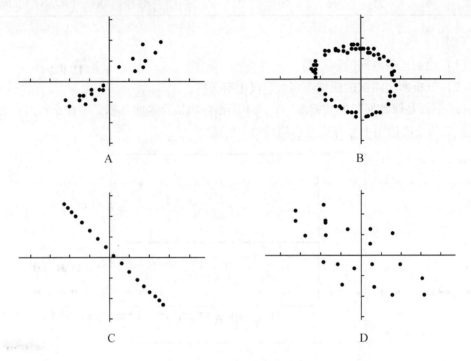

A

B

C

D

20. 许多学校要求学生评价教师。一项研究调查了学生对教师的评价结果与学生成绩的相关程度。评价和成绩都以 100 分为满分进行衡量。某班 10 名学生对某教师的评价结果 (y) 和该班级 10 名学生所有课程的平均分 (x) 如下:

x	40	60	70	73	75	68	65	80	98	95
y	20	50	60	65	75	70	78	80	90	95

问题:

(1) 你认为学生的成绩和学生对老师的评价有关系吗? 请解释一下。

(2) 你认为平均成绩为 80 分的学生会给教师打多少分?

21. 说说以下哪些说法是正确的，并解释原因。

(1) 相关系数 r 和回归线斜率 b 的符号总是相同的。

（2）无论哪个变量被视为解释变量，哪个变量被视为响应变量，相关系数都是一样的。

（3）相关系数不受异常值影响。

（4）x 和 y 以 cm 为单位测量，并计算出 r。现在，将 x 和 y 转换为 dm，并计算出新的 r。计算出的两个 r 值取决于测量单位，因此会有所不同。

（5）身高与性别相关的观点没有意义，因为性别不是数字。

实践测评

根据自己的兴趣爱好，选择一个课题进行研究，确定解释变量和响应变量，再收集这两个变量的数据。绘制散点图来显示两个定量变量之间的关系，描述散点图中显示的关系的方向、形式和强度，并识别异常特征，解释相关性；使用计算机软件确定最小二乘回归线的方程，绘制并解释残差图以评估回归模型是否合适；给定一个解释变量值预测响应变量值，分析是内插还是外推。

目标达成表

学习目标	目标达成情况自评
区分定量数据的解释变量和响应变量	
绘制散点图来显示两个定量变量之间的关系	
描述散点图中显示的关系的方向、形式和强度，并识别异常特征	
解释相关性	
了解相关性的基本属性，包括异常值如何影响相关性	
区分相关性和因果关系	
使用回归线进行预测，同时牢记外推法的风险	
计算并解释残差	
解释回归线的斜率和在 y 轴上的截距	
使用计算机软件确定最小二乘回归线的方程	
构建并解释残差图以评估回归模型是否合适	
解释残差和 r^2 的标准差，并使用这些值来评估最小二乘回归线对两个变量之间关系的建模效果	
描述最小二乘回归线、残差标准差和 r^2 如何受到异常值的影响	
根据 x 和 y 的平均值、标准差及其相关性求出最小二乘回归线的斜率和在 y 轴上的截距	

第4章

推断基础：研究设计

本章提要

在本章中，我们将讨论如何收集数据，因为收集数据是研究的第一步。一份好的数据犹如一种好的原材料，是研究出好成果的前提；对糟糕的数据进行分析是没有任何实际意义的。在本章，你将了解到调查和抽样、观察研究、实验，以及每种研究中可能出现的偏差类型。一旦掌握了这些知识，你就会更有信心，相信你的分析不会是毫无意义的数字运算。

学习目标

●确定统计研究中的总体和样本，解释混杂的概念以及它如何限制做出因果结论的能力。

●确定实验中的实验单元和处理，解释实验中比较、随机分配、控制和复制的目的，描述如何使用纸条、技术或随机数字表在实验中随机分配处理。

●描述实验中的安慰剂效应和双盲法的目的。

●描述一个完全随机的实验设计。

●描述实验的随机区组设计和配对设计，并解释实验中设计区组的目的。

主要内容

⭐ 样本和取样　　　⭐ 调查　　　　　⭐ 抽样偏差

⭐ 实验和观察研究　⭐ 统计意义　　　⭐ 完全随机设计

⭐ 配对设计　　　　⭐ 区组设计

4.1 总体与样本

在前两章中，我们专注于分析手头的数据，并不太关心数据是如何获得的。接下来各章我们关心的是统计推断，即根据样本对单体进行推论。在数据分析和推断中，我们都希望我们的分析或推断是有意义的。如果根据样本对总体做出推断，我们希望推断是真实的。我们能否进行有意义的分析和做出可靠的推论，这完全取决于所收集的数据。只要处理的样本数据能够代表相关总体，我们就有了坚实的基础。如果收集的数据不佳或存在系统性偏差，那么对这些数据的解释将毫无意义。在进行推论之前，我们需要了解如何收集高质量的数据。在本章中，我们将研究收集数据的技巧，以便我们有信心相信这些数据能够代表我们所关注的总体。

定义：总体是我们想要了解相关信息的所有对象。普查是收集总体中每个对象的数据。样本是我们收集数据的中个别对象，它是总体的子集。

例如：国家每 10 年对人口进行普查。这是收集人口数据的一种方法。我国人口庞大，进行人口普查非常耗时或过于昂贵。有趣的是，如果样本选择得当，相对较小的样本也能对人口值做出很好的估计。例如，每年统计局会对公民的收入水平进行抽样调查。

抽样的目的是产生具有代表性的样本，即具有所研究人群的基本特征且没有任何系统性偏差的样本。我们永远无法确定我们的样本是否具有所抽取人群的特征。要想使样本具有代表性，最好的办法就是使用某种随机过程来选择样本。

4.2 概率样本

我们把总体中所有成员的列表称为抽样框。我们希望所采用调查方式的抽样框与研究的抽样框保持一致，例如：我们通过打电话询问油价对用车生活的影响，这里拥有电话的人和拥有汽车的人两个抽样框就不一致。最好的做法是先确定拥有汽车的人群抽样框，在此抽样框下随机抽样后，找到他们的电话号码，再打电话询问。概率抽样是指总体中的每个成员被抽中的概率都是已知的。总体中的每个成员被选中的机会可能相等，也可能不相等。使用概率样本是为了避免非概率样本中可能出现的偏差。概率样本使用某种随机机制来选择样本成员。下面列出了一些概率样本的类型。

随机抽样：总体中的每个成员被抽中概率相同。

简单随机抽样（SRS）：给定样本大小，且每一个成员都有相同的概率被选中。请注意，样本是随机样本但不一定是简单随机样本。例如，假设你要选择 4 个同学参加学科竞赛，有一种方法是随机抽取 2 名男生和 2 名女生，这是一种随机抽样，但不是简单随机抽样。因为班上男生人数与女生人数不同，所以被抽中的概率不同。

系统抽样：样本的第一个成员是根据某种随机程序选择的，然后根据某种明确定义的模式选择其余的成员。例如，如果你希望从 10000 人的名单中抽取 100 人作为样本，你可以将 10000 人排列好并编号后，在前 100 人中随机抽取一人，即在 1~100 号中随机选择一个数字（如 63），然后再往后每数 100 人就抽中。系统样本是随机的，因为它是随机开始的，但不是简单随机样本，因为并非每个大小为 n 的样本都有相同的可能性被抽中。例如，列表中彼此相邻的两个人永远不会被同时选择作为样本。

分层随机抽样：总体首先被分为不同的同质子组（即分层），然后从每个子组按规定的比例从不同层中随机抽取样本。每层抽取样本比例与该层人数在总体中所占的比例大致相同。例如，假设男性和女性在总体中的比例为 6∶4，你可以构建样本以确保男性和女性在样本中的比例也为 6∶4。对于 100 人的样本，你可以从所有女性分层中用简单随机抽样选择 40 名女性，从所有男性分层中用简单随机抽样选择 60 名男性。

组群抽样：首先将总体划分为若干部分或"群组"；然后随机抽取一个或多个群组，将选择的群组中所有成员作为样本。

学以致用 4-1

1. 教育部为了确保本科教学质量，对本科毕业论文进行抽查，并请专家进行评价。各省教育厅从每个学校每个专业所授的学位名单中随机抽取 5% 的人的论文作为样本。请问这是什么抽样？

提示：这不是简单随机抽样，貌似每个人被抽中的概率相等（5%），但其实并非如此，因为抽样是分学校分专业来抽样的。假设有两学校相同专业，一个 55 人，另一个 60 人，都要抽中 3 个人出来，每个人被抽中的概率是不同的。最可信的是分层随机抽样，分学校分专业，所抽的比例大体相近。

2. 某市教育局希望了解小学教师对课程改革建议的意见。教育局从该市所有小学中随机抽取一所学校，对该校的每位教师进行调查。这是什么抽样？

提示：这是一个群组样本。各个学校代表了先前界定的群组，我们从中随机抽取一所（可能更多），其所有教师作为样本。

4.3 非概率抽样

当然，并非所有抽样都是概率抽样。有时，人们试图通过非随机的过程来获得样本，但仍希望通过设计所获得的样本具有代表性。所有非概率样本的危险在于，某些（未知的）偏差可能会影响样本的代表性程度。这并不是说随机样本不可能有偏差，只是说我们有更好的机会避免系统性偏差。非随机样本的一些类型包括：

（1）自选样本或自愿回应样本：人们自由选择是否参与调查。广播节目、网页在线调查就是典型的自愿回应样本。

（2）方便抽样：调查人员以任何可能的方式获取样本，通常考虑的是获取样本的难易程度。例如，向学校某个班级的每个成员发放问卷就是方便抽样。这里的关键问题是由调查员决定将哪些人纳入样本。

（3）配额抽样：调查人员根据个人特征与已知总体特征的匹配情况选择样本成员，试图产生具有代表性的样本。这与分层随机抽样类似，只是抽取样本的过程是非随机的。

4.4　抽样偏差

我们正在努力避免抽样技术中的偏差，出现偏差的原因可能是抽样技术有误，也可能是实际测量工具有误，导致选择该样本对总体估计不准确，平均过高或过低。

（1）抽样框偏差：其中一种偏差来自覆盖不足。当被抽样人口的某些部分以某种方式被排除在外时，就会出现这种情况；当抽样框（从中抽取样本的名单）与目标人群不一致时，也会出现这种情况；当抽取的部分样本由于某种原因没有做出回应时，也会出现这种情况。例如，调查机构进行电话调查，收集普通民众对农村老人福利问题的意见。农村老人是福利受助者，他们当然对这一问题感兴趣，但因他们不便使用电话，可能被排除在样本之外。调查者将这部分人排除在外，得出的结论会有偏差。

（2）自愿回应偏差：自选样本会出现自愿回应样本。对某一问题感受最强烈的人最有可能做出回应。有部分人没有做出回应，存在非回应偏差，即选择不回应的人可能存在的偏差。例如，你想了解业主对小区棋牌室的态度。你把一份在线的调查问卷放在小区业主群里，请他们填写。大约有三分之一的人参与了调查，其中95%的人表示小区棋牌室在小区内太吵了，有噪声污染，让他们无法忍受。我们无从得知那三分之二没有参与调查的人的感受。那些意见最强烈的人是最有可能返回调查表的人，他们并不代表所有人的意见。还有一例子，在某视频 App 上，某位主播提出一个现象，说现在很多人不愿意要孩子。下面的人纷纷给予回应，约有70%的人回应说他们的隔壁邻居或者某亲戚也选择不要孩子。这很可能只代表了那些正好遇到这个现象的人，并不能代表所有人。

（3）措辞偏差：当问题本身的措辞会影响回应时，就会出现措辞偏差。某城市关于春节烟花表演活动调查，在随机抽样的公众中，描述成"你赞成还是反对我市在春节时举行烟花表演活动？"或"你赞成还是反对我市花费近千万元在春节时举行烟花表演活动？"前一描述会比后者获得更多的支持。再举一个例子，当调查人们对某项罕见疾病的检查意见时，在随机抽样的公众中，描述成"你是否愿意自费参与罕见的疾病筛查？"或"你是否愿意花费很少的检测费为自己排查致死率极高的罕见疾病？"后一描述会比前者获得更多人的同意。

（4）回应偏差：对问题的回答产生的偏差。回应产生有多种方式。例如：受访者可能不会如实回答问题（也许他或她羞于启齿）；受访者可能不理解问题（问一个人是否受过教育，但却没有区分教育水平）；受访者希望取悦访谈者（受访者与调查问题没有直接关系）；问题的排序可能会影响回答（"你更喜欢 A 还是 B？"得到的回答可能与"你更喜欢 B 还是 A？"得到的回答不同）。

在以下情况中，你怀疑存在哪种形式的偏见？

情况：你是一位教授，希望了解学生对你的课程的满意程度。你找到学生的辅导员，让她找 25 名学生询问他们对你课程的满意程度。

提示：这样调查获得的数据会有很多问题。首先，样本是非随机的，辅导员会根据方便抽样，抽取 25 名学生构成样本。他们可能可以代表所有的学生，也可能不能代表所有的学生。由于辅导员负责调查，他们一般会选择与辅导员关系不错的学生来询问，抽样调查肯定会存在覆盖不足的问题，只有一小部分学生真正接受了调查，没有接受访谈的学生是怎样的态度？同时，辅导员是同校老师，受访者会倾向于讨好访谈者。

4.5 实验和观察研究

研究的理想结果之一是帮助我们确定因果关系。我们试图通过实验帮助我们寻找各组之间的差异，并且这种差异必须很大，无法将其归因于偶然事件。那么这种差异才具有统计学意义，在后面的章节中，我们会涉及显著性。

实验是一项研究，研究人员对实验单位（可以是人，通常称为受试者）实施某种处理。在实验中，研究人员的目的是确定处理方法（解释变量）对结果（响应变量）的影响程度。例如，研究人员可能会对不同工作小组改变其成员的奖励（解释变量），以了解此处理对小组完成特定任务的能力（响应变量）有何影响。

观察研究只是观察和记录行为，并不试图强加某种处理方法来操纵解释变量。抽样调查实际上是观察性研究的一种，因为不对研究对象进行任何处理。观察研究有两类：回顾性研究和前瞻性研究。回顾性研究检查个体样本的数据。抽样调查属于回顾性研究。前瞻性研究选择个体样本并随着时间的推移跟踪其行为。有时会持续很多年。例如，商家会观察并记录消费者走入商场后经过的区域以及他们的行为，以确定商场内的商品如何摆设，从而达到增加销售额的目的。你会发现，商场的啤酒与尿不湿会放在一起，蔬菜总是放在最里的角落。

为了研究锻炼与身体健康的关系，研究人员进行了一项纵向研究（长期进行的研究），记录了参加"步行""篮球"两项健身活动的 60 名志愿者的数据，以了解这两组人在健康指数上的得分是否存在差异。这是实验研究还是观察研究？如果将 60 名不锻炼的志愿者随机分配到两个健身计划中的一个。一组 30 人参加每日步行计划，另一组 30 人参加篮球计划。一段时间后，对两组人在健康指数上的得分进行比较。这是实验研究还是观察研究？

提示：记录两组人"步行""篮球"两项健身活动数据，以了解这两组人在健康指数上的得分是否存在差异，这是一项观察研究。因为尽管两组在某一重要方面存在差异，但研究人员并没有操纵任何处理方法。只是对"步行""篮球"两组人进行观察和身体健康测量。请注意，本研究中的两组人都是自我选择的。也就是说，在研究开始之前，他们就已经在各自的组别中了。研究人员只是注意到他们的组别成员身份，然后进行观察。除了所研究的变量之外，各组之间还可能存在重大差异。

将60名不锻炼的志愿者随机分配到两个健身计划中的一个。一组人参加每日步行计划，另一组人参加篮球计划。一段时间后，根据两组人在健康指数上的得分进行比较。这是一项实验，因为研究人员已经施加了处理方法（步行或篮球），然后测量了处理方法对特定响应的影响。

在对照实验中，测量到的响应变量存在的差异，可能是处理变量引起的，也可能是其他变量引起的。混杂变量是指对研究结果有影响，但其影响无法与处理变量的影响区分开来的变量。潜伏变量是指对研究结果有影响，但其影响不属于调查范围的变量。潜伏变量可以是混杂变量。

例如，我们进行一项研究，以了解教学 PPT 美观程度是否会提高学生成绩。因为每届学生不同，学生成绩变好有可能是这届学生更爱这位老师，也可能是这届学生更爱学习。这些变量之所以会混淆，是因为它们的影响无法分开。

实验设计的三大基本原则：一是控制，二是随机化，三是重复实验。

（1）控制。精心设计的研究会尽量事先预测混杂变量并对其加以控制。统计控制是指研究人员让可能对结果产生影响的非研究变量保持不变。例如，研究教学方式对教学效果的影响，就必须保证控制除教学方式以外的因素，如教师个人魅力、学生智力等，以控制这些可能产生的混杂因素的影响。例如，让同一名教师用两种不同的方法教学，班级同学要随机化分成两组。

（2）随机化。随机化的目的是均衡分组，使潜伏变量的影响在各组之间均衡。随机化包括利用偶然性（如掷硬币）将受试者分配到处理组和对照组。这样做的目的是希望所研究的各组仅在处理变量的影响方面存在系统性差异。虽然组内的个体可能会有差异，但我们的想法是，除了处理变量外，各组尽可能相似。需要注意的是，没有任何潜伏变量是不可能的。但我们可以通过随机化的方法，提高产生相似组的概率。这样做的目的是控制那些你不知道的因素（会对结果产生影响的因素）的影响程度。

（3）重复实验。重复实验是指找到足够多的实验对象（或单位）进行实验，以减少偶然变化对结果的影响。要了解处理组之间是否存在差异，我们必须对处理组内差异进行比较。例如，研究教学方式对教学效果的实验中，如果每种教学方法我们只选择一个人，就无法知道不同的人在同一种教学方式下有什么不同。我们也不知道教学效果的差异，是因为教学方式引起的还是其他因素引起的。

4.6 完全随机设计

完全随机设计涉及三个基本要素：将受试者随机分配到处置组，对每个随机组进行不同的处置（也称处理、治疗），对不同组的结果进行某种比较。这种情况的标准如图 4-1 所示。

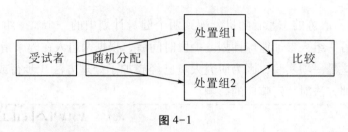

图 4-1

如果有多个不同的处置组（如不同水平的新药），在这种情况下可以修改图表。对照组可以是原来的处置方法（如目前市场上的药物），也可以是安慰剂（即虚拟治疗方法）。超过两个处置组的实验图如图 4-2 所示。

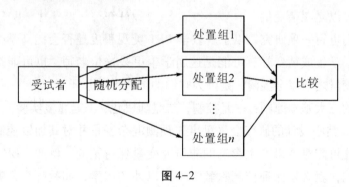

图 4-2

请记住，每个组必须有足够的主题才能满足重复实验条件。安慰剂的目的是将真正的处置效果与由于只是实验的一部分而可能出现的受试者效应区分开来。如果将新的处置方法与之前已通过实验确定其效果的治疗方法进行比较，则不需要安慰剂。在这种情况下，可以将新的处置方法与旧的处置方法进行比较。例如，一种新的减少痘痘外用药（治疗方法）可以与市场上已经上市的酸乳膏进行比较，后者的有效性早已得到证实。

4.6.1 双盲研究

当受试者（或实验单位）和评估者都不知道哪一组在对照组、哪一组在处置组，也不知道哪一组接受何种处置，该研究被称为双盲研究。这样做的原因是，对于受试者来说，如果他们知道接受了何种处置可能会影响他们的应对方式；而对于评估者来说，如果他们知道哪些人正在接受哪种处置也会影响他们评估方式和结果。我们担心的是，除非研究是双盲的，否则个体处置组和对照组会因治疗以外的其他因素而有所不同。双盲研究进一步控制了安慰剂效应。安慰剂效应指受试者虽然放在对照组中（没有实质地施加处置），但却"预料"或"相信"处置有效导致效果非常明显。例如，在医疗过程中，病人虽然获得无效的治疗，但却"预料"或"相信"治疗有效，而让症状得到缓解。

学以致用 4-4

300 名学生自愿成为一项实验的受试者，该实验的目的是确定多大剂量的新药对成绩测试的影响最大。需要测试的药物剂量有三种：200 毫克、500 毫克和 750 毫克。设计一个完全随机的研究来测试不同剂量的药物的效果。

提示：双盲研究。要测试的药物有三个剂量：200 毫克、500 毫克和 750 毫克。可以加入安慰剂对照，但严格来说这并不是必需的，因为我们的目的是对三种剂量进行比较。我们需要将 300 名学生随机分配到四组，每组 75 人：一组接受 200 毫克的剂量，一组接受 500 毫克的剂量，一组接受 750 毫克的剂量，一组接受安慰剂（没有任何药物成分）。任何小组都不会知道其成员接受的是哪种治疗（所有药片看起来都一样），与他们接触的测试人员也不会知道哪位受试者接受的是哪种药片。每组受试者都将完成性能测试，并对各组的测试结果进行比较。

4.6.2 区组设计

前面我们讨论了在研究中进行控制的必要性，并指出随机化是控制潜伏变量的主要方法——这些变量可能会以某种方式影响研究结果，但在研究设计中却没有被考虑到（通常是因为我们没有意识到）。还有一种控制方法是控制研究变量，对可能会影响研究结果的变量加以控制。在前面的例子中，如果我们怀疑性别对测试的效果有影响。也就是说，我们怀疑性别是一个混杂变量（其影响无法与药物的影响分开）。为了控制性别对成绩测试的影响，我们采用了所谓的区组设计。区组设计包括在每个区组内进行完全随机的实验。在本例中，这意味着每种水平的药物都将在女性组和男性组中进行测试。那么，按性别分组的实验设计如图 4-3 所示。

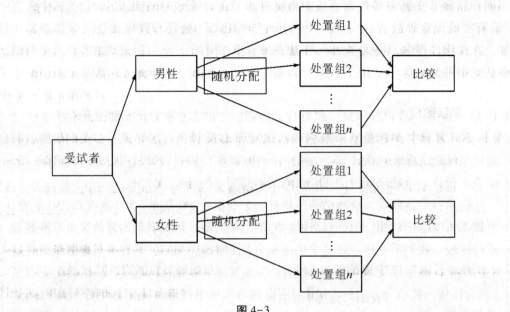

图 4-3

随机化和区组设计各有其作用。有人说，分块设计是为了控制你所知道的变量，而随机设计则是为了控制你不知道的变量。请注意，在这里我们感兴趣的是研究治疗在男性群体和女性群体中的效果，而不是比较对男性和女性的效果。因此，不会在区组之间进行额外的比较（那是另一项研究）。

4.6.3　配对设计

配对设计是一种特殊的区块设计。一种可能的配对设计是对同一受试者进行前后测量。在这种情况下，每个受试者都成为一个实验块。另一种配对设计是将受试者以某种方式配对（如身高、种族、年龄等）。例如，一项研究旨在确定对统计课程教师进行培训的有效性。在培训前对 23 名教师每人进行一次测试（前测），然后对他们进行培训。课程结束后再对每位教师进行测试（后测）。将每位教师的前测成绩减去后测成绩，得出每位教师的得分。这是一种配对设计，因为每位教师的前测成绩与后测成绩是配对的。

学以致用 4-5

近几年来晨练越来越受欢迎，有人说晨练有利于降低老年人高血压风险。要求设计研究实验，比较不同的晨练方式对高血压的影响。

提示：随机区组则要把老人按预先考虑到的影响因子分类，比如性别、年龄段、健康状况等，然后依次从受试者随机抽出人员放入各组进行实验，最后进行比较研究。晨练可以分成太极组、广场舞组、慢跑组等，通过这种分组方法，实验组对象更相似，比简单随机误差更小。

在学习推理时，你将认识到配对数据有别于两组独立数据。尽管在配对研究中会产生两组数据，但多数据情况是将配对值之间的差异作为单样本数据进行统计分析。

知识测评

一、选择题

1. 做一个关于人们对早餐店服务态度的研究项目，并将某天进入早餐店的前 25 名顾客作为样本。以下哪项说法是正确的？（　　）

    A. 这是系统抽样

    B. 这是方便抽样

    C. 这是随机抽样

    D. 这是一种简单的随机抽样

    E. 这是自愿抽样

2. 你想对学校高年级的学生进行一次调查，并想选择一个简单的随机样本。你打算选取 40 名学生作为样本。以下哪种方法可以产生简单随机样本？（　　）

    A. 把高年级每个学生的名字写在一张纸条上，把纸条放在一个容器里，然后从容器中随机抽取 40 张纸条

    B. 假设学生被随机分配到班级，随机选择两个班级，并将这两个班级的学生作为样本

    C. 从所有高年级学生名单中随机抽取前 10 名中的一个，然后在名单上每隔 n 个选择一个，直到选出 40 人为止

    D. 挑选午餐时通过食堂大门的前 40 名高年级学生

    E. 从四个高年级统计学分班中各随机抽取 10 名学生

3. 以下哪项对设计实验很重要？（　　）

    A. 控制可能对响应变量产生影响的所有变量

    B. 将受试者随机分配到处置组

    C. 使用大量受试者来控制小样本变异性

4. 某公司开发了一种新药。你认为男性和女性对药物的反应可能不同，因此将他们分成两组。然后将男性、女性都随机分成 A、B 两组，其中一组（如 A 组）服用药物，另一组（如 B 组）服用安慰剂。这项研究的基本设计是（　　）。

    A. 完全随机

    B. 按性别分列

    C. 完全随机，按性别分列

    D. 按性别和药物类型进行随机分组

    E. 配对设计

5. 以下哪项不是概率抽样？（　　）

    A. 你打算从一组学生中抽取 10% 的样本，先将名单按笔画顺序排列，随机抽取前 10 名学生中的一名，然后再向后数每 10 个抽取一名

    B. 随机抽取驾驶员，向其发放 4S 员工礼仪的调查问卷

C. 你是一位学校电台主持人，对学校文艺活动内容感兴趣，你请听众在网络通道投票

D. 为了确定人们对医疗保险药物计划的态度，随机抽样，使每个年龄组（65~70岁、70~75岁、75~80岁、80~85岁）在人口中所占比例相称

E. 在选择调查对象时，调查人员根据掷骰子的结果选择要调查的家庭：如果掷出的骰子显示1，则选中这户人家；如果掷出的骰子显示2~6，则调查员转到下一户

6. 一项研究表明，每天吃两根胡萝卜的人的视力明显好于每周吃不到一根胡萝卜的人。以下哪些说法是正确的？（　　　　）

A. 这项研究提供了吃胡萝卜有助于改善视力的证据

B. 吃胡萝卜的人的总体健康意识可能是一个混杂变量

C. 这是一项观察研究，不是实验

二、非选择题

7. 你对摄入维生素C对感冒的抑制程度很感兴趣。你确定了300名志愿者，其中150人在过去一个月中每天服用超过1000毫克的维生素C，另外150人在过去一个月中根本没有服用维生素C。你记录了每组人在下个月的感冒次数，结果发现服用维生素C组的感冒次数明显少于未服用维生素C组。

（1）这是实验还是观察研究？解释一下。在这种情况下，当我们说研究结果显著是什么意思？

（2）设计一个完全随机设计的实验，研究服用大剂量维生素C是否能有效减少感冒次数。

（3）请结合这个问题，解释混杂因素的概念并举例说明混杂因素如何影响服用维生素C组感冒次数较少的结论。

8. 请解释，使用随机数字表来帮助获得一个社区的选民名单（按笔画顺序排列）上10%的姓名的系统抽样。这是随机抽样吗？是简单随机抽样吗？

9. 你所在的学校有三个统计班，每个班有30名学生。你想从这90名学生中简单随机抽取15名学生，收集他们对社会研究课的意见。请说明这样做的程序。

10. 一家购物中心想了解所有购物者的购物态度。在一个星期三的上午，商场在商场的不同位置安排了10名采访人员，在购物者经过时向他们提问。请对这种方法中可能存在的偏见发表评论。

11. 某商家开发了一种减肥治疗方法，其中包括运动和减肥药的组合。在运动量保持不变的情况下，使用200毫克常规剂量药片的受试者的治疗效果很好。有迹象表明，服用更大剂量的减肥药会取得更好的效果，但研究者担心如果剂量过大，会产生副作用。假设有400名超重志愿者参加研究，他们都参加了相同的运动计划，但没有服用任何减肥药。设计一项研究，评估每天服用200毫克、400毫克、600毫克和800毫克减肥药的相对效果。

12. 你要研究三种不同的SAT（美国高考）备考课程的有效性。你将招募60名高中三年级学生作为志愿者参与研究。你希望这60名学生被随机分配到三种课程中的一种。请描述在以下情况下分配学生的程序：

（1）你希望选修每门课程的学生人数相等。

（2）你希望每个学生被分到三个组中任何一组的概率都是一样的。

13. 某研究人员希望获得 100 名在不同经济水平的高中任教的教师样本。该研究人员获得了几所学校每个经济水平的教师名单。他确定了四种经济水平（A、B、C 和 D），分别占教师所在学校的 10%、15%、45% 和 30%。请说明在这种情况下分层随机抽样的含义，并讨论他如何获得分层随机抽样。

14. 一群从未接受过任何心理治疗的志愿者被随机分为两组。其中一组接受了一种改善自我概念的实验疗法；另一组即对照组，接受传统疗法。受试者不知道他们接受的是哪种疗法。专门研究自我概念问题的心理学家在对两组进行自我概念训练后对他们进行了评估，并比较了两组的自我概念得分。这项实验是否应采用双盲法？解释一下。

15. 你想了解学校学生对学校晚会着装新规定的看法。学生会中的一个小组（A 组）希望将问题措辞如下："为了帮助学生改善在学校主办的活动中的行为，你是否认同学校应该对晚会的着装做出规定？"另一组（B 组）更倾向于"你是否允许学校通过一项规定，对学生出席学校晚会时的着装进行规范而限制学生的权利？"你认为哪一组赞成着装规范，哪一组反对？解释一下。

16. 要对不同类型的广告牌的广告效果进行研究。每种产品将有两种不同类型的广告（分别称为Ⅰ型和Ⅱ型）出现在众多的广告牌上。活动组织者担心，代表不同经济阶层的社区对广告的反应会有所不同。将放置广告牌的三个社区已被确定为中上层、中层和中下层。三个社区各有四个广告牌。考虑到所涉及的社区，设计一项研究来比较两种广告的效果。

实践测评

根据自己的兴趣爱好，选择一个课题进行研究，确定解释变量和响应变量，再收集这双变量的数据。绘制散点图来显示两个定量变量之间的关系，描述散点图中显示的关系的方向、形式和强度，并识别异常特征，解释相关性；使用计算机软件确定最小二乘回归线的方程，绘制并解释残差图以评估回归模型是否合适；给定一个解释变量值预测响应变量值，分析是内插还外推。

目标达成表

学习目标	目标达成情况自评
确定统计研究中的总体和样本	
确定自愿响应抽样和便利抽样，并解释这些抽样方法如何导致偏差	
描述如何选择具有随机数字技术或可表示性的简单样本	
描述如何选择分层随机抽样和聚类抽样，区分分层抽样与系统抽样，并说明每种方法的优势	

第 4 章 推断基础：研究设计

学习目标	目标达成情况自评
解释如何覆盖、不答复、问题措辞以及样本调查的其他方面可能会导致偏差	
解释混杂的概念以及如何限制做出原因和无效结论的能力	
区分观察研究和实验,并确定解释性的解释和责任变量每种类型的研究	
确定实验中的实验单元和处置方法	
描述安慰剂效应和双盲实验的目的	
描述如何在使用纸张、技术或随机数字表的实验中进行随机分配	
解释实验中比较、随机分配、控制和重复实验的目的	
描述一个完全随机的实验设计	
描述实验中的随机区组设计和配对设计,并解释实验中区组的目的	
解释在对总体进行推断时抽样变异的概念,以及样本大小如何影响抽样变异	
解释实验统计意义显著的含义,并使用模拟来确定实验结果是否具有统计意义	
确定何时适合对总体进行推断以及何时适合对因果关系进行推断	
评估统计研究是否符合伦理	

第 5 章

推断基础：概率与随机变量

本章提要

我们已经完成了数据分析的基础知识，现在开始过渡到推理。为了进行推理，我们需要使用概率语言。为了使用概率语言，我们需要了解随机变量和概率。接下来的两章将为推理奠定概率基础。在本章中，我们将学习概率的基本规则、事件独立的含义、离散和连续型随机变量、模拟以及组合随机变量的规则。

学习目标

● 理解长期相对频率与概率；能够给出具有相同可能性结果的机会过程的概率模型，并用它来查找事件的概率；会使用基本概率规则。

● 建模并计算涉及两个事件的概率；应用一般加法规则来计算概率。

● 计算和解释条件概率；判断两事件是否独立。

● 使用一般乘法规则来计算概率；使用树图对涉及一系列结果的机会过程进行建模并计算概率；在适当的时候，使用独立事件的乘法规则来计算概率。

● 使用模拟方法解决机会行为。

主要内容

⭐ 概率 　　　　⭐ 随机变量 　　　　⭐ 离散型随机变量

⭐ 连续型随机变量 　⭐ 概率分布 　　　　⭐ 正态概率

⭐ 模拟 　　　　⭐ 随机变量的转换与组合

5.1 概率

统计学的第二个主要内容是，根据样本数据对总体进行推断（第一个部分是探索性数据分析）。这种能力的基础是能够做出如下陈述："假设原假设为真，得到的结果与仅凭偶然性得到的预期结果相同或差异较大的概率是0.6。"要理解这句话，我们需要理解"概率"一词的含义，并了解概率论的基本原理。

5.1.1 事件与概率

偶然事件（随机现象）：我们可以观察或测量其结果，但无法预知单项试验的具体结果。请注意，在检查特定事件的概率时，我们将该事件的每次发生称为"成功"。

事件的概率是预测该事件发生的长期相对频率。换句话说，如果我们多次重复一个随机过程，则预测的"成功"结果比例就是成功的概率。我们有两种方式估计概率：实验和理论。因为它是相对频率，所以事件发生的概率必须在0到1之间——概率为0意味着该事件不可能发生，概率为1表示该事件是确定的。

例如，如果掷一个六面骰子，我们知道会掷出1、2、3、4、5或6，但我们不知道下一次试验会得到哪个数字。不过，我们通过大量的试验，可以知道每种可能的结果所占的比例。我们通过掷300次骰子来估计概率，得到结果如图5-1所示。

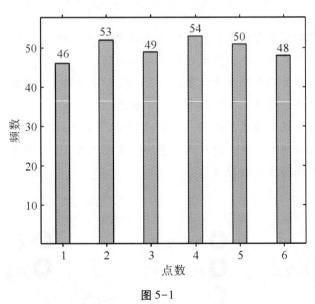

图 5-1

这次实验只是多种可能结果之一（随机现象）。在300次试验中，有46次出现1，因此我们根据实验估计出现1的概率为 $\frac{46}{300} \approx 15.3333\%$。同理，出现2的概率为 $\frac{53}{300} = 17.6667\%$，出现3的概率为 $\frac{49}{300} \approx 16.3333\%$，出现4的概率为 $\frac{54}{300} = 18\%$，出现5的

概率为 $\frac{50}{300} \approx 16.6667\%$ ，出现 6 的概率为 $\frac{48}{300} = 16\%$ 。

我们还可以从理论上估计概率。假设出现每个结果的可能性相同，那么每个数字出现的概率就是 $\frac{1}{6} \approx 16.6667\%$ 。请注意，这两种方法的估计结果相当吻合。

结果，指偶然过程的可能结果之一。一般来说，我们将最基本的事件称为结果。

样本空间，指实验所有可能结果的集合。

事件，指结果或简单事件的集合。也就是说，事件是样本空间的一个子集。

例如，掷一枚骰子可能的结果是 1、2、3、4、5、6。样本空间为 $S = \{1、2、3、4、5、6\}$ 。让事件 A = "骰子点数是 6"，那么 $A = \{6\}$ 。让事件 B = "骰子点数小于 4"，那么 $B = \{1, 2, 3\}$ 。事件 A 和 B 是样本空间的子集。

学以致用 5-1

考虑掷两枚硬币并记录每枚硬币正面或反面的实验，描述所有可能的结果、样本空间、事件（至少有一枚硬币为正面）。

提示：样本空间为 $S = \{HH、HT、TH、TT\}$ 。让事件 A = "至少有一枚硬币为正面"，那么 $A = \{HH、HT、TH\}$ 。事件 A 是样本空间 S 的子集。

样本空间是不相交事件的完整列表。"完整"意味着列出的所有可能性；"不相交"（也称为互斥）意味着事件没有共同的结果。在特定试验中只能发生一个事件。

事件的概率，指结果集合出现的相对频率。如果我们设 E = 感兴趣的事件，s = 结果成功数量，并且我们定义了具有同等可能结果的样本空间，Ω = 样本空间数量，则 E 的概率 [写作 $P(E)$] 定义：

$$P(E) = \frac{s}{\Omega}$$

样本空间中所有可能结果的概率之和为 1。也就是说，如果样本空间由 n 种可能的结果组成，那么

$$\sum_{i=1}^{n} P_i = 1$$

接着上面的例了，在掷两枚硬币的实验中，假设事件 A = 至少得到一个正面。样本空间包含四个元素（ $\{HH, HT, TH, TT\}$ ）。$s = 3$ ，因为我们的结果有三种方式被认为是成功的（ $\{HH, HT, TH\}$ ），$\Omega = 4$ 。

因此，$P(A) = \frac{3}{4}$ 。

如果考虑掷两个公平的骰子并记下它们的和。这一事件的样本空间可以用表格形式给出，如表 5-1 所示。

表 5-1

点数	1	2	3	4	5	6
1	2	3	4	5	6	7
2	3	4	5	6	7	8
3	4	5	6	7	8	9
4	5	6	7	8	9	10
5	6	7	8	9	10	11
6	7	8	9	10	11	12

让 B = "两个骰子的和大于4"。样本空间中有36种结果,其中30种大于4。

$$P(B) = \frac{30}{36} = \frac{5}{6}$$

此外

$$\sum P_i = P(2) + P(3) + \cdots + P(12) = \frac{1}{36} + \frac{2}{36} + \cdots + \frac{6}{36} + \frac{5}{36} + \cdots + \frac{1}{36} = 1$$

5.1.2 组合事件的概率

P(A 或 B):事件 A 或事件 B 发生的概率,可以写成 P($A \cup B$)。$A \cup B$ 被说成 "A 并 B"。

P(A 且 B):事件 A 和事件 B 同时发生的概率,使用集合符号可以写成 P($A \cap B$)。$A \cap B$ 表述为 "A 交 B"。

上面的例子,掷两个骰子并记录它们的总和。让 A = "一个骰子点数为3",B = "两个骰子的点数总和大于4"。那么 P($A \mid B$)就是其中一个骰子点数为3或总和大于4的概率。在样本空间36种可能结果中,有32种可能结果是成功的(大于4共有30种,其中一个骰子为3的可能性有11种,有9种是重复的)。因此,

$$P(A \cup B) = \frac{32}{36} = \frac{8}{9}$$

一个骰子点数为3,且总和大于4的情况有9种:(3, 2),(3, 3),(3, 4),(3, 5),(3, 6),(2, 3),(4, 3),(5, 3),(6, 3)。所以,

$$P(A \cap B) = \frac{9}{36} = \frac{1}{4}$$

事件 A 的补集:样本空间中不在事件 A 中的事件。事件 A 的补码用 $\bar{A}$ 或 A^c 表示。因此,

$$P(A^c) = 1 - P(A)$$

互斥(不相交)事件:当且仅当两个事件没有共同的结果时,这两个事件被称为互斥事件(有些文本把互斥事件称为不相交事件)。也就是说,$A \cap B = \varnothing$。如果 A 和 B 互斥,那么 P($A \cap B$) = 0。

例如,在掷两个骰子的实验中,A = "一个骰子点数为1" 和 B = "两个骰子的点

数总和为 8"是互斥的,因为如果其中一个骰子点数为 1,那么总和就不可能是 8。也就是说,事件 A 和 B 不可能同时发生。

5.1.3 条件概率

条件概率:"给定 B 条件下 A 成立的概率",记为 $P(A \mid B)$。假定我们在计算事件 A 的概率之前已经知道事件 B 已经发生。条件概率公式为

$$P(A \mid B) = \frac{P(A \cap B)}{P(B)}$$

这个公式表示,B 已经发生了,原样本空间缩小至 {B 发生的所有可能结果},所以把某个条件看作是以某种方式缩小了原来的样本空间。下面的例子就说明了这种"缩小样本空间"的情况。

例如,再次考虑掷两个骰子可能得出的总和。让 A = "两个骰子的点数总和为 7",B = "其中一个骰子点数为 5"。通过计算表格中的结果,我们注意到 P(A) = 6/36。现在,请考虑一个稍有不同的问题:P($A \mid B$)是多少?也就是说,在一个骰子点数为 5 的情况下,和为 7 的概率是多少?

请看表 5-2:

表 5-2

点数	1	2	3	4	5	6
1	2	3	4	5	6	7
2	3	4	5	6	7	8
3	4	5	6	7	8	9
4	5	6	7	8	9	10
5	6	7	8	9	10	11
6	7	8	9	10	11	12

原样本空间 36 个结果,现在这个条件下样本空间减少到了 11 个("10"不会重复计算)。其中有两个是 7。因此,P(总和为 7 | 一个骰子点数为 5) = 2/11。

另一种思路:如果你坚持使用条件概率公式,我们注意到 P(A 且 B) = P(总和为 7∩一个骰子点数为 5) = 2/36,P(B) = P(一个骰子点数为 5) = 11/36。根据公式有

$$P(A \mid B) = \frac{P(A \cap B)}{P(B)} = \frac{236}{1136} = \frac{2}{11}$$

有些条件概率问题可以用树状图来解决。树状图是一种观察所有可能结果的示意图。

　　某一家电脑公司在三个城市都有生产工厂。50%的电脑在重庆生产，其中85%是台式机；30%的电脑在成都生产，其中40%是笔记本电脑；20%的电脑在深圳生产，其中40%是笔记本电脑。所有电脑都先运到上海的一个配送点，然后再发往商店。如果你从上海的配送中心随机挑选一台电脑，它是笔记本电脑的概率是多少？

　　提示：可以画出树状图（决策树），如图5-2所示。

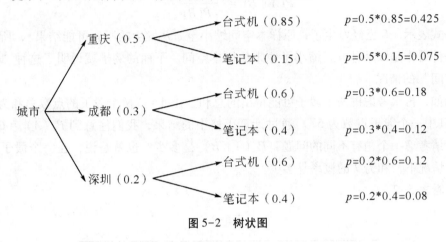

图5-2　树状图

　　请注意，最终概率相加为1，因此我们知道我们已经考虑了所有可能的结果。现在，P(笔记本) = 0.075 + 0.12 + 0.08 = 0.275。

5.1.4　独立活动

　　独立事件：当且仅当$P(A) = P(A \mid B)$或$P(B) = P(B \mid A)$时，事件A和B才被称为是独立的。也就是说，如果对一个事件发生的了解不会改变另一个事件发生的概率，那么A和B就是独立的。

　　例如，考虑从一副标准的52张扑克牌中抽一张牌。A = "抽到的牌是A"；B = "抽到的牌是10、J、Q、K或者A"；C = "抽到的牌是方块"。请问A和B是独立的吗？A和C是独立的吗？

　　提示：$P(A \mid B) = P$（抽到的牌是A | 抽到的牌是10、J、Q、K或A） = 4/20 = 1/5（有20张牌要考虑，其中4张是A）。也就是说，在这种情况下，$P(A) \neq P(A \mid B)$，所以事件A和B不是独立的。

　　$P(A \mid C) = P$（抽到的牌是A | 抽到的牌是方块） = 1/13（有13张方块，其中一张是A）。因此，在这种情况下，$P(A) = P(A \mid C)$，所以"抽到的牌是王牌"和"抽到的牌是方块"这两个事件是独立的。

　　从这个例子中，我们可以看出什么时候两个事件是独立的。事件A和B不是独立的，因为事件A和B都是用了同一种抽样方法，都是抽牌面的数字；A和C是独立的，是因为A和C采用了不同的抽样方法，A是抽牌面的数字，而C是抽牌面的花色。

加法法则：$P(A \cup B) = P(A) + P(B) - P(A \cap B)$ ，或者写成 $P(A + B) = P(A) + P(B) - P(AB)$ 。

加法法则的特例：如果 A 和 B 互斥，那么

$$P(A \cap B) = P(AB) = 0 , P(A \cup B) = P(A + B) = P(A) + P(B)$$

乘法法则：$P(A \cap B) = P(A) \times P(B \mid A)$ ，或者写成 $P(AB) = P(A) \times P(B \mid A)$ 。

乘法法则的特例：如果 A 和 B 是独立的，那么 $P(B \mid A) = P(B)$ ，$P(AB) = P(A \cap B) = P(A) \times P(B)$ 。

例如，如果 A 和 B 是两个互斥事件，$P(A) = 0$，$P(B) = 0.2$，求 $P(A \cup B)$ 。

提示：$P(A \cup B) = P(A + B) = P(A) + P(B) - P(A \cap B)$ ，而 A 和 B 是两个互斥事件，则 $P(A \cap B) = 0, P(A \cup B) = P(A + B) = P(A) + P(B) = 0.3 + 0.2 = 0.5$ 。

学以致用 5-3

一名篮球运动员罚球投中的概率为 0.7。如果他投中第一球后非常紧张，投中第二球的概率下降到 0.4。那么他两次都投中的概率是多少？如果他投中第一球和投中第二球是独立事件，那么他两次都投中的概率又是多少？

提示：P （投中第一球）$= 0.7$，P （投中第二球 | 他投中了第一球）$= 0.4$。因此，$P($ 两次都投中 $) = P($ 投中第二球 | 投中了第一球 $) \times P($ 投中第一球 $) = 0.4 \times 0.7 = 0.28$。

如果这两个事件是独立的，那么他每次投中的概率都相同。因此，$P($ 两次都投中 $) = P($ 投中第二球 $) \times P($ 投中第一球 $) = 0.7 \times 0.7 = 0.49$。

5.2 随机变量

回顾我们之前对概率实验（随机现象）的定义：我们可以观察和测量其结果，但无法预测任何一次试验结果的活动。随机变量 X 是分配给随机现象结果的数值。随机变量 X 的特定值通常以小写字母表示，如 x。P （$X=x$）的表达式很常见，它指的是随机变量 X 取特定值 x 的概率。

例如，掷一个公平的骰子，随机变量 X 可以是骰子正面朝上的值。X 的可能值为 $\{1、2、3、4、5、6\}$。p （$x=2$）$= 1/6$。

学以致用 5-4

高考中学生的分数可能从 0 到 750 不等。随机变量是什么？

提示：这些都是随机变量 X 的可能值，即随机抽取的学生在考试中得到的分数。

随机变量有两类：离散型随机变量和连续型随机变量。

5.2.1　离散型随机变量

离散型随机变量（DRV）是一种结果数目可数的随机变量。虽然大多数离散型随机变量的结果数是有限的，但请注意"可数"并不等于"有限"。离散型随机变量可以有无限多个结果。例如，考虑 $f(n) = 0.5^n$。那么，$f(1) = 0.5$，$f(2) = 0.25$，$f(1) = 0.5$，……结果的数量是无限的，但它们是可数的，因为你可以确定任意 n 的 $f(n)$。

例如：不同候选人在选举中获得的票数。

- - - 学以致用 5-5 -

已知某事件在任何一次试验中成功的概率为 0.3，求该事件在 25 次试验中成功的次数。

提示：成功次数可以是 1~25 次。

5.2.2　连续型随机变量

连续型随机变量（CRV）是一种随机变量，其值与数轴上的一个或多个区间相关。连续型随机变量 X 在一区间内有无数种结果。

例如，人的身高是连续的，如果报告的高度精确到毫米，则报告的高度可能是离散的。考虑在区间 $1 \leqslant x \leqslant 5$ 上定义 $y = 3$ 的分布。任何区间 $y = 10$ 下方和 x 轴上方的面积也是一个连续的随机变量，如果 $2 \leqslant x \leqslant 3$，则 $X = 10$；如果 $2 \leqslant x \leqslant 4.5$，则 $X = (4.5 - 2) \times 10 = 25$。请注意，$X$ 有无数种可能的结果。

5.3　随机变量的概率分布

随机变量的概率分布是随机变量 X 的可能值以及与这些值相对应的概率。

5.3.1　离散型随机变量的概率分布

离散型随机变量的概率分布是离散型随机变量（DRV）可能值及其各自概率的列表。有两种表示方式：一是概率分布表，二是概率分布直方图。

例如，假设 X 是三胎家庭中男孩的数量。假设任何一胎生男孩的概率都是 0.5，则 X 的概率分布如表 5-3 所示。

表 5-3

X	0	1	2	3
$P(X)$	1/8	3/8	3/8	1/8

DRV 的概率 P_i 满足两个条件：

（1）$0 \leqslant P_i \leqslant 1$（每个概率都在 0 和 1 之间）。

（2）$\sum P_i = 1$（所有概率之和为 1）。

离散型随机变量的均值（又称期望值）由以下公式给出：

$$\mu_X = \sum x \cdot P(x)$$

离散型随机变量的方差由以下公式给出：

$$\sigma_X^2 = \sum (x - \mu_x)^2 \cdot P(x)$$

离散型随机变量的标准差由以下公式给出：

$$\sigma_X^2 = \sqrt{\sum (x - \mu_x)^2 \cdot P(x)}$$

学以致用 5-6

下面是 DRV 的概率分布，如表 5-4 所示，求 $P(X=3)$、μ_x 和 σ_x。

表 5-4

X	2	3	4	5	6
$P(X)$	0.15		0.2	0.2	0.35

提示：根据 DRV 的概率 P_i 满足两个条件（2），$\sum P_i = 1$，得

$P(X=2) + P(X=3) + P(X=4) + P(X=5) + P(X=6) = 1$

$P(X=3) = 1 - [P(X=2) + P(X=4) + P(X=5) + P(X=6)]$

$\qquad = 1 - (0.15 + 0.2 + 0.2 + 0.35) = 0.1$

求 μ_X 和 σ_X 可直接代入公式：

$\mu_X = \sum x_i \cdot P(x_i)$

$\quad = 2 \cdot P(X=2) + 3 \cdot P(X=3) + 4 \cdot P(X=4) + 5 \cdot P(X=5) + 6 \cdot P(X=6)$

$\quad = 2 \cdot 0.15 + 3 \cdot 0.1 + 4 \cdot 0.2 + 5 \cdot 0.2 + 6 \cdot 0.35 = 4.5$

$\sigma_X = \sqrt{\sum (x_i - \mu_X)^2 \cdot P(x_i)}$

$\quad = \sqrt{(2-\mu_X)^2 \cdot P(X=2) + (3-\mu_X)^2 \cdot P(X=3) + \cdots + (6-\mu_X)^2 \cdot P(X=6)}$

$\quad = \sqrt{(2-4.5)^2 \cdot 0.15 + (3-4.5)^2 \cdot 0.1 + \cdots + (6-4.5)^2 \cdot 0.35} \approx 1.4318$

概率直方图是描述概率分布的另一种方法。离散型随机变量 DRV 概率分布如表 5-5 所示，其直方图如图 5-3 所示。

表 5-5

X	2	3	4	5	6
$P(X)$	0.15	0.1	0.2	0.2	0.35

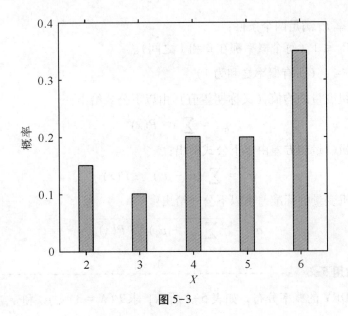

图 5-3

5.3.2 连续型随机变量的概率分布

连续型随机变量的概率分布有以下 4 个特征。

（1）有一条平滑的曲线，称为密度曲线（由密度函数定义），它描述了 CRV 的概率分布（有时也称为概率分布函数）。密度曲线总是在横轴上或横轴以上（也就是说，它总是非负的），曲线下方和横轴上方围成的总面积为 1。

（2）任何单个值的概率都是 0。也就是说，如果 a 是横轴上的一个点，则 $P(X=a)=0$。

（3）给定事件的概率是 x 落在横轴上某个给定区间内的概率，等于曲线下方和区间上方的面积。也就是说，$P(a < X < b)$ 等于 $X = a$ 和 $X = b$ 之间的曲线下方和横轴上方围成面积。

（4）前两项意味着 $P(a < X < b) = P(a \leqslant X \leqslant b)$。

在后面，我们学习几种 CRV 的概率密度函数（根据某些密度曲线定义的概率分布）。正态分布的概率密度函数也称正态概率分布。正态曲线是"钟形"的，并且是以均值 μ 对称的。曲线的尾部一直延伸到无穷大，尽管当我们的数据偏离均值三个标准差以上时，曲线下的面积就很小了。"68-95-99.7 规则"指出，正态分布中约 99.7% 的项在均值的三个标准差以内。因此，只有约 0.3% 的项在平均值的三个标准差之外。

由于数轴以上和曲线以下围成的总面积为 1，数轴以上和正态概率分布以下两个值之间的区域围成的面积与概率相对应，因此在本章中，我们将把这些面积视为概率。

请记住，我们通过将数据转换为 z 分数，对正态分布进行了标准化处理。

$$z = \frac{x - \bar{x}}{s_x}$$

我们前面已经学到，标准化分布的均值为 0，标准差为 1。

特别重要：当我们知道分布近似于正态分布时，我们就可以解决许多类型的问题。例如，在标准正态分布中，$z < 1.5$ 的概率是多少？请注意，由于 z 是连续型随机变

量 CRV，因为 $P(X=a)=0$，因此这个问题可以等同于"$z \leqslant 1.5$"的概率是多少？

提示：标准正态表给出了特定 z 值左侧的面积。根据表格，我们可以确定 $z=1.5$ 左侧的面积约为 0.9332。也就是说，$P(z<1.5)=0.9332$。这可以直观地显示（如图 5-4 所示）。

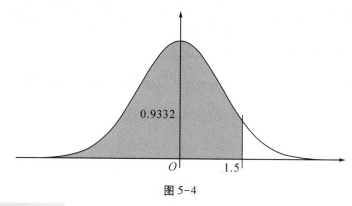

图 5-4

学以致用 5-7

已知某学院学生的身高（X）近似正态分布，平均值为 168 cm，标准差为 10 cm。也就是说，$X \sim N(168, 10)$。那么 $P(X<160)$ 与 $P(X>160)$ 各是多少？

提示：$P(X < 160) = P\left(z < \dfrac{160-168}{10} = -0.8\right) = 0.2119$

因为整个面积为 1，所以 $P(X > 160) = 1 - P(X > 160) = 1 - 0.2119 = 0.7881$。

学以致用 5-8

计算身高在 160～170 cm 之间的概率有多大。

提示：$P(160 < X < 170) = P\left(\dfrac{160-168}{10} < z < \dfrac{170-168}{10}\right)$

$= P(-0.8 < z < 0.2)$

如图 5-5 所示：

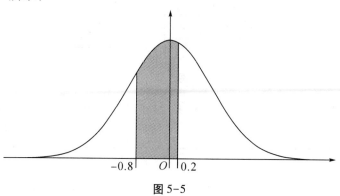

图 5-5

这里两步计算，先计算 $P(X < 160) = 0.2119$，再计算 $P(X < 170) = P(z < 0.2) = 0.5793$，两者相差：$P(160 < X < 170) = 0.5793 - 0.2119 = 0.3674$。

计算身高在 170~185 cm 的概率有多大。

提示：$P(170 < X < 185) = P\left(\dfrac{170-168}{10} < z < \dfrac{185-168}{10}\right) = P(0.2 < z < 1.7)$，同理，也是经过两步计算。

先计算：$P(X < 185) = P\left(z < \dfrac{185-168}{10}\right) = P(z < 1.7) = 0.9554$。

如图 5-6 所示：

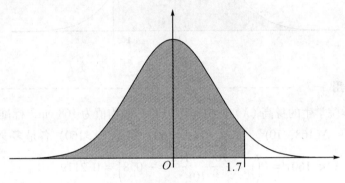

图 5-6

再计算：$P(X < 170) = P\left(z < \dfrac{170-168}{10}\right) = P(z < 0.2) = 0.5793$。

如图 5-7 所示：

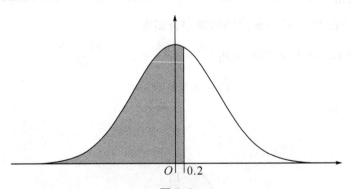

图 5-7

再相差：$P(170 < X < 185) = P(0.2 < z < 1.7) = 0.9554 - 0.5793 = 0.3761$。

如图 5-8 所示：

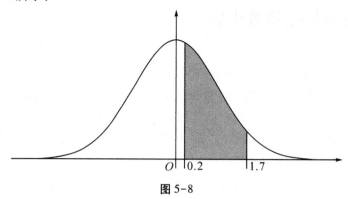

图 5-8

答案中有一点点差异是由于四舍五入造成的。

学以致用 5-10

研究生考试分数近似于正态分布，每年成绩几乎一样，根据以往的成绩，平均值约为 260，标准差为 100。王浩同学必须取得前 15% 的成绩，才能确保被他填报的大学录取。请问他想被录取最少需要考多少分？

提示：这与前面的例子有些不同。到目前为止，我们已经学会计算 z 分数，并可以确定一个面积。现在，我们得到了一个面积，需要确定一个特定的分数。如果我们有一张正态概率表，那么在这种情况下，我们可以查表得到 z 分数。如果我们要找的 X 的特定值是前 15% 分数的下限，那么在 X 左边有 85% 的分数。这相当于 1.04 的 z 值。X 期望值的 z 值的另一种写法是

$$z = \frac{x - 260}{100}$$

$P(z < a) = 0.85$，查表得 $a = 1.04$。即临界值：$z = \frac{x - 260}{100} = 1.04$，得到 $x = 364$。如图 5-9 所示：

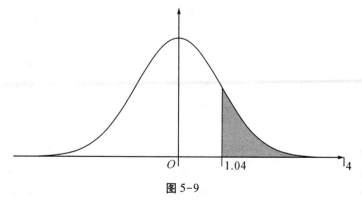

图 5-9

5.4 模拟和随机数生成

有时，概率情况并不容易用分析方法来解决。在某些情况下，一种可以接受的方法是进行模拟。模拟利用某种随机过程对情况进行多次试验，然后计算成功结果的次数，从而得出估计概率。一般来说，试验次数越多，我们对相对频率能够准确反映预期概率的信心就越大。大数定律指出，随着时间的推移，模拟中的成功比例应逐渐接近人群中的真实比例。

例如，一个有趣的例子是 21 点游戏。你先下注，然后庄家给自己发两张牌，也给你发两张牌。庄家的两张牌里有一张面向下（暗牌），你看不见，不过你可以看见另一张牌（明牌）。这时你开始要牌，可以随意要多少张，目的是尽量往 21 点靠，靠得越近越好，因为 21 点是最大的点数。2 至 10 的牌按牌面的数字算点，J、Q、K 都算 10 点。A 可以算 1 点，也可以算 11 点，由你自己决定。

在你要牌的过程中，假如你所有的牌加起来超过了 21 点，你就输了（爆掉），游戏结束。假如你没爆掉，又决定不再要牌了，庄家就把他的那张暗牌翻开。假如他的两张牌加起来小于或等于 16 点，他就继续给自己发牌（不管他的点数是否比你大），一直发到他的点数大于等于 17 点。庄家在给自己发牌的过程中，假如爆掉了，那他就输了。假如他没爆掉，你就与他比点数大小，大者赢。如果点数一样，那就打成平手，你可以把自己的赌注拿回来。

同学们也来模拟一下，看看谁获胜的概率高。

提示：我们可以用真实的扑克牌进行实际模拟，然后记录数据，再进行概率统计。如果会编写计算机程序，那么请编写程序进概率统计。以下是一种模拟情况：玩家拿牌点数 X 大于策略中的数字就停止加牌，小于策略中的数字就加牌。庄家根据不同情况来确定策略，当玩家爆牌时庄家胜；当玩家没有爆牌，庄家小于 17 点选择加牌，大于 17 点就选择不加牌。经过 10 万次的模拟，玩家策略胜负对比如表 5-6 所示。

表 5-6

策略	赢的概率	输的概率
10	31.67%	58.14%
11	33.27%	56.08%
12	36.01%	53.09%
13	38.31%	50.80%
14	40.76%	49.21%
15	40.76%	49.21%
16	41.08%	49.08%
17	40.32%	50.40%
18	38.02%	53.93%

注：策略是为玩家设计的，当牌的点达到"策略"列数值时就停止加牌，再看玩家赢的概率。

从结果来看，选择策略 16 是胜率最高的，但是所有策略胜率都没有庄家高。为什么？因为玩家先决策，只要爆牌就计入庄家胜。

如果双方都不看对方的牌，等双方都确定不加牌时，比较大小，结果会怎样？庄家的策略是当牌小于 17 点时加牌，大于 17 点不加牌；经过 100 万次的模拟，玩家胜负对比如表 5-7 所示。

表 5-7

策略	赢的概率	输的概率
10	38.03%	41.28%
11	38.57%	39.97%
12	38.25%	38.35%
13	37.27%	36.84%
14	35.99%	35.15%
15	34.43%	33.46%
16	32.35%	31.70%
17	29.94%	30.12%
18	27.12%	30.17%

这种情况下，玩家选择策略 13、14、15、16 胜庄家的概率高。

那有没有一种策略在概率上保持不败？试试策略 16。下面是庄家采取策略 16，经过 100 万次的模拟，玩家胜负对比如表 5-8 所示。

表 5-8

策略	赢的概率	输的概率
10	33.87%	45.51%
11	34.83%	46.75%
12	34.84%	41.78%
13	34.74%	39.69%
14	34.32%	37.47%
15	33.82%	35.17%
16	32.92%	32.92%
17	31.72%	32.34%
18	28.37%	33.85%

在庄家采取策略 16 的情况下，玩家从概率上很难取得优势，也只能采取策略 16；同理，如果玩家采取策略 16，庄家也只能采取策略 16。

假设太平洋上有一个小岛国，该国非常重视家庭生育女孩。再假设这个国家中的每个家庭都决定生孩子，直到生出一个女孩后才停止。如果第一个孩子是女孩，他们就是独生子女家庭，但有的家庭可能要经过好几次尝试才能成功。假设在决定这一政策时，女孩在人口中的比例为 0.5，每生一个女孩的概率为 0.5。这种行为会改变人口中女孩的比例吗？请设计一个模拟来回答这个问题。

提示：在做实验前思考一下，有一半机会生的是女孩，有一半机会生的是男孩；生了女孩后家庭就不再生了，而生男孩后会再生二孩，且又有一半机会生的是男孩；如此类推：

女孩：$\frac{1}{2} + \frac{1}{2} \times \frac{1}{2} + \frac{1}{2}^3 + \cdots$

男孩：$\frac{1}{2} + \frac{1}{2} \times \frac{1}{2} + \frac{1}{2}^3 + \cdots$

所以女孩数量与男孩数量应该是一样的。

接下来，使用随机数发生器（比如一枚公平的硬币）来模拟出生。让正面 = "生女孩"，反面 = "生男孩"。掷硬币并记录是正面还是反面。如果是正面，试验结束。如果是反面，则再次掷硬币，因为这代表生男孩。我们感兴趣的结果是，在生出女孩之前，需要进行多少次试验（出生）（如果第三次掷硬币第一次正面，则 $x = 3$）。重复多次，确定有多少个女孩和多少个男孩出生。

如果多次掷硬币显得有些乏味，你也可以使用计算机模拟掷硬币。女孩用 F 表示，男孩用 M 表示，表 5-9 是模拟数据（模拟的代码见附录 A）。

表 5-9

模拟次数序号	模拟结果	F 数量累计	M 数量累计
1	MF	1	1
2	F	2	1
3	MMMF	3	4
4	F	4	4
5	MF	5	5
6	F	6	5
7	F	7	5
8	F	8	5
9	MF	9	6
10	F	10	6
11	MMMF	11	9
12	F	12	9
13	F	13	9
14	MMMMF	14	13
15	MMF	15	5

这个有限的模拟结果表明，人口中男孩和女孩的数量是相等的，说明这种行为不会改变女孩在人口中的比例。

1. 已知一枚硬币有偏差，得到正面的概率为 0.4。如果一枚硬币抛掷 50 次，你期望得到多少个正面？

提示：用计算机模拟，设 0、1、2、3 为正面，4、5、6、7、8、9 为反面。然后电脑随机产生 50 个数字（5 个 1 组，共 10 组）：48744 89149 71114 07935 81218 79572 06486 92517 07732 74125。我们发现有 18 个数字（小于 4）是正面，因此正面的比例是 18/50＝0.36。这接近预期值 0.4。

2. 对于第 1 题中的硬币，平均需要抛掷多少次才能得到正面？

提示：在这种情况下，我们使用相同的数字定义，可以从上述数字中，每连续找到 5 个 0~3 的数字就用 "\\" 隔开来标记：

48744 89149 71114 0 \\ 7935 81218 79572 \\ 06486 92517 0773 \\ 2 74125

因此，我们用了 16 次、14 次和 14 次试验才得到五个正面，即平均约 14.6667 次试验（理论预期试验次数为 12.5 次）。

5.5 随机变量的转换与组合

如果 X 是随机变量，我们可以通过在 X 的每个值上加一个常数，或者乘以一个常数或两者的线性组合来转换数据。这样做的目的是让数据更易于管理。例如，如果数据集中的数值范围在 85000 到 95000 之间，我们可以从每个数值中减去 90000，得到一个范围在 -5000 到 5000 之间的数据集。然后，我们再乘以一个 1/1000，得到一个 -5 到 5 之间的数据集。我们会对新数据集与旧数据集相比的平均值和标准偏差感兴趣。

下面我们用代数办法解决这个问题。让 μ_x 和 σ_x 分别为随机变量 X 的均值和标准差。如果我们在数据集中的每个项加上或减去相同的常数 a（如 $X \pm a$），或将每个项乘以相同的常数 b（如 bX），或将它们组合起来（如 $a \pm bX$），那么下面的公式可以证明：

$$\mu_{a \pm bX} = a \pm b\mu_X$$
$$\sigma_{a \pm bX} = b\sigma_X , \quad \sigma^2_{a \pm bX} = b^2 \sigma^2_X$$

考虑一个 $\mu_X = 12$，$\sigma_X = 3$ 的分布。将 X 的每个值乘以 3，然后各加 4。

提示：$\mu_{4+3X} = 4 + 3\mu_X = 4 + 3 \times 12 = 40$，$\sigma_{4+3X} = 3\sigma_X = 3 \times 3 = 9$。

第 5 章 推断基础：概率与随机变量

5.6 组合随机变量的均值和标准差

有时，我们需要将两个随机变量结合起来。例如，假设一个承包商平均能在 100 小时内完成某项工作（$\mu_x = 100$）。另一个承包商可以在 85 小时内完成类似的工作（$\mu_y = 85$）。如果他们分别完成两项工作，那么完成这两项工作平均需要多少小时？显然，$X+Y$ 的平均值就是 X 的平均值加上 Y 的平均值：

$$\mu_{X \pm Y} = \mu_X \pm \mu_Y$$

当我们考虑方差时，情况就不那么简单了。在上述承包商的例子中，假设

$$\sigma_X^2 = 10, \ \sigma_Y^2 = 5$$

总的方差等于方差的总和吗？是，也不是。是，要求随机变量 X 和 Y 是独立的（即其中一个变量对另一个变量没有影响，X 和 Y 之间的相关性为零）。如果随机变量 X 和 Y 不是独立的，而是以某种方式依存的，那么就不能简单地将它们的方差相加来得到总方差。此外，不管随机变量是相加、相减还是其他运算，我们仍然是在合并方差。

$$\sigma_{X \pm Y}^2 = \sigma_X^2 + \sigma_Y^2, \ \sigma_{X \pm Y} = \sqrt{\sigma_X^2 + \sigma_Y^2}$$ 当且仅当 X 和 Y 是独立的。

$$\sigma_{X \pm Y}^2 = \sigma_X^2 + \sigma_Y^2 + 2\rho \sigma_X \sigma_Y$$，如果 X 和 Y 不是独立的，其中 ρ 是 X 和 Y 之间的相关性。

学以致用 5-14

某年级有两门课程考试，一门为统计考试，一门为体育考试。统计考试学生成绩（X），平均分是 70 分，标准差是 10 分；体育考试学生成绩（Y），平均分是 80 分，标准差是 5 分。参加考试的所有学生总分 $X+Y$ 的平均值和标准差是多少？

提示：我们没有理由认为学生的两门考试分数相互影响，可以认为统计考试成绩与体育考试成绩相互独立。因此，

$$\mu_{X \pm Y} = \mu_X \pm \mu_Y = 70 + 80 = 150, \ \sigma_{X \pm Y} = \sqrt{\sigma_X^2 + \sigma_Y^2} = \sqrt{10^2 + 5^2} \approx 11.1803$$

知识测评

1. 一个袋子里有 10 粒绿豆和 12 粒红豆。如果从袋子里取出豆子，那么 P（取出一粒绿豆的概率）是多少？

2. 一对夫妇有两个孩子，他们的孩子中至少有一个是男孩，那么这对夫妇正好有两个男孩的概率是多少？

3. 下表是否表示离散型随机变量的概率分布？

X	0	1	2	3
$P(X)$	0.2	0.3	0.4	0.3

4. 在标准正态分布中，$P(z > 0.5)$ 是多少？

5. 随机变量 $X \sim N(10, 0.25)$，请描述 $2-4X$ 的分布（即分布中的每个数据点乘以 4，再从 2 中减去该值）。

6. 下表中，$P(A \cap C)$ 和 $P(C \mid E)$ 分别是多少？

	D	E	合计
A	15	12	27
B	15	23	28
C	32	28	60
合计	62	63	125

7. 对于下图中的树状图，$P(B \mid X)$ 是多少？

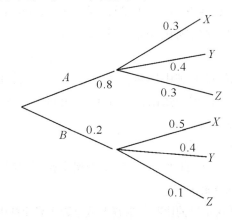

8. 某校有 25 名高三学生同时参加物理考试和英语考试。这 25 名高三学生物理考试平均分为 85 分，标准差为 20；英语考试平均分为 60 分，标准差为 25。两门考试合计总分的平均分和标准差是多少？

9. 某校有 100 名高三学生参加物理考试，成绩近似正态分布，平均分为 85 分，标准差为 20。计算并查表，物理考试成绩大于 100 分的人数是多少？张浩是考生之一，他想考试排名进入前 5%，那他最低要考多少分？

10. 下面是两个随机变量 X 和 Y 的概率分布：

X	3	5	7
$P(X = x)$	0.5	0.3	0.2

Y	1	3	4	5
$P(X = y)$	0.25	0.35	?	0.1

如果 X 和 Y 是独立的，那么 $P(X=5, Y=4)$ 是多少？

11. 你掷了两个骰子。如果其中一个骰子点数为 4，那么两个骰子点数总和为 6 的概率是多少？

12. 求下面离散概率分布的 μ_X 和 σ_X：

X	2	3	4
P（X）	1/3	5/12	1/4

13. 假设 $P(A) = 0.5$，$P(B) = 0.6$，$P(B \mid A) = 0.5$。问：$P(A \cap B)$、$P(A \cup B)$ 分别为多少，事件 A 和 B 是独立的吗？

14. 有 1000 人参加的国家考试，已知成绩近似正态分布，均值为 200，标准差为 50。

（1）随机抽取的考生分数大于 280 分的概率是多少？

（2）200 分至 250 分之间有多少人？

（3）若要录用，成绩必须在该考试成绩的前 1% 之内，考生至少需要考多少分？

15. 考虑随机变量 X，$\mu_X = 9$，$\sigma_X^2 = 0.25$，问：μ_{5+3X}，σ_{5+3X}。

16. 考虑两个离散、独立的随机变量 X 和 Y，$\mu_X = 6$，$\sigma_X^2 = 0.01$，$\mu_Y = 9$，$\sigma_Y^2 = 0.25$。求 μ_{X-Y} 和 σ_{X-Y}。

17. 考虑从一副标准的 52 张牌中抽两张牌的实验。让事件 A = "第一次抽牌抽到一张花牌"，B = "第二次抽牌抽到一张花牌"，C = "抽到的第一张牌是方块"。问：

（1）事件 A 和 B 是独立的吗？

（2）事件 A 和 C 是独立的吗？

18. 假设区间 $[0, 1]$ 上的直线 $y = 2x$ 定义为概率密度曲线（$[0, 1]$ 上 $y = 2x$ 下的面积为 1），求 $P(0.2 \leqslant X \leqslant 0.7)$。

19. 某商场正在举办赠送手机的比赛。参赛者从整数 1 到 100 中随机抽取一个整数。如果所选的数字能被 24 或 36 整除，则参赛者将赢得手机。参赛者赢得手机的概率是多少？

20. 假设在一个遥远的星球上，生女孩的概率是 0.6，而生三个女孩对社会有利。一对夫妇平均要生多少个孩子才能生三个女孩？描述并进行五次模拟试验来帮助回答这个问题。

21. 考虑一个随机变量 X，其概率分布如下：

X	20	21	22	23	24
$P(X)$	0.2	0.3	0.2	0.1	0.2

（1）求 $P(X \leqslant 22)$；

（2）求 $P(X > 21)$；

（3）求 $P(21 \leqslant X < 24)$；

（4）求 $P(X \leqslant 21$ 或 $X > 23)$。

22. 随机变量 X 呈正态分布，均值为 μ，标准差为 σ［即 $X \sim N(\mu, \sigma)$］。从这个群体中随机抽取一个项，其偏离均值超过 2.5 个标准差的概率是多少？

23. 正态随机变量 X 的标准差为 12。我们还知道 $P(x > 50) = 0.90$。求该分布的均值 μ。

在美国某个大学，男性和女性获得学位的可能性基本相当。然而，对于女性是否有平等的机会进入这所著名的法学院，却存在一些疑问。今年，12 名新生中只有 4 名女性。请描述并进行多次模拟试验，以帮助确定法学院录取不公的证据。

目标达成表

学习目标	目标达成情况自评
理解长期相对频率与概率	
给出具有相同可能性结果的机会过程的概率模型，并用它来查找事件的概率	
会使用基本概率规则	
建模并计算涉及两个事件的概率	
应用一般加法规则来计算概率	
计算和解释条件概率	
判断两事件是否独立	
使用一般乘法规则来计算概率	
描述如何在使用纸张、技术或随机数字表的实验中进行随机分配	
解释实验中比较、随机分配、控制和重复实验的目的	
使用树图对涉及一系列结果的机会过程进行建模并计算概率	
在适当的时候，使用独立事件的乘法规则来计算概率	
使用模拟方法解决机会行为	

第 6 章

推断基础：几种常用分布

本章提要

在本章中，我们通过考虑二项分布和几何分布来完成推断的数学（概率）基础，这些情况经常出现，值得我们研究。在本章的最后一部分，我们通过介绍抽样分布这一统计学中最重要的概念之一，开始我们的推理学习。

学习目标

- 确定是否满足二项式设置的条件，计算和解释涉及二项式分布的概率。
- 计算解释二项式随机变量的平均值和标准差。
- 在适当的情况下，使用二项式分布的正态近似来计算概率。
- 查找几何随机变量的概率。
- 区分参数和统计量。
- 使用总体中的所有可能样本创建抽样分布，使用统计数据的抽样分布来评估有关参数观点，区分总体分布、样本分布和统计量的抽样分布。
- 计算样本均值的抽样分布的均值和标准差并解释标准差；确定抽样分布是否近似正态；如果合适，使用正态分布来计算均值的概率。
- 计算样本比例的抽样分布的均值和标准差并解释标准差。
- 解释受总体分布形状和样本大小影响的期望值分布形状。

主要内容

- ⭐ 二项分布
- ⭐ 二项式的正态近似值
- ⭐ 几何分布
- ⭐ 抽样分布
- ⭐ 中心极限定理

6.1　二项分布

6.1.1　二项实验与二项分布

二项实验具有以下特性：

（1）实验次数是确定的，由 n 次相同试验组成。

（2）只有两种可能的结果：成功（S）或失败（F）。

（3）每次试验的成功概率 p 是相同的。

（4）试验是独立的（也就是说，对之前试验结果的了解不会影响下一次试验的成功概率）。

我们感兴趣的是二项随机变量 X，即 n 次试验中的成功次数。X 的概率分布是二项分布。

满足上述条件第（2）、（3）和（4）项称为伯努利试验（Bernoulli trials）。二项分布是在固定数量 n 下的伯努利试验，我们感兴趣的随机变量是 n 次试验中的成功次数 X。简而言之，二项实验由 n 次独立试验组成，每次试验有两种可能的结果（成功或失败），成功的概率（p）相同。二项随机变量 X 是成功的次数。

在实践中，我们可能会认为某种情况是二项的，但事实上，独立性条件并不完全满足。当某次试验的发生概率仅受先前试验的轻微影响时，就会出现这种情况。

例如，生产过程中会出现次品，假设其概率为 0.0005。也就是说，平均 2000 件产品中只有 1 件为次品。现在我们抽样检查 10000 件产品看是否存在次品。我们知道 10000 件产品应该有 5 个次品。这样，当我们检查第一件产品时，样木中其余 9999 件产品的次品比例会略有变化。如果第一件不是次品，那么下一件有次品的概率就变为 $5/9999 \approx 0.0005005$。虽然变化不大，但严格来说，这意味着前后两次试验并不是独立的。一个常用的经验法则是，如果总体大小是样本大小的 10 倍以上时，我们就会认为这种情况是二项分布的。

用符号表示，对于二项随机变量 X，$X \sim B(n, p)$。

再如，假设小明的罚球命中率为 95%。如果我们假设每次投篮是独立的，那么小明在接下来的 10 次罚球中投中 7 球的概率是多少？如果 X 是二项随机变量，它为我们提供了这次试验的成功次数，我们就说 X 的概率为 $B(10, 0.95)$。那么，我们的问题是 $P(X=7)$ 为多少？

我们可以把 $B(n, p, x)$ 看作一个特定的二项式概率。那么，在本例中，$B(10, 0.65, 7)$ 就是在 $p=0.95$ 的二项式实验中，重复 10 次正好有 7 次成功的概率。

如果 $X \sim B(n, p)$，那么 X 的值可以是 $0, 1, 2, \cdots, n$，给出了二项随机变量 X 恰好有 x 次成功的二项概率。由下面定义：

$$B(n, p, x) = P(X=x) = C_n^x p^x (1-p)^{n-x}$$

其中

$$C_n^x = \frac{n!}{x! \ (n-x)!}$$

$n!$ 为 n 的阶乘，表示 $n \cdot (n-1) \cdots 2 \cdot 1$。

学以致用 6-1

求 B （15，0.3，5），即求二项随机变量 X，15 次试验中成功概率为 0.3，求 P （$X=5$）。

提示：$P(X=5) = C_{15}^5 0.3^5 (1-0.3)^{15-5} = \frac{15!}{5! \ 10!} 0.3^5 0.7^{10} \approx 0.2061$。

学以致用 6-2

再次考虑前面小明罚球的例子。假设小明比赛表现不佳，其罚球命中率为 65%，每次罚球都是独立的。如果 X 是小明的罚球次数，那么如果他有 10 次罚球，$X \sim B(10, 0.65)$。P （$X=7$）是多少？罚球命中不超过 5 次的概率，即 P （$X \leqslant$ 5）是多少？至少罚中 6 球的概率，即 P （$X \geqslant 6$）是多少？

提示：$P(X=7) = C_{10}^7 0.65^7 (1-0.65)^{10-7} = \frac{10!}{7! \ 3!} 0.65^5 0.35^3 \approx 0.2522$。

$$
\begin{aligned}
P(X \leqslant 5) &= P(X=0) + P(X=1) + P(X=2) + \cdots + P(X=5) \\
&= C_{10}^0 0.65^0 0.35^{10} + C_{10}^1 0.65^1 0.35^9 + \cdots + C_{10}^5 0.65^5 0.35^5 \approx 0.2485
\end{aligned}
$$

$$
\begin{aligned}
P(X > 6) &= 1 - P(X \leqslant 6) \\
&= 1 - [P(X=0) + P(X=1) + P(X=2) + \cdots + P(X=6)] \\
&= 1 - (C_{10}^0 0.65^0 0.35^{10} + C_{10}^1 0.65^1 0.35^9 + \cdots + C_{10}^5 0.65^6 0.35^4) \\
&\approx 1 - 0.4862 = 0.5138
\end{aligned}
$$

给定一个 n 和 p 的二项分布，那么二项随机变量 X 的均值和标准差可由下面的公式求得：

$$
\begin{aligned}
\mu_X &= \sum_{i=1}^n x_i p_i = \sum_{i=0}^n x_i C_n^i p^i (1-p)^{n-i} = \sum_{i=1}^n x_i \frac{n!}{i! \ (n-i)!} p^i (1-p)^{n-i} \\
&= np \sum_{i=1}^n x_i \frac{(n-1)!}{(i-1)! \ (n-i)!} p^{i-1} (1-p)^{(n-1)-(i-1)} = np
\end{aligned}
$$

$$\sigma_X = \sqrt{\sum_{i=1}^n (x_i - \mu_X)^2 p_i}$$

二项随机变量 X 的均值 $\mu_X = np$，标准差 $\sigma_X = \sqrt{np(1-p)}$，二项公式更容易使用。注意：不要将二项随机变量的均值和标准差公式用于非二项的离散型随机变量。

6.1.2 二项式的正态近似值

在适当的条件下，二项分布的形状近似正态分布，二项分布概率可以用正态概率来估计。一般来说，当 $np \geqslant 10$ 和 $n(1-p) \geqslant 10$ 时，情况就是这样 [有些书上用 $np \geqslant 5$ 和 $n(1-p) \geqslant 5$ 也可以]。在图 6-1（a）中 $X \sim B(20, 0.1)$ 不满足这些条件，但图 6-1（b）中，$X \sim B(20, 0.5)$ 满足这些条件。

很明显，图 6-1（a）中，$X \sim B(20, 0.1)$ 明显向右倾斜，而图 6-1（b）中，图形 $X \sim B(20, 0.5)$ 的形状近似于正态，因此图 6-1（b）中图形 $X \sim B(20, 0.5)$ 相比图 6-1（a）中图形 $X \sim B(20, 0.1)$ 更近似正态曲线。

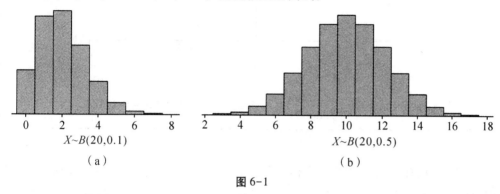

图 6-1

当 np 和 $n(1-p)$ 足够大时（即它们都大于或等于 5 或 10），二项随机变量 X 近似于正态分布，其分布为

$$\mu_X = np, \ \sigma_X = \sqrt{np(1-p)}$$

也就是说，如果 X 有 $B(n, p)$，那么 $X \sim N(np, \sqrt{np(1-p)})$。前提是 $np \geqslant 5$（或 10），且 $n(1-p) \geqslant 5$（或 10）。

学以致用 6-3

在全国范围内，81% 的社区大学教师居住地距离校园 9 千米内。对某市 400 名教师的简单随机抽样数据进行分析。

（1）在样本中，住在距离校园 9 千米以内的教师人数的平均值和标准差是多少？

（2）使用正态近似法计算样本中至少有 335 名教师住在距离校园 6 千米以内的概率。

提示：

（1）如果 X 是居住在距离校园 6 千米以内的教师人数，那么 $X \sim B(400, 0.81)$。

$\mu = np = 400 \cdot 0.81 = 324, \sigma = \sqrt{np(1-p)} = \sqrt{400 \cdot 0.81 \cdot 0.19} \approx 7.8460$。

（2）可以使用均值为 324，标准差为 7.8460 的二项式的正态近似值 $X \sim N(324, 7.8460)$。具体情况如图 6-2 所示：

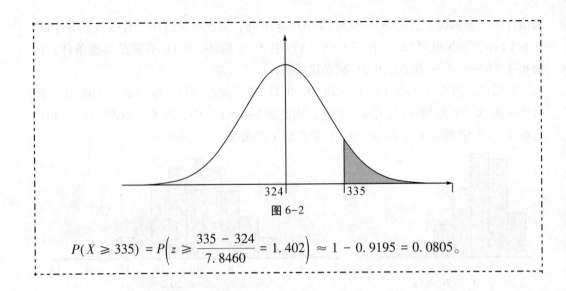

图 6-2

$$P(X \geqslant 335) = P\left(z \geqslant \frac{335 - 324}{7.8460} = 1.402\right) \approx 1 - 0.9195 = 0.0805。$$

实际上，只有在有限的情况下才需要使用二项式的正态近似值。在上面的例子中，我们使用计算机得出精确的答案。我们需要真正理解的是，看二项数据的另一种方法是看成功的比例，而不是成功的次数。我们将用正态分布来近似样本比例分布，其背后的概念和所需满足的条件是相同的。

6.2 几何分布

有时，我们感兴趣的不是 n 次固定试验中的成功次数，而是在给定试验中第一次成功的概率，或直到成功为止的平均试验次数。几何试验如下：

（1）只有两种可能的结果：成功（S）或失败（F）。

（2）每次试验的成功概率 p 是相同的。

（3）试验是独立的（也就是说，对之前试验结果的了解不会影响下一次试验的成功概率）。

（4）我们感兴趣的是几何随机变量 X，即获得一次成功所需的试验次数。

请注意，如果 X 是二项分布，那么 X 可以取值 0，1，2，…，n。如果 X 是几何分布，那么它可以取值 1，2，3，…。在二项式中可能有零次成功，但在几何实验中，一次成功就只能在第一次试验中。

如果 X 是几何随机变量，则第 n 次试验才成功的概率为 $P(X = n) = p(1 - p)^{n-1}$。

还记得小明罚球命中率为 0.95 例子吗？他一次尝试罚球时罚中的概率是多少？他四次尝试罚球才罚中的概率是多少？

提示：一次尝试罚球时就罚中的概率：

$P(X = 1) = 0.95 \times (1 - 0.95)^{1-1} = 0.95 \times 0.05^0 = 0.95$；

四次尝试罚球时罚中的概率：

$P(X = 4) = 0.95 \times (1 - 0.95)^{4-1} = 0.95 \times 0.05^3 = 0.00011875$。

第一次尝试罚球时就一次罚中的概率 0.95，四次尝试罚球才罚中的概率几乎为 0，意思是他不可能尝试 4 次才能罚中。

一副标准的 52 张牌中，有 12 张花色牌。因此，从一副完整的牌中抽到花色牌的概率是 12/52 = 0.2308。如果你有放回地抽牌，那么你第 10 次才抽到花牌的概率是多少？

提示：$P(X = 10) = 0.2308 \times (1 - 0.2308)^9 \approx 0.0218$。

我们可能感兴趣的不是特定次数试验中成功的概率，而是第一次成功前的平均等待时间。几何随机变量首次成功前的平均等待时间为 $1/p$。这可以通过求和：

$$E(X) = \sum_{i=1}^{\infty} ip(1-p)^{i-1} = p\sum_{i=1}^{\infty} i(1-p)^{i-1}$$

令 $f(p) = \sum_{i=1}^{\infty} i(1-p)^{i-1}$，$\int f(p)\,\mathrm{d}p = -\sum_{i=1}^{\infty}(1-p)^i = \dfrac{1-p}{1-(1-p)} - \dfrac{p-1}{p}$，$f(p) = \left(1 - \dfrac{1}{p}\right)' = \dfrac{1}{p^2}$，因此，$E(X) = p\sum_{i=1}^{\infty} i(1-p)^{i-1} = p \cdot \dfrac{1}{p^2} = \dfrac{1}{p}$。

小明平均要罚球多少次才能罚中（记住，$P = 0.95$）？如果手生了（$P = 0.65$），平均要罚球多少次才能罚中？

提示：$E(X) = \dfrac{1}{p} = \dfrac{1}{0.95} \approx 1.0526$，对小明来说，平均来说，1.0526 次就能中一次。

$E(X) = \dfrac{1}{p} = \dfrac{1}{0.65} \approx 1.5385$，手生了，平均需要 1.5385 次中一次。

第 6 章　推断基础：几种常用分布

在几何分布 $P(X = n) = p(1-p)^{n-1}$ 中，概率随着 n 的增大而减小，因为我们每增加一次就要乘以 $1-p$，这个数是小于 1 的数。几何分布形状如阶梯状，如图 6-3 所示。

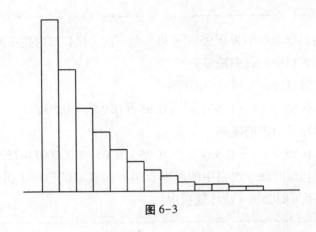

图 6-3

6.3 抽样分布

假设我们从均值和标准差未知的正态总体中抽取了一个大小为 10 的样本，得到 $\bar{x} = 18.87$。这就产生了两个问题：

（1）这个样本能说明样本所在的总体的哪些情况？

（2）如果我们抽取更多的样本，结果会怎样？

假设我们从这个总体中再抽取 5 个大小为 10 的样本，得到 $\bar{x} = 20.35$，$\bar{x} = 20.04$，$\bar{x} = 19.20$，$\bar{x} = 19.02$，$\bar{x} = 20.35$。在回答问题（1）时，我们可能会认为这些样本所来自的人群的平均值在 20 左右，因为这些平均值往往集中在这里（事实上，这 6 个样本是从一个平均值为 20、标准差为 4 的正常人群中抽取的）。6 个样本的平均数是 19.64，这支持了我们的看法，即原始总体的平均数可能是 20。

6 个样本的标准差是 0.68，你可能对它与总体标准差的关系没有任何直观的感觉，不过你可能会怀疑样本的标准差应该小于总体的标准差，因为平均值出现极端值的概率应该小于单个项的概率（我们似乎不太可能在一个样本中得出很多极端值）。

假设我们继续从这个群体中抽取大小为 10 的样本，直到抽完或抽完所有可能的大小为 10 的样本为止。如果我们成功地抽取了所有可能的 10 个样本，并计算了每个样本的平均数，那么这些样本平均数的分布就是 $\bar{x}$ 的抽样分布。

请记住，"统计量"是描述样本的数值，统计量的抽样分布是该统计量在给定大小的所有可能样本中的分布。重要的是要明白，从一个总体中抽取的几个样本，再画点图，这并不是分布（它是对分布的模拟）——只有在抽取了给定大小的所有可能样本后，它才是分布。

6.3.1 样本平均数的抽样分布

假设我们有 $\bar{x}$ 的抽样分布。也就是说，我们从一个未知的总体（因此，我们对其形状、中心或分布知之甚少）中抽取了大小为 n 的所有可能样本的均值形成了一个分布。让 $\mu_{\bar{x}}$ 和 $\sigma_{\bar{x}}$ 分别代表 $\bar{x}$ 抽样分布的均值和标准差。

那么，$\mu_{\bar{x}} = $ ，$\sigma_{\bar{x}} = \dfrac{\sigma}{\sqrt{n}}$ ，为任何具有均值 μ 和标准偏差 σ 的总体。

注意：一般认为，只有当样本量 n 相对于总体数量 N 较小的情况下，$\sigma_{\bar{x}} = \dfrac{\sigma}{\sqrt{n}}$ 给出的值才是正确的。一般情况下，n 不应超过 N 的 5%（即 $N > 20n$）。如果 n 超过 N 的 5%，则抽样分布标准差的精确值为

$$\sigma_{\bar{x}} = \frac{\sigma}{\sqrt{n}} \sqrt{\frac{N-n}{N-1}}$$

实际上，这通常不是一个大问题，因为 $\sqrt{\dfrac{N-n}{N-1}}$ ，只要 N 比 n 大，它就接近于 1。

学以致用 6-7

已知一个大群体的平均数为 20，标准差为 2.5。从这个总体中抽取 100 个样本，其均值的抽样分布的均值和标准差是多少？

提示：$\mu_{\bar{x}} = \mu = 20$ ，$\sigma_{\bar{x}} = \dfrac{\sigma}{\sqrt{n}} = \dfrac{2.5}{\sqrt{100}} = 0.25$。

上面的讨论给出了 $\bar{x}$ 的抽样分布的中心和分布的度量，但没有告诉我们抽样分布的形状。事实证明，抽样分布的形状由以下两个因素决定：①原始总体的形状；②n，即样本大小。如果原始总体是正态分布，那么就很容易得到抽样分布；如果总体是正态分布，那么抽样分布的形状就是正态分布。

如果原始总体的形状不正常或未知，且样本量较小，那么抽样分布的形状将与原始总体的形状相似。例如，如果总体向右偏斜，我们就会认为小样本平均值的抽样分布也会在某种程度上向右偏斜——尽管不会像原始总体那样偏斜严重。

当样本量较大时，我们会得到以下结果，即所谓的中心极限定理：对于大 n ，$\bar{x}$ 的抽样分布将近似于正态分布。n 越大，抽样分布的形状就越正态。统计量计算见表 6-1。

表 6-1

	总体	样本
均值	μ	$\mu_{\bar{x}} = \mu$
标准差	σ	$\sigma_{\bar{x}} = \dfrac{\sigma}{\sqrt{n}}$
形状	正态（钟形）	正态（钟形）

使用中心极限定理的一个粗略的经验法则是 n 至少应为 30。不过，如果总体与正态分布的偏离不大，那么对于更小的 n 值，抽样分布也可能近似于正态分布。中心极限定理允许我们使用正态计算来解决涉及抽样分布的问题，而无须了解原始总体。请

注意，涉及 z 分数的计算要求知道总体标准差（σ）的值，但很少知道总体标准差（σ）的值，因此大样本量基本上表示抽样分布是近似正态分布，而不是精确正态分布。也就是说，从技术上讲，除非知道 σ，否则不应该使用 z 分数。但实际上，对于大样本 n，z 分数在数值上接近正确。

> **学以致用 6-8**
>
> 从均值为 45、标准差为 9 的正态总体中抽取 25 个样本，描述 $\bar{x}$ 的抽样分布。
>
> 提示：因为原始数据是正态的，所以 $\bar{x}$ 也是正态的，均值为 45 和标准偏差 $\frac{9}{\sqrt{25}} = \frac{9}{5} = 1.8$，也就是说，$\bar{x} \sim N(45, 1.8)$。

> **学以致用 6-9**
>
> 从平均值为 45，标准差为 9 的向左强烈倾斜的总体（如一次非常简单的考试的分数）中抽取 25 个样本，描述 $\bar{x}$ 的抽样分布。
>
> 提示：如上例。不过，这次的总体是向左倾斜的。根据我们的经验法则（$n \geq 30$），样本量为小样本，不能认为抽样分布是正态分布。所以我们只能说，抽样分布可能比原始分布更像钟形，但可能仍然有些向左倾斜，只是倾斜程度比原总体稍好一点。

> **学以致用 6-10**
>
> 2020 年统计显示我国 16~59 岁人口平均受教育年限为 10.75 年，假设标准差为 2 年。随机抽样得到 81 个 16~59 岁的人。该样本平均受教育年限为 10.75 年，标准差为 2 年的概率是多少？
>
> （1）超过 11 年概率是多少？
>
> （2）在 10.5 至 11 岁之间的概率是多少？
>
> 提示：$\bar{x}$ 的抽样分布有
>
> $\mu_{\bar{x}} = 10.75$
>
> $\sigma_{\bar{x}} = \dfrac{2}{\sqrt{81}} \approx 0.2222$
>
> 由于样本量较大（$n = 81$），中心极限定理告诉我们大样本技术是合适的。因此
>
> （1）抽样分布图如图 6-4 所示：
>
> $P(\bar{x} > 11) = P\left(z > \dfrac{11 - 10.75}{0.2222}\right) \approx 0.1303$

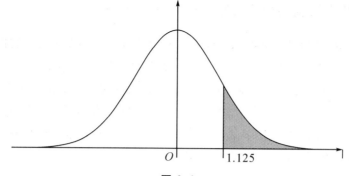

图 6-4

（2）$P(10.5 < \bar{x} < 11) = P\left(\dfrac{10.5 - 10.75}{0.2222} < z < \dfrac{11 - 10.75}{0.2222}\right)$

$= P(-1.125 < z < 1.125)$

≈ 0.7394

从第（1）题可知，在图 6-4 中，阴影部分的面积为 0.1303，非阴影部分的面积为 $1 - 0.1303 = 0.8697$。由于抽样分布近似正态分布，因此它是对称的，即 $\bar{x} = 10.5$ 到中心的距离与 $\bar{x} = 11$ 到中心的距离相同，标准化之后，分别得到 $\bar{x} = -1.125$、$\bar{x} = 1.125$（如图 6-5 所示）。

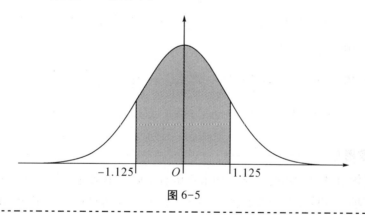

图 6-5

学以致用 6-11

多年来，微积分期末考试的分数呈正态分布，均值为 82 分，标准差为 6 分。教师认为今年的课堂比较沉闷，但学生期末考试的平均分可能高于 79 分。假定从今年微积分班级名单中随机抽取 32 名学生，那么这个班的期末考试平均分不超过 79 分的概率是多少？你认为老师的说法对吗？

提示：$p(\bar{x} \leqslant 79) = P\left(z \leqslant \dfrac{79 - 82}{6/\sqrt{32}} \approx -2.83\right) \approx 0.0023$，如果这个总体确实如此，那么仅凭偶然情况，期末考试平均分不超过 79 分的可能性就小于 1%。这似乎不太可能，所以我们有充分的证据证明教师说法是正确的。

第 5 章　推断基础：几种常用分布

6.3.2 样本比例的抽样分布

如果 X 是二项随机变量 n 次试验样本中的成功次数，那么成功的比例由 $\hat{p} = Xn$ 得出，这就是我们使用的样本比例（统计量）。总体比例则由 π 给出。

我们已经知道用 $\bar{x}$ 和 s 表示统计量，用 μ 和 σ 表示参数。通常，我们用英文字母表示统计量，用希腊字母表示参数。然而，我们在这里没有遵循这一惯例，样本比例的统计量用 $\hat{p}$ 表示，总体参数用 p 表示。有些文本使用 π 表示总体比例，这样更符合（源于希腊语的）数学和统计学的传统习惯。

我们在本章第一节中学习到，如果 X 是一个二项随机变量，那么 X 的抽样分布的均值和标准差分别为

$$\mu_X = np \,, \ \sigma_X = \sqrt{np(1-p)}$$

这里面的 p 是总体比例。如果将数据集中的每个项除以相同的值 n，那么变换后数据集的均值和标准差就是原始数据集的均值和标准差除以 n。通过代数运算，我们会发现 $\hat{p}$ 的抽样分布的均值和标准差由以下公式给出：

$$\mu_{\hat{p}} = p$$

$$\sigma_{\hat{p}} = \sqrt{\frac{p(1-p)}{n}}$$

与二项分布一样，如果 n 和 p 足够大，$\hat{p}$ 的抽样分布将近似于正态分布。检验方法与二项式完全相同：

如果 $X \sim B(n, \ p)$，并且 $\hat{p} = Xn$，那么 $\hat{p} \sim N\left(p, \ \sqrt{\frac{p(1-p)}{n}}\right)$。

条件是 $np \geqslant 5$（或 10），且 $n(1-p) \geqslant 5$（或 10）。

学以致用 6-12

某同学没有认真学习统计学，期末考试有 100 道单项选择题，每题 1 分，每道题有 5 个选项。该同学只能随机猜测答案。该同学在考试中至少得 30 分的概率是多少？

提示：每道题能回答正确的比例为 0.2，由于 $np = 100 \times 0.2 = 20 \geqslant 10$，$n(1-p) = 100 \times (1-0.2) = 80 \geqslant 10$。都大于 10，我们可以使用 $\hat{p}$ 的正态近似抽样分布。

$$p = 0.2, \mu_{\hat{p}} = 0.2, \sigma_{\hat{p}} = \sqrt{\frac{0.2(1-0.2)}{100}} = 0.04 \,。$$

因此，有

$$P(\hat{p} \geqslant 0.3) = P\left(z \geqslant \frac{0.3-0.2}{0.04} = 2.5\right) \approx 0.0062 \,。$$

结论：该同学考到 30 分的概率约为 0.0062。他应该好好学习，否则机会渺茫。

1. 假设一枚硬币是不平衡的，只有 45% 的概率会出现正面。

（1）第 4 次抛掷才出现正面的概率是多少？

（2）平均需要抛掷多少次才能抛出两个正面？

2. 问题 1 中的硬币被掷了 50 次。假设 X 是正面的个数。

（1）恰好出现 20 个正面的概率是多少？

（2）至少出现 20 个正面的概率是多少？

3. 二项随机变量 $X \sim B(100, 0.5)$，请说明 $\hat{p}$ 的抽样分布。

4. 已知一个分布向左高度倾斜的总体，其平均值为 25，标准差为 4。从该总体中抽取 10 个样本，计算样本平均数。请描述 $\bar{x}$ 的抽样分布。

5. 从均值为 65，标准差为 6 的总体中抽取 35 个样本，其均值小于 64 的概率是多少？

6. 一个二项式事件有 $n = 60$ 次试验。每次试验成功的概率为 0.4。设 X 是该事件在 60 次试验中成功的次数。μ_x 和 σ_x 是多少？

7. 考虑二项随机变量的重复试验。假设第二次试验成功的概率是 0.25。第一次试验成功的概率是多少？

8. 一个 12 个面的骰子，面数从 1 到 12。假定骰子是均匀的（即每个面每次出现的可能性相同），请求出掷骰子 50 次至少得到 10 个 3 的确切概率？

9. 在一个人口众多的国家，55% 的人至少每两年进行一次体检。对 100 人进行简单随机抽样访谈，计算出样本比例。样本比例抽样分布的平均值和标准差分别为多少？

10. 学校某项政策对学生进行调查，结果显示 70% 的学生赞成。在随机抽样的 200 名学生中，至少有 150 名学生赞成的概率大约是多少？

11. 一家生产网球的工厂测定，一包三个网球中至少有一个有瑕疵球的概率为 0.025。一箱 48 包网球中至少有两包含有瑕疵球的概率是多少？

12. 一个总体高度向左倾斜。如果样本量分别为 3 或 30，请分别描述从该人群中抽取的 $\bar{x}$ 的抽样分布形状。

13. 假设你有很多时间，决定掷一枚公平的硬币 1000000 次，并记录下每次掷出的硬币是正面还是反面。假设 X 是正面的计数。正面比反面至少多 1000 次的概率是多少？

14. 在一所私立技术学校，只有 20% 的获得奖学金的学生能在 5 年内毕业。该校可提供 55 份奖学金。对于 55 名获得奖学金的同学，毕业生人数的预期平均数和标准差分别是多少？

15. 据了解，中国大约 24% 的人为 B 型血。随机抽取 500 名成年人样本，其中 25%～30%（含 25% 和 30%）的人为 B 型血的概率是多少？

16. 一家制动检查站报告说，在所有接受检查的汽车中，有 15% 的汽车需要更换刹车片。检查站抽样检查了 20 辆汽车，问：

（1）正好 3 个刹车片有问题的概率是多少？

（2）需要更换刹车片的汽车数量平均值和标准差是多少？

17. 某轮胎制造商声称其轮胎的使用寿命为 60000 千米，标准偏差为 10000 千米。

（1）如果假设成立，描述 160 个轮胎随机样本平均寿命的抽样分布。

（2）160 个轮胎样本的平均寿命少于 50000 千米的概率是多少？从制造商声明的真实性角度解释该概率。

18. 某海域的鱼平均重量为 10 千克，标准偏差为 5 千克。一个大型网一次可捕获 50 条鱼。

（1）描述从该总体中随机抽取 50 条鱼平均重量的抽样分布。

（2）50 条鱼样本平均重量必须达到多少才能进入所有此样本的前 10%？

19. 一个人从癌症手术中康复的概率是 0.7。假设有 8 人做了手术，那么几人康复？

20. 一个节能灯的平均寿命为 2000 小时。如果实际上这种灯泡的平均寿命只有 1900 小时，标准偏差为 100 小时，那么抽样 100 个灯泡的平均寿命至少为 2000 小时的概率是多少？

21. 下图所示的分布，描述大小为 n 的样本 $\bar{x}$ 的抽样分布形状，那么 $n = 3$ 合理，还是 $n = 40$ 合理？

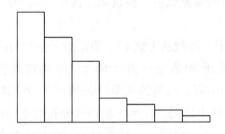

22. 我们希望用正态曲线 $N(\mu, \sigma)$ 来近似二项分布 $B(40, 0.8)$。这种近似方法合适吗？如果合适，近似正态曲线的 μ 和 σ 分别是多少？

实践测评

使用软件查看正态曲线 $N(\mu, \sigma)$ 和二项分布 $B(n, p)$ 形状，仔细观看其对称性。针对自己感兴趣的二项问题，做出用正态曲线模拟。如果你暂时没有想到好问题，那么你就选出一个硬币，掷 1000 次，并记录下每次掷出的硬币是正面还是反面。假设 X 是正面的计数，尝试以此判断硬币是否均匀。

目标达成表

学习目标	目标达成情况自评
确定是否满足二项式设置的条件	
计算和解释涉及二项式分布的概率	
计算解释二项式随机变量的平均值和标准差	
在适当的情况下，使用二项式分布的正态近似来计算概率	

学习目标	目标达成情况自评
查找几何随机变量的概率	
区分参数和统计量	
使用总体中的所有可能样本创建抽样分布	
使用统计数据的抽样分布来评估有关参数观点	
使用一般乘法规则来计算概率	
区分总体分布、样本分布和统计量的抽样分布	
计算样本均值的抽样分布的均值和标准差并解释标准差	
确定抽样分布是否近似正态	
如果合适，使用正态分布来计算均值的概率	
计算样本比例的抽样分布的均值和标准差并解释标准差	
解释受总体分布形状和样本大小影响的期望值分布形状	

第 7 章

推断基础：置信区间

本章提要

从本章开始，我们通过估计总体参数来学习正式的推理研究。我们将了解置信区间，这是一种识别我们认为可能包含我们感兴趣的参数的值范围的方法。介绍 t 统计量（作为现实世界中 z 分布的替代），并讨论总体参数的估计。我们将建立置信区间，以估计单个总体均值、单个总体比例、两个总体均值之间的差值以及两个总体比例之间的差值。我们还将了解显著性检验背后的逻辑，以及检验时需要担心的误差类型。

学习目标

●确定适当的点估计并计算点估计值，根据上下文意思解释置信区间，根据置信区间确定点估计和误差幅度，使用置信区间来决定参数的值，根据上下文中意思解释置信度，描述样本大小和置信水平如何影响误差幅度。

●构建总体比例的置信区间时，陈述并检查必要条件，如 SRS、显著性水平 10% 和大样本等。

●确定计算人口比例的 C% 置信区间的价值，构建和解释总体比例的置信区间，确定在特定边际条件下具有总体比例的 C% 置信度所需的样本量，知道计算总体均值的 C% 置信区间的价值。

●构建总体均值的置信区间时，陈述并检查必要条件，如 10% 和正态/大样本条件；构建和解释总体均值的置信区间；确定具有指定误差范围、总体平均值、具有 C% 置信区间所需的样本量。

主要内容

- ⭐ 估算
- ⭐ 置信区间
- ⭐ t 检验
- ⭐ 为置信区间选择样本量
- ⭐ 假设检验程序
- ⭐ 假设检验中的错误

7.1 估算和置信区间

随着统计学研究的深入，我们的兴趣转向了估计未知的总体参数值。我们之前将统计量描述为描述样本的值，将参数描述为描述总体的值。现在我们想使用统计量作为参数的估计。在前面章节中，我们探讨了抽样分布，以了解当我们从已知总体中重复选择随机样本时统计量的表现如何。这有助于我们了解在现实中选择一个样本并用它来对总体进行推断时所使用的工具。我们现在要做的是开发一个程序，通过该程序使用样本来生成参数可能范围。

定义：点估计是提供总体参数估计的统计量，样本中的统计值称为点估计。

例如，我们进行了一次抽样调查，发现 39% 的样本计划投票支持李进担任学生会主席。也就是说，$\hat{p}=0.39$ 是投票给李进担任学生会主席学生比例的点估计。这个估计几乎肯定是不正确的。正好为 39% 的学生投票给李进担任学生会主席的可能性极小。

定义：置信区间给出了基于样本数据的参数合理值区间。

置信区间的结构 = 点估计 ± 误差幅度

因为点估计肯定会得到错误的估计，所以我们使用合理值的区间而不是单点估计来增加我们对参数正确估计的信心。为了创建参数的合理值区间，我们需要两个组成部分：用作区间中点的点估计和考虑采样变异性的误差幅度。增加或减少的这个值怎么确定？一般采用误差幅度（标准差的倍数）。

定义：置信水平 C 给出了计算置信区间方法的总体成功率。也就是说，在所有可能样本的 $C\%$ 中，根据样本数据计算出的区间将捕获真实的参数值。

估计的误差幅度描述了我们预计估计值与真实总体值最多相差多远。也就是说，在 $C\%$ 置信区间中，点估计值与真实参数值之间的距离将小于所有样本的 $C\%$ 误差幅度。

如何解释置信区间？要解释未知参数的 $C\%$ 置信区间，可以描述为："根据样本的信息，我们有 $C\%$ 的信心认为估计出的区间捕获了总体的此参数。"

例如，上面的例子中，总体比例 p 为 0.42，我们用 $\hat{p}$ 估计，预计大约 95% 样本在 1.96 标准差以内，得到一个区间 [0.25，0.54]，如图 7-1 的阴影区域所示。而总体比例 $p=0.42$（由垂直线所示）显然位于该区域，得知 $\hat{p}=0.39$ 时，我们也不会觉得估计不准。因此，我们就量化了此估计中的不确定性。我们根据总体比例 $p=0.42$ 是否处于样本估计比例 $\hat{p}=0.39$ 的 1.96 标准差以内，它的区间 [0.25，0.54]，这个区间面积占全部面积的 95%。换句话说，样本估计比例 $\hat{p}$ 的 1.96 标准差（95%）区间包含了总体比例 $p=0.42$。

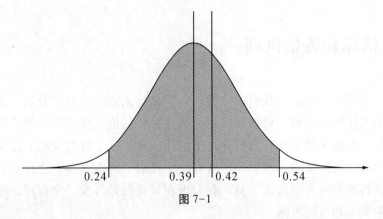

图 7-1

我们把估计出来的区间称为 95% 置信区间，95% 称为置信水平。上面例子我们就估计出一个置信区间 [0.25，0.54]。因为我们根本无法确定 p 是否为 0.39，但我们有 95% 的信心 p 介于 0.24 和 0.54 之间。

图 7-2 就是样本比例 $\hat{p}$ 的 95% 置信区间（1.96 标准差）估计总体 $p = 0.42$ 的不同情况。

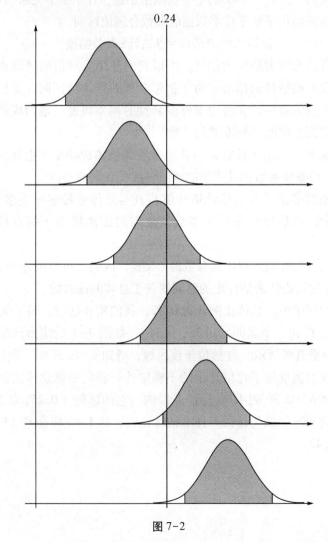

图 7-2

注意：置信区间有可能包含真实总体参数值，并不是说置信区间一定包含真实总体参数值。它可能包含，也可能不包含——我们需要一个对信心程度的量化方法。

根据前面章节的内容，可知：投赞成票的人数服从二项分布，即 $X \sim B(n, p)$，样本足够大时，即 $np \geqslant 5$（或者 10）且 $n(1-p) \geqslant 5$（或者 10），投赞成票的人数近似服从正态分布，即 $X \sim N(np, np(1-p))$。或者写成

$$z = \frac{X - np}{\sqrt{np(1-p)}} \sim N(0, 1)$$

同除以总人数 n，换算成比例：

$$z = \frac{\hat{p} - p}{\sqrt{\frac{p(1-p)}{n}}} \sim N(0, 1)$$

如果把 z 分数在 $[-1.96, 1.96]$ 之间围成的面积为 0.95，正好是置信水平值，所以标准正态分布置信水平与区间临界值是对应的。经过简单变换得：

$$-1.96 \leqslant z = \frac{\hat{p} - p}{\sqrt{\frac{p(1-p)}{n}}} \leqslant 1.96$$

$$p = \hat{p} \pm 1.96 \sqrt{\frac{p(1-p)}{n}}$$

1.96 就是临界值，是与所需置信水平（这里置信水平为 95%）一致的 z 分数；公式中 ± 后面的部分称为误差范围。

这个式中 p 一般是不知道的，如果知道估计就没有意义，可是方差中含有 p，有两种方案解决此问题：一是把上式当方程解出 p，二是误差幅度中的 p 用 $\hat{p}$ 替代。

方法一：如果直接求解方程得：$p = \hat{p} - \dfrac{t(2\hat{p}t - t \pm \sqrt{-4\hat{p}^2 n + 4\hat{p}n + t^2})}{2t^2 + 2n}$，这个式子有点复杂。

在上面的例子中，求得：

$$p = 0.39 - \frac{1.96(2 \times 0.39 \times 1.96 - 1.96 \pm \sqrt{-4 \times 0.39^2 \times 50 + 4 \times 0.39 \times 50 + 1.96^2})}{2 \cdot 1.96^2 + 2 \times 50}$$

$$\approx (0.2937, 0.5577)$$

这个结果与实际结果非常相近，因为置信区间是对称的，$p = 0.4257$。

方法二：用 $\hat{p}$ 替代 p 为什么可行？因为大样本 $np \geqslant 5$（或 10）且 $n(1-p) \geqslant 5$（或 10）情况下，$E(\hat{p}) = p$，所以这里可以用 $\hat{p}$ 近似替代 p。

$$\hat{p} \pm 1.96 \sqrt{\frac{\hat{p}(1-\hat{p})}{n}}$$

在上面的例子中，求得：

$$p = \hat{p} \pm 1.96 \sqrt{\frac{\hat{p}(1-\hat{p})}{n}} = 0.39 \pm 1.96 \sqrt{\frac{0.39(1-0.39)}{50}} \approx (0.2548, 0.5252)$$

这个值是 $\hat{p} = 0.39$ 构建的置信区间，所以置信区间以 $p = 0.39$ 对称，即 $p = 0.39$。

两种方法结果有点差异，但是两种都是正确的，都将正确的结果 $p = 0.42$ 估计在区间内。但是第一种更精确，只是计算麻烦；第二种方法形式简单，被广泛使用。

我们对该区间的解释如下：我们有 95% 的信心认为，这所学校所有学生中计划投票给李进担任学生会主席的比例在 0.25 到 0.53 之间。

我们知道抽样分布并不完全正态。我们也知道，我们并不是从无限大的总体中进行抽样，也很少进行放回抽样。这意味着我们使用的模型是错误的。但是，正如著名统计学家乔治·博克斯所说："所有模型都是错误的，但是有些模型非常有用。"为了查看我们将使用的模型是否有用，我们检查一些条件，看看这些假设是否"足够接近"，确定模型有用。总结后如表 7-1 所示。

表 7-1

理论假设要求	条件满足情况
简单随机抽样（SRS），确保无偏性	检查样本是否为简单随机抽样（SRS），特别注意数据收集过程的抽样
满足正态分布	$n\hat{p} \geqslant 5($ 或 $10)$ 且 $n(1-\hat{p}) \geqslant 5($ 或 $10)$，大样本保证分布与正态分布最接近
有放回抽样，或无限大总体中抽样，确保误差准确	没有采用放回抽样，但是要求抽样小于总体 10%，这与随机性一起确保误差 $\sqrt{\dfrac{\hat{p}(1-\hat{p})}{n}}$ 准确

我们还可以从另一个角度来思考 95% 置信区间，将置信度作为捕获率来理解。这为我们提供了一种解释 95% 置信水平的方法："如果我们多次选择 50 名学生样本，并为每次的样本构建一个置信区间，这些置信区间大约有 95% 能够覆盖到总体投票给李进的比例。"

我们的意思是，用于生成间隔的过程将在 95% 的时间内捕获真实的总体值。我们必须小心，不要对已经构造的区间做出概率陈述。如：我们有 95% 的概率正确估计总体比例。我们的"信心"在于产生区间的过程，但如果我们讨论特定的区间，就不再存在可重复的随机事件。这就是为什么我们使用"信心"这个词而不用"概率"。

7.2 平均值的置信区间（t 检验）

当我们在前面讨论 $\bar{x}$ 的抽样分布时，我们假设知道总体标准差。这是一个存在问题的假设，因为如果我们知道总体标准差，我们很可能也知道总体平均值。既然如此，我们为什么还要计算 μ 的样本估计值呢？不幸的是，我们几乎从未遇到过知道 σ 值的情况。如果我们对总体有足够的了解来知道 σ，我们可能也会知道 μ。事实上，我们需要 μ 来计算 σ。但现实中我们一般要使用样本标准差 s 来估计 σ。当然，中心极限定理拯救了我们，它告诉我们，当样本量 n 足够大时（大致为 $n \geqslant 30$），$\bar{x}$ 的抽样分布近似正态分布。如果原始总体近似正态，或者样本量"很大"，那么就有类似于 z 程序的技术来分析样本均值的抽样分布。事实上，有些教科书在这种情况下会直接使用 z 程序，即使总体标准差未知。然而，由此得出的分布并不是正态分布，因此最好使用其他程序。为此，我们使用样本标准差 s 作为总体标准差 σ 的估计值。也就是说

$$s_{\bar{x}} = \frac{s}{\sqrt{n}} \approx \sigma_{\bar{x}} = \frac{\sigma}{\sqrt{n}}$$

当我们从数据中估算标准偏差时，我们称估算值为标准误差（有些教科书将标准误差定义为抽样分布的标准偏差）。这将我们的置信区间公式变成：

$$s_{\bar{x}} = \frac{s}{\sqrt{n}}$$

我们需要每个不同统计量的标准误差来生成置信区间。（记住标准误差的记忆方法是：我们正在估算标准差，但由于是估算，所以可能会有一些误差。）从现在起，我们将在学习推理时使用这个术语，因为我们总是在估计未知的标准差。

当 n 较小时，我们不能安全地假设 $\bar{x}$ 的抽样分布近似正态分布。在某些条件下（见下文），$\bar{x}$ 的抽样分布遵循 t 分布，这种分布在许多方面与正态分布相似，但它考虑到了使用 s 估算 σ 时会产生误差，因此它的可变性更大。变异程度取决于样本大小。t 统计量的计算公式：

$$t = \frac{x - \mu}{s \sqrt{n}}, \ \mathrm{df} = n - 1$$

如果以下条件成立，则该统计量服从 t 分布。

（1）抽取样本的人群近似正常，或者样本足够大（经验法则：$n \geqslant 30$）。

（2）样本是来自人口的 SRS。

每个 n 都有不同的 t 分布。该分布由自由度数 $\mathrm{df} = n - 1$ 决定。我们将使用符号 $t(k)$ 来表示自由度为 k 的 t 分布。

随着 n 的增加，t 分布越来越接近正态分布。我们可以从图 7-3 中看到这一点：

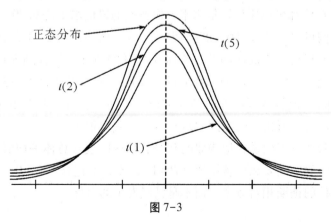

图 7-3

学以致用 7-1

求 df = 12，概率为 0.95t 分布的临界值。

提示：我们查表知道 t 的临界值是 1.782。

学以致用 7-2

求 df = 1000，概率为 0.975 的 t 临界值。

提示：df = 1000，概率为 0.975 的 t 分布非常接近概率为 0.975 的临界 z 值，查表即知临界值为 1.96。

7.3 置信区间的一般形式

置信区间由两部分组成：人口值的估计值和误差范围。我们根据对置信区间包含真实人口值的置信度来确定置信区间。

C% 置信区间的形式如下：（估计值）±（误差范围）。反过来，置信区间的误差范围由两部分组成：z 或 t 的临界值（取决于置信水平 C）和标准误差。因此，所有置信区间的形式都是

（估计值）±（误差幅度）=（估计值）±（临界值）（标准误差）

μ 的 t 置信区间形式为

$$\bar{x} \pm t \times \left(\frac{s}{\sqrt{n}} \right)$$

t 取决于置信水平 C、样本标准差 s 和样本量 n。

置信水平通常用百分比表示：95% 置信区间表示 $C = 0.95$，99% 置信区间表示 $C = 0.99$。虽然任何 C 值都可以用作置信水平，但典型的置信水平是 0.90、0.95 和 0.99。

注意：当我们说"我们有 95% 的把握（信心）认为总体的真实值位于某个区间内"时，我们的意思是，生成区间的过程将在 95% 的情况下捕捉到人口的真实值。我们并没有对区间做出任何概率声明。我们的"信心"来自产生区间的过程。我们不知道我们构建的区间是否包含真实的总体参数值——要么包含，要么不包含。我们所能确定的是，平均而言，所构建的区间中有 95% 包含真实值。

举例说明：张浩对王敏说，他构建的 95% 置信区间包含总体平均值的概率为 0.95。王敏纠正他说，他的区间要么包含该值（$P = 1$），要么不包含（$P = 0$）。请记住，概率值适用于未来事件的预期相对频率，而不是已经发生的事件。

15 个样本为基础，求构建总体平均值 99% 置信区间所需的 t 临界值。

提示：要使用 t 分布表，置信区间是对称的，中间部分面积 $C = 0.99$，剩下两边的面积为 0.01，每边为 $\dfrac{1-0.99}{2} = 0.005$，$df = 15 - 1 = 14$。查表，得 $t \approx 2.977$。

请注意，t 分布表中表格的设置方式是，如果你在表格底部找到 99%，你就在同一列中。

求构建总体比例 95% 置信区间所需的 z 临界值。

提示：要使用 z 分布表，即标准正态概率表。表中条目是给定 z 值左边的区域。当 $C = 0.95$ 时，那么查概率为 0.975。在表格中找到 0.975，则 $z = 1.96$。

7.4 平均数和比例的置信区间

在上一节中，我们讨论了置信区间的概念。在本节中，我们将通过实际构建所考虑的每个参数的置信区间，使其更加具体。表 7-2 列出了我们将构建置信区间的每个参数。我们有理由构建置信区间的条件以及实际构建置信区间的公式。

表 7-2

待估计参数	估计用统计量	前提条件	公式
总体均值 μ	样本均值 $\bar{x}$	SRS、正态分布、σ 已知	$\bar{x} \pm z \times \dfrac{\sigma}{\sqrt{n}}$
		SRS、正态分布或大样本（$n \geq 30$）	$\bar{x} \pm t \times \dfrac{s}{\sqrt{n}}$，$df = n - 1$
总体比例 p	样本比例 $\hat{p}$	SRS、大总体大样本，$n\hat{p} \geq 5$ 且 $n(1-\hat{p}) \geq 5$	$p = \hat{p} \pm z \sqrt{\dfrac{\hat{p}(1-\hat{p})}{n}}$
总体均值差 $\mu_1 - \mu_2$	样本均值差 $\bar{x}_1 - \bar{x}_2$	独立 SRS、两总体都为正态、σ_1、σ_2 已知	$(\bar{x}_1 - \bar{x}_2) \pm z \sqrt{\dfrac{\sigma_1^2}{n_1} + \dfrac{\sigma_2^2}{n_2}}$
		独立 SRS、两总体都为正态或者两个大样本	$(\bar{x}_1 - \bar{x}_2) \pm t \sqrt{\dfrac{s_1^2}{n_1} + \dfrac{s_2^2}{n_2}}$ $df = \min(n_1 - 1, n_2 - 1)$ 或者计算机软件计算
总体比例差 $p_1 - p_2$	样本比例差 $\hat{p}_1 - \hat{p}_2$	独立 SRS、大总体大样本，$n\hat{p} \geq 5$ 且 $n(1-\hat{p}) \geq 5$	$(\hat{p}_1 - \hat{p}_2) \pm t \sqrt{\dfrac{\hat{p}_1(1-\hat{p}_1)}{n_1} + \dfrac{\hat{p}_2(1-\hat{p}_2)}{n_2}}$

关于两个均值之差的抽样分布自由度的特别说明：在大多数情况下，确定所需的自由度数的保守且通常可接受的方法是让 df=min {n_1-1，n_2-1}。这种方法的"保守"之处在于，与其他方法相比，它给出的自由度数更小，也就意味着误差范围更大。如果不使用保守方法，有两种情况值得关注：①假设群体方差相等；②假设群体方差不相等（通常情况）。

（1）如果我们能证明群体方差相等的假设是合理的，我们就可以"集合"我们对总体标准差的估计。实际上，这种做法很少见，因为对等方差的统计检验并不可靠。不过，如果我们能做出这样的假设，那么 df = $n_1 + n_2 - 2$，标准误差就会变成：

$$s_{\bar{x}_1-\bar{x}_2} = \sqrt{s_p^2 \left(\frac{1}{n_1} + \frac{1}{n_2} \right)}, \quad 其中 \; s_p^2 = \frac{(n_1 - 1)\, s_1^2 + (n_2 - 1)\, s_2^2}{n_1 + n_2 - 2}$$

你永远不会被要求使用这种方法（因为很难证明总体方差相等的假设是合理的），不过你应该知道什么时候允许使用这种方法。

（2）置信区间可以通过计算器或计算机构建（这就是图表中的"通过软件计算"符号）。在这种情况下，自由度将用下面的表达式计算：

$$df = \frac{\left(\dfrac{s_1^2}{n_1} + \dfrac{s_2^2}{n_2} \right)^2}{\dfrac{1}{n_1 - 1} \left(\dfrac{s_1^2}{n_1} \right)^2 + \dfrac{1}{n_2 - 1} \left(\dfrac{s_2^2}{n_2} \right)^2}$$

你可能不想手工进行这种计算，但你可以这样做。需要注意的是，这种方法通常会导致出现非整数自由度。

实际上，由于大多数人会使用计算器来构建双样本置信区间，因此上述第二种方法（在上一页的图表中称为"软件计算"方法）是可以接受的。只须确保报告计算器给出的自由度，以便读者知道你使用了计算器。

学以致用 7-5

一家大型航空公司有兴趣确定其所有航班的平均空闲座位数。它选择了 81 个航班的简单随机抽样数量，并确定样本的平均空闲座位数为 12.5 个座位，样本标准差为 3.9 个座位。构建并解释所有航班真实空闲座位数的 95% 置信区间。

提示：先确定条件满足性。

该问题表明我们有 81 个航班的简单随机样本。大样本量证明了为总体平均值构建单样本置信区间的合理性。对于一家大型航空公司来说，肯定有超过 10×81＝810 个航班。均值的置信区间满足条件。

再代入公式，df=81-1=80，95% 置信区间为

$$t = \frac{x - \mu}{s \sqrt{n}} = 12.5 \pm 1.99 \frac{3.9}{\sqrt{81}} \approx (11.64, \; 13.36)$$

解释：我们有 95% 的信心认为该航空公司所有航班的平均空闲座位数在 11.6 到 13.4 个座位之间。

如果问题中的 $n=80$ 而不是 81，那么 df=80-1=79。t 分布表中没有 79 自由度的条目。在这种情况下，我们将不得不向下舍入并使用 df=60，结果是 $t=2.000$，区间为

$$12.5 \pm 2.00 \times \left(\frac{3.9}{\sqrt{80}}\right) \approx (11.63,\ 13.37)$$

与上面的区间差异并不大，但区间稍宽。（计算机给出 df = 79 时的 t 值为 1.99045）。

学以致用 7-6

结合问题解释上一示例中的置信区间。

提示：我们有 95% 的把握认为，真正的空座位平均数介于 11.6 和 13.4 之间。（请记住，我们并没有对我们构建的特定区间做出任何概率声明。真正的平均值要么在区间内，要么不在区间内）。

对于使用 z 程序的大样本置信区间，可能值得记住最常见的 C 水平 0.90、0.95 和 0.99 的 z 临界值。如表 7-3 所示。

表 7-3

置信水平	Z 值
0.90	1.645
0.95	1.96
0.99	2.576

学以致用 7-7

张三认为他的硬币是不均匀的，因为在抛了 150 次后，出现了 88 个正面。请求正面比例的 99% 置信区间，并说明硬币是否均匀。

提示：首先，我们需要检查使用 z 区间是否合理。

$$\hat{p} = \frac{88}{150} = 0.587,\ n\hat{p} = 150 \times 0.587 = 88.1 \geqslant 5,$$

且 $n(1-\hat{p}) = 150 \times (1-0.587) \approx 62 \geqslant 5$。

因此我们可以构建一个 99% 的人口比例 z 区间：

$$p = \hat{p} \pm z\sqrt{\frac{\hat{p}(1-\hat{p})}{n}} = 0.587 \pm 2.576\sqrt{\frac{0.587 \times 0.413}{150}}$$

$$\approx 0.587 \pm 2.576 \times 0.04 \approx (0.484,\ 0.69)$$

我们有 99% 的把握认为，这枚硬币的真实正面比例介于 0.484 和 0.69 之间。如果硬币是公平的，我们平均预期 50% 是正面。由于 0.50 在区间内，因此它是这枚硬币可能的总体值。我们没有有力的证据证明张三的硬币是坏的。

一般来说，你应该使用 t 检验来处理单样本或双样本问题（那些涉及均值的问题），除非你得到了总体标准差（σ），才使用 z 检验来处理单比例或双比例问题。

> **学以致用 7-8**
>
> 一项研究收集了如表 7-4 所示的数据。为均值之间的真实差异（$\mu_1 - \mu_2$）构建一个 90% 的置信区间。样本中的差异是否可能表明总体均值之间存在真实差异？（样本是来自独立、近似正态总体的 SRS。）
>
> 表 7-4
>
> | 总体 | n | $\bar{x}$ | s |
> | --- | --- | --- | --- |
> | 1 | 20 | 9.87 | 4.7 |
> | 2 | 18 | 7.13 | 4.2 |
>
> 提示：n 值相对较小，说明我们需要使用双样本 t 区间。问题"来自独立近似正态分布的 SRS"给出了使用该区间的必要条件。使用"保守"方法选择自由度：
>
> df = $\min(n_1 - 1, n_2 - 1) = \min(19, 17) = 17$
>
> 查表：$t = 1.740$，
>
> $$(9.87 - 7.13) \pm 1.740 \sqrt{\frac{4.7^2}{20} + \frac{4.2^2}{18}} = 2.74 \pm 1.740 \times 1.44 = (0.227, 5.25)$$
>
> 我们有 90% 的把握认为，均值之间的真实差异位于 0.227 到 5.25 之间的区间内。如果均值之间的真实差异为零，我们会期望在区间内找到 0。因为事实并非如此，所以这个区间提供了均值之间可能存在真实差异的证据。
>
> 举例说明：给定 $n_1 = 180$，$n_2 = 250$，$\hat{p}_1 = 0.31$，$\hat{p}_2 = 0.25$，构建 $p_1 - p_2$ 的 95% 置信区间。假设这些数据来自独立总体的 SRS。
>
> 提示：$n_1 \hat{p}_1 = 180 \times 0.31 = 55.81 \geqslant 5$，$n_1(1 - \hat{p}_1) = 180 \times (1 - 0.31) = 124.2 \geqslant 5$，$n_2 \hat{p}_2 = 250 \times 0.25 = 62.5 \geqslant 5$，$n_2(1 - \hat{p}_2) = 250 \times (1 - 0.25) = 187.5 \geqslant 5$。
>
> 因此，根据问题中给出的内容，我们就具备了构建双比例 z 区间所需的条件。
>
> $$(\hat{p}_1 - \hat{p}_2) \pm t \sqrt{\frac{\hat{p}_1(1 - \hat{p}_1)}{n_1} + \frac{\hat{p}_2(1 - \hat{p}_2)}{n_2}}$$
>
> $$= (0.31 - 0.25) \pm 1.96 \sqrt{\frac{0.31(1 - 0.31)}{180} + \frac{0.25(1 - 0.25)}{250}}$$
>
> $$= 0.06 \pm 1.96 \times 0.044 = (-0.026, 0.146)$$
>
> 我们有 90% 的把握认为，比例之间的真实差异位于 -0.026 到 0.146 之间的区间内。

7.5 样本量

在进行研究时，总是希望选择尽可能大的样本，因为大样本的平均值比小样本的平均值变化小。然而，抽取较大样本往往成本高昂或困难重重，因此我们要努力寻找最佳样本量：大到足以实现我们的目标，小到我们有能力承担或管理。在本节中，我们将探讨在对单一总体均值和单一总体比例进行大样本检验时选择样本量的技巧。

7.5.1 估计总体平均值的样本量（大样本）

总体平均值的大样本置信区间由 $\bar{x} \pm z \times \dfrac{\sigma}{\sqrt{n}}$ 给出。误差幅度的计算公式为 $z \times \dfrac{\sigma}{\sqrt{n}}$，让 M 成为所需的最大误差幅度后，即 $m \leqslant z \times \dfrac{\sigma}{\sqrt{n}}$。对 n 求解，得到 $n \geqslant \left(\dfrac{z \times \sigma}{m}\right)^2$。利用这个方法，我们可以计算出固定置信水平和固定最大误差范围所需的最小 n。

用这个表达式来计算 n 有一个明显的问题，那就是我们不知道 σ，所以需要用某种方法来估计它。我们有两种方法解决：一是通过数据范围（极差）来估计；二是通过历史数据标准偏差来估计。

方法一：你知道数据的大致范围（有时称之为极差，记 R）（例如，你要研究 6 个月至 18 个月的儿童，$R = 12$）。如果是这样，并假设数据近似正态分布，则可以使用 $R/4$ 或 $R/6$ 估算 σ。这是因为正态分布中的大多数数据都在 $\bar{x}$ 的 2 或 3 个标准差范围内，因此其范围为 4 或 6 个标准差。

方法二：利用有关我们正在研究的各类数据的标准偏差的历史知识，如下例所示。

学以致用 7-9

一台给轮胎充气的机器在校准正确的情况下，可将轮胎充气至 2.3 bar，但已知机器的标准偏差约为 0.3 bar。需要多大的样本才能使 99% 的人确信平均充气压力在 $M = 0.10$ bar 的误差范围内？

提示：$n \geqslant \left(\dfrac{2.576 \times 0.3}{0.1}\right)^2 \approx 59.72$，由于 n 必须是整数且 $n \geqslant 59.72$，因此选择 $n = 60$。因此至少需要 60 个轮胎样本。

那么 t 分布估计置信区间是否需要确定最小样本量？t 分布估计置信区间每个不同的自由度都有不同的 t 分布，必须先知道自由度即 n。如果不知道 n，就无法确定 t。所以 t 分布是不需要确定最小样本量的。

7.5.2 估算总体比例的样本量

总体比例的置信区间由以下公式给出:

$$\hat{p} \pm z\sqrt{\frac{\hat{p}(1-\hat{p})}{n}}$$

误差范围为

$$z\sqrt{\frac{\hat{p}(1-\hat{p})}{n}}$$

设 M 为所需的最大误差范围。那么

$$M \leqslant z\sqrt{\frac{\hat{p}(1-\hat{p})}{n}}$$

求得 n:

$$n \geqslant \left(\frac{z}{M}\right)^2 \hat{p}(1-\hat{p})$$

但在收集数据之前,我们没有 $\hat{p}$ 的值,因此我们需要一种方法来估计 $\hat{p}$。设 $P^* = \hat{p}$ 的估计值。

$$n \geqslant \left(\frac{z}{M}\right)^2 p^*(1-p^*)$$

选择 P^* 值有两种方法:

方法一:根据历史数据,你可能已经知道 $\hat{p}$ 的值应该接近多少。

方法二:使用 $P^* = 0.5$。微积分的结果告诉我们,表达式:

$n \geqslant \left(\frac{z}{M}\right)^2 p^*(1-p^*)$,当 $P^* = 0.5$ 时,$\left(\frac{z}{M}\right)^2 p^*(1-p^*)$ 达到最大值。

因此,如果 $P^* = 0.5$,n 将达到最小中的最大值。如果 $P^* = 0.5$,则 n 的计算公式更容易表示为

$$n \geqslant \left(\frac{z}{M}\right)^2 (12) \times (12) = \left(\frac{z}{M}\right)^2 (14) = \left(\frac{z}{2M}\right)^2$$

目标是选择符合要求的最小 n 值,因此,如果你有理由说明 $P^* < 0.5$,那么用此求得样本量将变得更小。

学以致用 7-10

从历史上看,某公司约 60% 的产品是由以前购买过该公司产品的人购买的。该公司正准备推出一种新产品,希望对购买新产品的现有客户比例生成 95% 的置信区间。他们希望精确度在 3% 以内。他们需要抽样调查多少客户?

提示:根据历史数据,选择 $P^* = 0.6$。那么

$$n \geqslant \left(\frac{z}{M}\right)^2 p^*(1-p^*) = \left(\frac{1.96}{0.03}\right)^2 0.6 \times 0.4 \approx 1024.4$$

也就是说，公司需要抽样调查 1025 位客户。如果没有历史数据，就必须使用 $P^* = 0.5$，那么

$$n \geq \left(\frac{z}{2M}\right)^2 = \left(\frac{1.96}{2 \times 0.03}\right)^2 \approx 1067.1$$

他们至少需要 1068 个客户样本。通过使用 $P^* = 0.6$，该公司能够减少 43 个客户样本。

知识测评

1. 总体比例的 95% 置信区间为（0.37，0.52）。这意味着该区间包含真实比例的概率为 0.95。这种表述是否正确？

2. 基于 26 个样本量的 99% 置信区间的 t 临界值是多少？

3. 对于标准差已知的总体，98% 置信区间的 z 临界值是多少？

4. 你想为一个总体比例建立一个 95% 的置信区间，误差不超过 0.05。你需要多大的样本？

5. 你要为一个总体比例建立 95% 的置信区间，并希望误差不超过 0.05。历史数据表明，总体比例一直保持在 0.7 左右。构建该区间所需的最小随机样本量是多少？

6. 你要根据 16 个样本量构建一个总体平均值的 90% t 置信区间。在构建该区间时，你将使用的 t 临界值（t^*）是多少？

7. 今年的统计班人数不多（只有 15 名学生）。这组学生期末考试的平均成绩为 74.5 分，样本标准差为 3.2 分。假设这组学生是所有选修统计学的学生的随机样本，且所有学生的期末考试成绩近似正态分布，那么以下哪项是所有统计学学生的真实总体平均值的近似 96% 置信区间？（　　）

  A. 74.5±7.245

  B. 74.5±7.197

  C. 74.5±1.871

  D. 74.5±1.858

  E. 74.5±1.772

8. 一家涂料生产商打出广告说，一桶涂料可以覆盖 40 平方米的内墙。当地的一些油漆工怀疑平均覆盖面积要小得多，于是决定做一个实验来查明真相。如果 μ 代表油漆覆盖的真实平均平方米数，下列哪些是需要检验的正确零假设和备择假设？（　　）

  A. H0：$\mu = 400$，H1：$\mu > 400$

  B. H0：$\mu \geq 400$，H1：$\mu \neq 400$

  C. H0：$\mu = 400$，H1：$\mu \neq 400$

  D. H0：$\mu \neq 400$，H1：$\mu < 400$

  E. H0：$\mu \geq 400$，H1：$\mu < 400$

第 7 章　推断基础：置信区间

9. 你就读于一所拥有约 15000 名学生的大学。为赞成学校奖学金政策的学生比例 5% 以内构建一个 90% 置信区间估计值，需要多大的样本？

10. 云南某县政府希望估算该县每亩平均生产的普洱茶产量。对其 13 块 1 亩①的地块进行随机抽样，结果如下（每亩普洱茶产量，单位为斤②；抽样为重复抽样）：98、103、95、99、92、106、101、91、99、101、97、98、103、95、99、92、106、101、91、99、101、97、95、98。请为该地平均每亩普洱茶产量构建 95% 的置信区间。当地政府一直宣传每亩平均产量为 100 斤。这种说法合理吗？

11. 某公司开展职场培训计划，随机抽取了共 40 名刚入职员工，并将他们分成两组。其中一组学生参加了一项职场培训计划，该计划旨在为他们提供在职场取得成功所需的技能，而另一组学生则没有接受任何就业培训。接受培训的学生中有 15 人离职，未接受培训的学生有 23 人离职。请为两组离职率的真实差异构建一个 90% 的置信区间，并结合问题解释你的答案。

12. 一家连锁酒店声称，其商务客户的平均入住时间为 5 天。有人认为，实际的停留时间可能少于 5 天。酒店对随机抽取的 100 名客户进行了调查，得出平均值为 4.55 天，标准差为 3.1 天。如果真实的平均值是 5 天，那么得到与 4.55 一样极端或更极端的结果的概率是多少？也就是说，这个结果的 P 值是多少？

13. 一位研究人员想构建一个 99% 的置信区间作为研究的一部分。他们同事认为没必要这么高，95% 的置信水平就足够了。这些区间在哪些方面会有所不同？

14. 以 95 名男性教师和 62 名女性教师为样本，构建男女统计教师平均年龄真实差异的 95% 置信区间。请考虑下列可能构建的置信区间：

I. (-4.5, 3.2)　　II. (2.1, 3.9)　　III. (-5.2, -1.7)

对于每个区间，解释区间并描述从区间中可能得出的关于平均年龄差异的结论。

15. 要构建一个总体平均值的 99% 置信区间，研究将使用 20 个样本。假设抽取样本的总体近似于正态分布，那么构建置信区间所需的临界值上限是多少？

16. 研究人员正在测试一种流感疫苗的有效性。为了进行测试，随机选取 350 人接种疫苗，并观察他们在流感季节是否患上流感。在流感季节结束时，350 人中有 55 人得了流感。请构建并解释接种疫苗后仍患流感的真实比例的 95% 置信区间。

17. 一项研究给出了一种新型抗炎药物帮助的受试者比例的 95% 置信区间为 (0.56, 0.65)。

（1）结合问题解释这一区间。

（2）问题中所述 "95%" 置信区间的含义是什么？

18. 一项研究旨在了解人们对旅行的态度在过去一年中是否发生了变化。上一年，15% 的中国家庭至少外出旅游一次。在今年随机抽样的 100 个家庭中，有 29 个家庭外出度假。调查结果与预期值相差这么大，P 值是多少？

19. 一项研究旨在确定某年级男生和女生的数学成绩是否存在差异。作为研究的一

---

① 1 亩约等于 666.6667 平方米。

② 1 斤等于 0.5 千克。

部分，随机抽取了 23 名男生和 26 名女生，每人进行了 50 道选择题测试。分数大致呈正态分布。研究结果如下：

	男	女
样本量	23	26
均值	40.3	39.2
方差	8.3	7.6

为男生平均分和女生平均分之间的真实差异构建一个 99% 的置信区间。该区间是否表明男生和女生的真实平均值之间存在差异？

20. 你想估算出希望禁止在所有公共场所吸烟的城市人口的比例。一般来说，你必须增加多少样本量才能将误差减半？

21. 数学系的老师希望以 95% 的置信度估计出明年有多少学生会选修统计学。他们计划抽样询问符合条件的学生是否打算选修统计学。在过去 5 年中，该课程的选修人数在 19 到 79 人之间。他们应该抽样调查多少名学生？（注：假设分布是合理对称的，我们可以用选课人数的范围/4 来估计标准偏差）。

实践测评

根据你感兴趣的课题进行研究，并进行调查（注意随机性），然后做出估计区间，解释这一区间的价值，并分享你的研究成果。如果你暂时没有想到好的研究课题，那么你就针对你所在班级学生生活费进行研究，并进行调查（注意随机性），然后做出估计区间，解释这一区间的价值，并分享你的研究成果。

目标达成表

学习目标	目标达成情况自评
确定适当的点估计并计算点估计值	
根据上下文意思解释置信区间	
根据置信区间确定点估计和误差幅度	
使用置信区间来决定参数的值	
根据上下文意思解释置信度	
描述样本大小和置信水平如何影响误差幅度	
构建总体比例的置信区间时，陈述并检查必要条件，如 SRS、显著性水平 10% 和大样本等	
确定计算人口比例的 $C\%$ 置信区间的价值	
构建和解释总体比例的置信区间	
确定在特定边际条件下具有总体比例的 $C\%$ 置信度所需的样本量	
知道计算总体均值的 $C\%$ 置信区间的价值	

学习目标	目标达成情况自评
构建总体均值的置信区间时，陈述并检查必要条件，如 10% 和正态/大样本条件	
构建和解释总体均值的置信区间	
确定具有指定误差范围、总体平均值、具有 C% 置信区间所需的样本量	

第8章

推断基础：假设检验

本章提要

在上一章中，我们集中于使用置信区间估计总体参数的值或两个总体参数之间的差异。在本章中，我们将检验总体参数的某些特定假设值或两个总体参数之间的差异是否合理。我们形成假设并进行检验，以确定在零假设为真时获得特定结果的概率。然后我们根据该概率对我们的假设做出决定。

学习目标

● 根据上下文解释统计意义和 P 值，为显著性检验做出适当的结论；根据上下文解释第一类和第二类错误。说出每类错误的后果。

● 在进行总体比例显著性检验时，能够为总体参数的显著性检验提出适当的假设，陈述并检查随机性、显著性水平 10% 和大样本条件，计算出统计量和 P 值。

● 在进行总体均值显著性检验时，能够为总体参数的显著性检验提出适当的假设，陈述并检查随机性、显著性水平 10% 和大样本条件，计算出统计量和 P 值。

主要内容

⭐ P 值　　　　　　　⭐ 统计意义　　　　　　⭐ 统计显著性

⭐ 假设检验的逻辑　　⭐ 假设检验程序　　　　⭐ 总体比例的显著性检验

⭐ 总体均值的显著性检验　⭐ 假设检验中的错误

在上一章中，我们集中精力使用置信区间来估计总体参数的值。在本章中，我们提出假设并进行检验，以确定我们是否有令人信服的证据证明特定假设是不正确的。为此，我们将介绍显著性检验背后的逻辑、P 值的含义、检验时需要担心的错误类型以及检验功效的含义。

8.1 统计意义和 P 值

8.1.1 统计意义

在本章的前两节中，我们使用置信区间对总体值进行了估计。在其中一个例子中，我们进一步指出，因为总体参数值不在置信区间内，所以该值不可能是产生置信区间样本所在的总体值。当然，该值也有可能是真实的总体值，而我们的区间恰好错过了它。在学习推断技术（根据数据对总体进行预测）的过程中，我们经常会对那些看起来不太可能的样本值感兴趣。

如果一项发现或观察结果不太可能是偶然出现的，那么它就具有统计意义。也就是说，如果我们预期会得到某个样本结果，却没有得到，这可能是因为抽样的可变性（从同一总体中重复抽样，即使总体值是固定的，我们也会得到不同的样本结果），也可能是因为样本来自不同的总体。如果结果与预期相差甚远，以至于我们认为除了偶然因素之外还有其他因素在起作用，那么这个结果就具有统计意义。

举例说明：李德声称他能将铅球投出 20 米。如果他投掷 50 次，平均距离为 19.5 米，我们就没有理由怀疑他的说法。如果他的平均掷球距离只有 10 米，那么这个结果就具有统计学意义，因为如果他的说法属实，他的样本平均掷球距离就不可能这么低。

在上面的例子中，大多数人都会认为 19.5 米与李德的说法一致（也就是说，如果真实值是 20，那么 19.5 是一个可能的平均值），而 10 米与李德的说法不一致（在统计上是显著的）。要确定 10 米和 19.5 米之间"可能"和"不可能"的分界点就比较复杂了。

关于一项发现需要有多大的可能性才具有显著性，人们有一些普遍的共识。典型的显著性水平（用希腊字母 α 表示）是 0.1、0.5 和 0.01 的概率。如果一项发现出现的概率低于显著性水平，那么该发现就具有统计意义。

举例说明：学校的统计老师发现，如果李德真的能投出 20 米，那么他平均每次投出 10 米的概率是 0.002。这个值非常低，似乎不可能是偶然出现的，因此我们说这个发现是显著的。它低于任何公认的显著性水平（0.1、0.5 和 0.01）。

8.1.2 P 值

我们说过，如果一项发现不太可能是偶然出现的，那么它就具有统计学意义（或者说是非常重要的）。P 值量化了在期望条件成立的前提下，观察到当前或更极端结果的理论概率。这里所说的"极端"，是指与所预期的结果相比，实际观察到的统计量表现出较大的偏差。P 值不是一个度量效应大小的指标，而是一个度量结果出现概率的指标。P 值并不直接告诉我们观察到的结果是否真实存在，而是提供了一个概率水平，帮助我们评估结果的偶然性。通过比较得到的 P 值和规定的 α 值，就可以对显著性做出判断。

假设李德的 50 次投掷结果近似于正态分布，均值为 17.5 米，标准差为 1 米。他声称自己每次投掷平均能投掷 20 米。如果他的真实平均投掷距离是 20 米（假设总体标准差为 1 米），那么仅凭偶然性得到远低于预期的结果的概率是多少（即 P 值是多少）？在 $\alpha = 0.05$ 时，这一结果是否显著？在 $\alpha = 0.01$ 时呢？

提示：我们假设总体呈正态分布，均值为 20，标准差为 1。情况如图 8-1 所示。

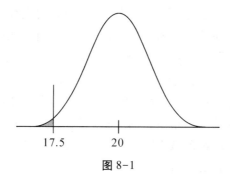

图 8-1

结论：P 值为 0.006，它是我们仅凭偶然性就得到远低于 20 的结果的概率。在 0.05 的水平上，这个结果显著。在 0.01 的水平上显著，这个结果也是有意义的。

8.2 假设检验程序

现在我们要检验参数是否具有特定值。更准确地说，我们可能会问，我们是否有令人信服的证据来反对 $p_1 - p_2 = 0$ 或 $\mu = 3$ 的假设。也就是说，我们将检验假设，例如 $p_1 - p_2 = 0$。在假设检验过程中，研究人员不会寻找支持该假设的证据，而是寻找反对该假设的证据。该过程如下所示：

（1）结合问题提出零假设和备择假设。

第一个假设，即零假设，是我们实际要检验的假设。零假设通常表明没有任何事情发生：陈述是正确的或者总体之间没有区别。它的符号是 H0。典型零假设的例子是 H0：$\mu_1 - \mu_2 = 0$ 或 H0：$\mu_1 = \mu_2$。这是一个假设，即 μ_1 和 μ_2 相同，或者说总体 1 和总体 2 具有相同的平均数。请注意，μ_1 和 μ_2 具体含义必须在上下文中确定（例如，μ_1 = 训练前的真实平均分）。

第二个假设，即替代假设，是研究人员希望通过否定零假设来证实的理论。备择假设用 H0、HA 或 Ha 表示。备择假设有三种可能的形式：$\neq$、$>$ 或 $<$。如果零假设是 H0：$\mu_1 - \mu_2 = 0$，那么 HA 可以是：

$$HA：\mu_1 - \mu_2 \neq 0（双边检验）$$

$$HA：\mu_1 - \mu_2 > 0（右侧检验）$$

$$HA：\mu_1 - \mu_2 < 0（左侧检验）$$

在单侧备择假设 HA：$\mu_1 - \mu_2 > 0$ 的情况下，零假设有时被写成：H0：$\mu_1 - \mu_2 \leqslant 0$；H0：$\mu_1 - \mu_2 = 0$。这实际上很有道理：如果研究者错误地认为差异大于 0，那么任何小于或等于 0 的发现都不能提供支持替代假设的证据。

（2）确定你打算使用哪种检验统计量（z 检验或 t 检验），并证明具备使用该统计量的条件。在前一章中，我们确定了构建置信区间的条件。现在，我们想要确定进行假设检验所需的条件。大多数情况下，它们与我们已经学习过的内容相似。

一个例外是：当我们对比例进行检验时，我们对 p 的值有一个假设。该值称为 p_0。因为我们正在创建基于 p_0 的模型，所以在检查条件时我们将使用 p_0。具体来说，我们检查 np_0 和 $n(1-p_0)$ 是否大于 10。对于比例差异的检验，零假设是 $p_1 = p_2$。我们没有对 p_1 和 p_2 的值的估计，因此我们能用的最好的方法就是将这两个样本视为一个大样本来估计该值。我们将其定义为合并比例，并将其计算为成功总数除以总样本量。

我们必须检查以确保抽样分布模型的形状近似正态的条件是 $n\hat{p}_1 \geqslant 5$（或 10），且 $n(1 - \hat{p}_1) \geqslant 5$（或 10）；$n\hat{p}_2 \geqslant 5$（或 10），且 $n(1 - \hat{p}_2) \geqslant 5$（或 10）。

如果要说明显著性水平 α，可以在这里说明。

（3）计算检验统计量值和 P 值。

（4）利用检验统计量值和（或）P 值，结合问题给出结论。

如果你在第二步中说明了显著性水平，那么结论可以基于 P 值与 α 的比较。如果你没有说明显著性水平，那么你可以仅根据 P 值的值来论证你的结论：如果 P 值很小，你就有证据反驳原假设；如果 P 值不小，你就没有证据反驳原假设。许多统计学家会认为，最好直接从 P 值进行论证，而不要使用显著性水平。原因之一是 P 值有任意性。也就是说，如果 $\alpha = 0.05$，你会拒绝 P 值为 0.04999 的原假设，但不会拒绝 P 值为 0.05001 的原假设，而实际上它们之间并没有多大区别。

结论可以是：

（1）我们拒绝了原假设 H0（因为 P 值足够小）。

（2）我们没有拒绝原假设 H0（因为 P 值太大）。

我们不接受原假设：要么拒绝它，要么不拒绝它。如果我们拒绝 H0，我们可以在上下文中说我们有令人信服的证据支持 HA。如果我们没有拒绝 H0，我们可以在上下文中说我们没有找到令人信服的证据支持 HA。

举个例子：最后再看一次李德，他声称自己能把球投出 20 米。他投掷 50 次的平均距离是 17.5 米，我们假设总体标准偏差与样本标准偏差相同，都是 8 米。针对"李德平均能投掷 50 米"这一假设和"李德不能投掷那么远"这一假设的检验结果如下（我们将在后面的章节中补充许多细节，尤其是检验过程中第三步的细节）：

（1）设 μ 是李德投掷铅球的真实平均距离。H0：$\mu = 20$（或 H0：$\mu \leqslant 20$，因为选择是单侧的），HA：$\mu < 20$。

（2）由于我们知道 σ，因此将使用 z 检验。我们假设 20 次投掷是他所有投掷的 SRS，而中心极限定理告诉我们 $\bar{x}$ 的抽样分布近似正态分布。我们将使用显著性水平 $\alpha = 0.05$。

（3）在上一节中，我们确定了这种情况的 P 值（得到的平均值与预期值相差甚远的概率）为 0.014。

（4）由于 $P<\alpha$（0.014<0.05），我们可以拒绝 H0。我们有很好的证据证明，李德投掷铅球的真实平均距离实际上小于 20 米。（注意，我们并没有声称李德实际平均能投掷多远，只是说很可能小于 20 米。）

简而言之，每个假设检验都应包含以下四个步骤：

（1）在问题的背景下陈述原假设和备择假设，定义所有符号。

（2）确定适当的统计量并检查其使用条件是否存在。

（3）执行正确的机制，包括计算检验统计量的值和 P 值。

（4）根据问题的背景陈述正确的结论。

8.2.1 单一总体比例的推论

我们通常更感兴趣的是用置信区间估计总体比例，而不是检验总体比例是否具有特定值。然而，针对特定总体比例的显著性检验技术是存在的，并且遵循与前两节类似的模式。主要区别在于唯一的检验统计量是 z。该逻辑基于使用二项式的正态近似。表 8-1 对此做出了总结。

表 8-1

原假设：$p = p_0$	条件	统计量
估计值：$\hat{p} = \dfrac{X}{n}$，X 为成功的次数 标准差：$s_{\hat{p}} = \sqrt{\dfrac{p_0(1-p_0)}{n}}$	1. SRS 2. $n\,p_0 \geqslant 5$ 且 $n(1-p_0) \geqslant 5$	$z = \dfrac{\hat{p} - p_0}{\sqrt{\dfrac{p_0(1-p_0)}{n}}}$

注意：

（1）单一总体比例的假设检验的标准误差与总体比例的置信区间的标准误差不同。

置信区间的标准误差：$s_{\hat{p}} = \sqrt{\dfrac{\hat{p}(1-\hat{p})}{n}}$，而假设检验的标准误差为 $s_{\hat{p}} = \sqrt{\dfrac{p_0(1-p_0)}{n}}$。两者标准不同，是因为检验模型中有检验假设 $p = p_0$。因此，我们在计算标准误差时使用该假设值。而置信区间没有这样的假设。

（2）与使用 z 区间的条件一样，我们要求 $n\,p_0 \geqslant 5$ 和 $n(1-p_0) \geqslant 5$，以证明正态近似的合理性。与确定标准误差一样，我们使用 p 的假设值而不是样本值。"足够大"意味着 $n\,p_0 \geqslant 5$，且 $n(1-p_0) \geqslant 5$。

学以致用 8-2

考虑一项前列腺癌筛查测试，其制造商声称可以在 85% 的实际患有前列腺癌的男性中检测出癌症。对 175 名之前被诊断患有前列腺癌的随机男性进行了筛查测试，其中 141 名男性被确定患有这种疾病。这一发现是否提供证据表明筛查测试检测癌症的比例与其制造商声称的 85% 的比率不同？

提示：

（1）使 p ＝患有前列腺癌的男性检测出癌症的比例，提出假设：

H0：$p = 0.85$，HA：$p \neq 0.85$

（2）检验条件满足性。随机检测男性满足 SRS，$n p_0 = 175 \times 0.85 = 148.75 \geqslant 5$，且 $n(1 - p_0) = 175 \times (1 - 0.85) = 26.25 \geqslant 5$，样本量条件满足。因此，满足假设检验条件。显著性水平 $\alpha = 0.05$。

（3）$\hat{p} = \dfrac{141}{175} = 0.806$，$z = \dfrac{\hat{p} - p_0}{\sqrt{\dfrac{p_0(1 - p_0)}{n}}} = \dfrac{0.806 - 0.85}{\sqrt{\dfrac{0.85(1 - 0.85)}{175}}} \approx 1.64$，$P = 0.10$，

置信区间 $p = \hat{p} \pm z \sqrt{\dfrac{\hat{p}(1 - \hat{p})}{n}} = 0.806 \pm 1.96 \sqrt{\dfrac{0.85(1 - 0.85)}{175}} \approx (0.747，0.865)$。

（4）$p > \alpha$，$p = 0.85$ 在置信区间内，不能拒绝原假设。

结论：没有证据表明筛查测试检测癌症的比例与其制造商声称的 85% 的比率不同。

学以致用 8-3

马同学有一枚硬币，她怀疑硬币不均匀。她决定抛硬币 300 次，数数正面的数量。300 次翻转中有 165 个正面。显著性水平为 0.05 时能否提供硬币偏向正面的证据？显著性水平为 0.01 呢？

提示：

（1）使 p ＝均匀硬币出现正面的比例，提出假设：

H0：$p = 0.5$，HA：$p \geqslant 0.5$

（2）检验条件满足性。随机抛硬币满足 SRS，$n p_0 = 300 \times 0.5 = 150 \geqslant 5$，且 $n(1 - p_0) = 300 \times (1 - 0.5) = 150 \geqslant 5$，样本量条件满足。因此，满足假设检验条件。显著性水平 $\alpha = 0.05$。

（3）$\hat{p} = \dfrac{165}{300} = 0.55$，$z = \dfrac{\hat{p} - p_0}{\sqrt{\dfrac{p_0(1 - p_0)}{n}}} = \dfrac{0.55 - 0.5}{\sqrt{\dfrac{0.5(1 - 0.5)}{300}}} \approx 1.73$，$P = 0.042$。

（4）$p < \alpha$，拒绝原假设。

结论：我们有充分证据表明硬币出现正面的比例超过 0.5。说明硬币不均匀，从而支持马同学的观点。（如果显著性水平 $\alpha = 0.01$，且 $p > \alpha$，则不能拒绝原假设。结论：我们没有充分证据认为硬币出现正面的比例超过 0.5，因此不能说明硬币不均匀。）

8.2.2 第一类错误和第二类错误以及检验的功效 ├───────

当我们进行假设检验时，我们永远不知道我们是否做出了正确的决定。我们可以尽量减少出错的可能性，但需要权衡取舍。如果我们给出一个假设，它可能是正确的，也可能是错误的。我们可以决定拒绝或不拒绝假设。这会导致四种可能的结果，如表8-2所示。

表 8-2

	决策：不拒绝	决策：拒绝
原假设：正确		
原假设：错误		

表格中有两个单元格有错误，两个单元格没有错误。填入这些单元格后，我们得到表8-3。

表 8-3

	决策：不拒绝	决策：拒绝
原假设：正确	没有错误	第一类错误
原假设：错误	第二类错误	没有错误

这些错误的名称并不显眼：如果原假设是真的，而我们错误地拒绝了它，这就是第一类错误。如果原假设是假的，而我们错误地没有拒绝它，这就是第二类错误。我们注意到，第一类错误的概率等于显著性水平 α。（这是因为 $P<\alpha$ 会导致我们拒绝 H0。如果 H0 为真，而我们仍然决定拒绝它，那么我们就犯了第一类错误）。我们把第二类错误的概率称为 β，得到表8-4。

表 8-4

	决策：不拒绝	决策：拒绝
原假设：正确	没有错误	第一类错误 P（第一类错误）$=\alpha$
原假设：错误	第二类错误 P（第二类错误）$=\beta$	没有错误

一名窃贼嫌疑人因入店行窃被捕。法官在给陪审团的指示中表示，在被证明有罪之前，此人是无辜的。也就是说，陪审团的假设是此人是无辜的。识别这种情况下的第一类错误和第二类错误并解释每种错误的后果。

提示：我们的原假设为窃贼嫌疑人是无辜的。第一类错误是错误地否定了一个真实的假设。在这种情况下，窃贼嫌疑人是无辜的，但因为我们拒绝了无辜，所以他被判有罪。第一类错误的风险在于，此人没有犯罪却被冤入狱。第二类错误是指未能拒绝一个错误的假设。如果原假设是错误的，那么窃贼嫌疑人就是有罪的，但因为我们认为他是无辜的，所以我们宣告他无罪。第二类错误的风险在于，即使此人有罪，他也会逍遥法外。

在生活中，我们经常需要在可能出现的错误中做出选择。在上面的例子中，我们需要在把一个无辜的人送进监狱（第一类错误）和释放一个罪犯（第二类错误）之间做出选择。哪种错误是更严重的错误，这不是一个统计问题，而是一个社会问题。

我们可以通过调整 α 来减少第一类错误的发生概率。将 α 设得很小，几乎可以确保我们永远不会错误地拒绝真假设。但是，这会导致第二类错误增大，因为我们在任何情况下都很难拒绝原假设，即使它是假的。

我们可以通过以下方法降低第二类错误的概率，同时提高检验的功率：

（1）扩大样本量。

（2）降低标准偏差（这通常不受研究人员控制）。

（3）提高显著性水平 α。

（4）提出一个与原假设相差更远的替代假设。换句话说，尽你所能，让拒绝 H0 变得更容易。

一家包裹递送公司声称自己 90% 的时间都很准时。但有些客户并不这么认为，他们认为送货时间经常超过承诺的时间。该公司表示，如果它的说法有误，它将改变送货程序。假设事实上延误的时间比该公司声称的要多。以下哪项等同于检验功效？（   ）

A. 公司不改变交货程序的概率

B. $P > \alpha$

C. 客户出错的概率

D. 公司改变交货程序的可能性

E. 公司拒绝 H0 失败的概率

提示：检验功效是指拒绝一个错误的原假设而支持一个替代假设的概率。在本例中，"该公司 90% 的时间都很准时"的假设是错误的。如果我们正确地拒绝了这一假设，该公司将改变其交货程序。因此，D 是正确答案。

两个总体比例的推断背后的逻辑与我们研究的其他总体比例的逻辑相同。与单样本情况一样，z 区间和 z 检验在标准误差的计算方面存在一些差异。表 8-5 提供了统计推断的基本信息。

表 8-5

原假设：$p_1 - p_2 = 0$	条件	统计量
估计值：$\hat{p}_1 - \hat{p}_2$， $\hat{p}_1 = \dfrac{X_1}{n_1}$，$\hat{p}_2 = \dfrac{X_2}{n_2}$ 标准差： $s_{\hat{p}_1 - \hat{p}_2} = \sqrt{\hat{p}(1-\hat{p})\left(\dfrac{1}{n_1} + \dfrac{1}{n_2}\right)}$ 其中，$\hat{p} = \dfrac{X_1 + X_2}{n_1 + n_2}$	1. 独立总体 SRS 2. $n_1 p_1 \geq 5$ 且 $n_1(1-p_1) \geq 5$， $n_2 p_2 \geq 5$ 且 $n_2(1-p_2) \geq 5$	$z = \dfrac{\hat{p}_1 - \hat{p}_2}{\sqrt{\hat{p}(1-\hat{p})\left(\dfrac{1}{n_1} + \dfrac{1}{n_2}\right)}}$ 其中，$\hat{p} = \dfrac{X_1 + X_2}{n_1 + n_2}$

学以致用 8-6

某研究团队开发了旨在预防某病毒感染的两种新疫苗，并进行了一项研究以确定它们的有效性是否不同。参与者被随机分到两个治疗组，一组接受疫苗 A，另一组接受疫苗 B。研究结果如表 8-6 所示。

表 8-6

	疫苗 A	疫苗 B
感染	102	95
未感染	123	190
总计	225	285

这项研究是否提供了 $\alpha = 0.01$ 水平的统计证据表明疫苗的有效性存在差异？

提示：

（1）使 $p_1 =$ 接受疫苗 A 感染某病毒的总体比例，$p_2 =$ 接受疫苗 B 感染某病毒的总体比例，提出假设：

H0：$p_1 - p_2 = 0$，HA：$p_1 - p_2 \neq 0$。

（2）检验条件满足性。我们用两个总体的 z 检验，显著性水平 $\alpha = 0.01$。

$\hat{p}_1 = \dfrac{102}{225} \approx 0.453$，$\hat{p}_2 = \dfrac{95}{285} \approx 0.333$，$\hat{p} = \dfrac{102 + 95}{225 + 285} \approx 0.387$。

$n_1 \hat{p} = 225 \times 0.387 = 87.1 \geq 5$，$n_1(1 - \hat{p}) = 225 \times (1 - 0.387) = 137.9 \geq 5$。

$n_2 \hat{p} = 285 \times 0.387 = 110.3 \geq 5$，$n_2(1 - \hat{p}) = 285 \times (1 - 0.387) = 174.7 \geq 5$。

样本量条件满足，参与者被随机分组满足独立 SRS。因此，满足假设检验条件。

(3) $z = \dfrac{\hat{p}_1 - \hat{p}_2}{\sqrt{\hat{p}(1-\hat{p})\left(\dfrac{1}{n_1} + \dfrac{1}{n_2}\right)}} = \dfrac{0.453 - 0.333}{\sqrt{0.387(1-0.387)\left(\dfrac{1}{225} + \dfrac{1}{285}\right)}} \approx 2.76,$

$P = 0.0057$。

(4) $P < a$，拒绝原假设。

结论：我们有充分证据表明两种疫苗的有效性存在差异。（如果显著性水平 $\alpha = 0.01$，且 $P < a$，则不能拒绝原假设。结论：我们没有充分证据认为两种疫苗的有效性存在差异。）

8.2.4　z 检验处理过程与 t 检验处理过程

总体比例假设检验，要满足大样本条件，采用 z 检验处理过程。在对总体平均值或两个总体平均值之间的差异进行推断时，我们通常使用 t 检验，因为我们不知道总体标准差。

当每个样本满足以下条件时，可以在对总体均值或两个总体均值之间的差异进行推断时使用 t 检验：

(1) 样本是总体中的简单随机样本。

(2) 样本量较大（$n \geq 30$），或者抽取样本的总体近似正态分布（或者至少没有显著偏离正态分布）。

当每个样本满足以下条件时，可以在对总体均值或两个总体均值之间的差异进行推断时使用 z 检验：

(1) 样本是总体中的简单随机样本。

(2) 抽取样本的总体服从正态分布（在这种情况下，$\bar{x}$、$\bar{x}_1 - \bar{x}_2$ 抽样分布也将服从正态分布）。

(3) 总体标准差已知。这种情况现实中很少见，不太可能出现。

从历史上看，如果样本量足够大，可以根据中心极限定理证明 $\bar{x}$、$\bar{x}_1 - \bar{x}_2$ 抽样分布近似正态，许多教材允许在进行均值推理时使用 z 检验。基本假设是，对于大样本，样本标准差 s 是总体标准差 σ 的合理估计。现在大多数统计学家认为，在对总体均值或两个总体均值之间的差异进行推断时，最好始终使用 t 检验处理过程。如果指定使用 z 检验解决大样本问题也能接受，但使用 t 检验处理过程绝对是更好的做法。

使用 t 检验处理过程时，重要的是在假设检验过程的步骤（2）中检查数据是否可能来自近似正态总体。茎叶图、箱线图、点图或正态概率图可用于显示数据中不存在异常值或极端偏度。t 检验处理过程对于这些假设是稳健的，这意味着即使在某些违反正态性条件的情况下，t 检验仍然可以很好地工作，只要有没有太大的偏斜。一些教材在决定是否使用 t 检验处理过程时使用以下样本量指南：

(1) $n < 15$，如果数据没有异常值且没有偏度，则使用 t 检验。

(2) $15 < n < 40$，除非存在异常值或明显的偏度，否则使用 t 检验。

（3）$n > 40$，对任何分布都可以使用 t 检验。

对于两个样本均值差异的假设检验，也存在相似的准则。

8.2.5 单一总体均值的推断

在假设检验过程的第二步中，我们需要确定要使用的检验方法（t 检验还是 z 检验）并证明满足所需条件。检验可以通过语言描述或写出检验公式来。例如，你可以说"我将对总体均值进行单样本 t 检验"，这是用文字描述检验过程。要使用公式描述过程，请编写检验统计量的公式，公式通常表达为

$$统计量 = \frac{估计值 - 假设值}{标准差}$$

对单个均值进行推断时，估计量为 $\bar{x}$，原假设 H0：$\mu = \mu_0$，标准误差为 $\bar{x}$ 的标准差的估计，即

$$s_{\bar{x}} = \frac{s}{\sqrt{n}}(\mathrm{df} = n - 1)$$

单一总体均值推断总结如表 8-7 所示。

表 8-7

原假设：$\mu = \mu_0$	条件	统计量：
估计值：$\bar{x}$	条件一：1. 总体 SRS 2. σ 已知，总体正态或大样本	$z = \dfrac{\bar{x} - \mu_0}{\sigma \sqrt{n}}$
标准差：$s_{\bar{x}} = \dfrac{s}{\sqrt{n}}(\mathrm{df} = n-1)$	条件二：1. 总体 SRS 2. 大样本或近似正态	$t = \dfrac{\bar{x} - \mu_0}{s \sqrt{n}}$，$\mathrm{df} = n-1$

学以致用 8-7

一项研究旨在确定想要成为工程师的 12～15 岁女孩的智商是否与所有女孩的平均水平不同。据了解，该年龄段所有女孩的平均智商约为 100，标准差为 15。随机抽取了 49 名表示自己想成为工程师的女孩作为样本，并对她们的智商进行了测量。样本中女孩的平均智商为 104.5。这一发现是否提供了 0.05 显著性水平的证据，证明想要成为工程师的 12～15 岁女孩的平均智商与平均水平不同？

提示：这是一种极其罕见的情况，我们知道总体标准差（$\sigma = 15$），因此我们可以使用 z 检验。

（1）假设 $\mu =$ 想要成为工程师的 12～15 岁女孩的智商，提出假设：

H0：$\mu = 100$，HA：$\mu \neq 100$。

此检验为双侧检验。因为是要确定想要成为工程师的 12～15 岁女孩的智商是否与所有女孩的平均水平不同，而不是仅仅检验是否高于或低于平均水平。双侧检验允许研究者探索智商平均值可能高于或低于 100 的所有情况。

（2）既然 σ 已知，那么就使用单样本的 z 检验，显著性水平 $\alpha = 0.05$。

具备条件：

随机抽取了 49 名，满足 SRS；

样本量 $49 \geqslant 30$，满足大样本；

σ 已知，满足 z 检验条件。

（3）$z = \dfrac{104.5 - 100}{15 \sqrt{49}} = 2.10$，查表得 $P = 0.0358$。

（4）$P < \alpha$，拒绝原假设。

结论：我们有充分证据表明想要成为工程师的 12~15 岁女孩的智商与所有女孩的平均水平不同。

注意：步骤（3）中查表时，查出 P 为 $1 - 0.9821 = 0.0179$。这个概率是单侧的，我们要乘以 2，因为我们需要考虑双侧的面积。

问题明确告诉我们显著性水平是 0.05。如果它没有提到显著性水平，我们可以选择一个，甚至我们仅靠求出的 P 值而没有显著性水平来论证结论。P 值和显著性水平之间的联系必须在步骤（4）中明确说明。某种陈述，例如"因为 $P = 0.0358 < \alpha = 0.05$"。或者，如果未说明显著性水平，"由于 P 值较低"将表明你的结论是基于步骤（3）中确定的 P 值。

8.2.6　使用双边替代方案的置信区间

我们考虑双边显著性检验的情况，例如 $\alpha = 0.05$，置信区间 $C = 0.95$。前面我们使用 P 值来做检验。这里还有一种可行的方案，即通过置信区间进行假设检验。如果生成的 C 置信区间不包含参数的假设值，则拒绝原假设。置信区间做假设检验时要求检验类型必须为双侧检验。

提示：（满足双侧检验要求-置信区间方法）

（1）假设 $\mu =$ 想要成为工程师的 12~15 岁女孩的智商，提出假设：

H0：$\mu = 100$，HA：$\mu \neq 100$。

此检验为双侧检验，因为检验两者智商的平均水平是否存在不同。想要成为工程师的 12~15 岁女孩的智商有可能大于 100，也有可能小于 100。

（2）使用 95% 的 z 置信区间。

具备条件：

随机抽取了 49 名，满足 SRS；

样本量 $49 \geqslant 30$，满足大样本；

σ 已知，满足 z 检验条件。

（3）$\bar{x} = 104.5$，$z = 1.96$，区间为 $104.5 \pm 1.96\left(\dfrac{15}{\sqrt{49}}\right) \approx (100.3, 108.7)$。想要成为工程师的 12~15 岁女孩的智商 95% 置信区间为（100.3，108.7）。

（4）我们假设 H0：$\mu = 100$，不在此置信区间，拒绝原假设。

结论： 我们有充分证据表明想要成为工程师的 12~15 岁女孩的智商与所有女孩的平均水平不同。

8.2.7 两个总体均值差异的推断

两个独立样本均值差异的双样本情况比单样本情况更复杂。然而，假设检验逻辑是相同的，因此差异在于解决问题所需的机制，而不是过程。对于有关两种均值之间差异的假设，表 8-8 总结了两个独立样本均值差异推断要求。

表 8-8

原假设：$\mu_1 - \mu_2 = 0$，或 $\mu_1 = \mu_2$	条件	统计量：
估计值：$\bar{x}_1 - \bar{x}_2$	条件一：1. 两总体独立且 SRS 2. σ_1，σ_2 已知，两总体正态或大样本	$z = \dfrac{\bar{x}_1 - \bar{x}_2}{\sqrt{\dfrac{\sigma_1^2}{n_1} + \dfrac{\sigma_2^2}{n_2}}}$
标准差：$s_{\bar{x}_1 - \bar{x}_2} = \sqrt{\dfrac{\sigma_1^2}{n_1} + \dfrac{\sigma_2^2}{n_2}}$ $s_{\bar{x}_1 - \bar{x}_2} = \sqrt{\dfrac{s_1^2}{n_1} + \dfrac{s_2^2}{n_2}}$	条件二：1. 总体 SRS，2. 大样本或近似正态	$t = \dfrac{\bar{x}_1 - \bar{x}_2}{\sqrt{\dfrac{s_1^2}{n_1} + \dfrac{s_2^2}{n_2}}}$，df＝｛计算机计算｝ df＝min｛$n_1 - 1$，$n_2 - 1$｝

注释：计算机计算所用公式在前面一章已给出。

学以致用 8-8

一位统计学老师对他所教授的两个班级进行了测验。测验满分为 50 分。两个班级的数据如表 8-9 所示：

表 8-9

	n	$\bar{x}$	s
1 班	34	40.2	9.57
2 班	31	44.9	4.86

测验之前，有学生说 2 班在统计方面做得更好。将这两个班级视为总体中的随机样本。在 0.01 显著性水平下，是否有证据说明 2 班的学生比 1 班的学生表现更好？

提示：

（1）让 $\mu_1 = 1$ 班真实平均成绩；$\mu_1 = 2$ 班真实平均成绩。提出假设：H0：$\mu_1 - \mu_2 \geq 0$，HA：$\mu_1 - \mu_2 < 0$。

（2）我们使用双样本 t 检验，$\alpha = 0.01$。条件：已经假设两个独立随机样本，样本量 ≥ 30 是大样本。t 检验条件具备。

（3）$t = \dfrac{\bar{x}_1 - \bar{x}_2}{\sqrt{\dfrac{s_1^2}{n_1} + \dfrac{s_2^2}{n_2}}} = = \dfrac{40.2_1 - 44.9}{\sqrt{\dfrac{9.57^2}{34} + \dfrac{4.86^2}{31}}} \approx -2.5283$，df $= \min~(33, 30) = 30$。

查表得 $P = 0.0085$。

（4）$p < \alpha$，拒绝原假设。

结论：我们有充分的证据表明 2 班的学生比 1 班的学生表现更好。

8.2.8 配对样本差异的推断

有时看似是两个总体均值差异问题，但样本并不是从两个独立群体中抽取的，而是数据以某种方式配对的。当你拥有配对数据时，你应该对差异进行单样本假设检验。

学以致用 8-9

一个以减肥为主要目标的健美俱乐部声称，参加它们的训练至少可使肥胖者平均体重减轻 8.5 斤。为了验证这个俱乐部的说法，随机抽取了 10 名志愿者。在训练之前称重一次，在训练后又称重一次，得到他们的体重记录如表 8-10 所示：

表 8-10   单位：斤

代号	训练前体重	训练后体重
1	94.5	85
2	101	89.5
3	110	101.5
4	103.5	96
5	97	86
6	88.5	80.5
7	96.5	87
8	101	93.5
9	104	93
10	116.5	102

在 $\alpha = 0.05$ 的显著性水平下，调查结果是否支持健美俱乐部的说法？

提示：由于数据是配对的，因此我们用于此问题的数据是训练前后体重的差异。在表 8-11 中添加一列来给出差异，于是有：

表 8-11　　　　　　　　　　　　　　　　　单位：斤

代号	训练前体重	训练后体重	差异
1	94.5	85	9.5
2	101	89.5	11.5
3	110	101.5	8.5
4	103.5	96	7.5
5	97	86	11
6	88.5	80.5	8
7	96.5	87	9.5
8	101	93.5	7.5
9	104	93	11
10	116.5	102	14.5

（1）让 μ_d =训练前后的体重差异，d =训练前体重-训练后体重。提出假设：H0：$\mu_d \geqslant 8.5$，HA：$\mu_d < 8.5$。

（2）我们使用单样本 t 检验，$\alpha = 0.05$。

条件：已经知道是随机样本；从箱图 8-2 来看，没有特别异常值，图形略有点右偏，但不太严重。t 检验条件具备。

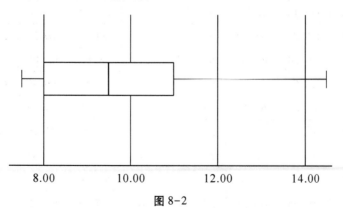

图 8-2

（3）$\bar{x}_d = 9.85$，$s \approx 2.199$，$t = \dfrac{\bar{x}_d - \mu_d}{s / \sqrt{n}} = \dfrac{9.85 - 8.5}{2.199 / \sqrt{10}} \approx 1.941$，df=10-1=9，查表得 $P = 0.042$，如图 8-3 所示。

（4）$p < \alpha$，拒绝原假设。结论：我们有充分的证据表明，参加他们的训练不太可能使肥胖者平均体重减轻 8.5 斤以上。

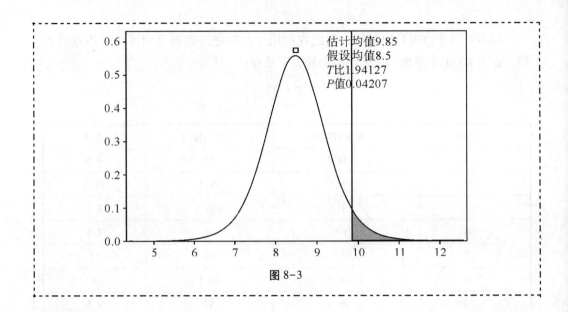

估计均值9.85
假设均值8.5
T比1.94127
P值0.04207

图 8-3

SPSS 操作

1. 单一总体均值假设检验

某项试验研究人口的健康，随机抽取当地 300 人，并经过数据计算得到 300 个人的健康指数，如表 8-12 所示。当地大多数人都认为他们的健康状况令人担忧，即平均健康指数小于 100。（$\alpha = 0.05$）

表 8-12

101.54	109.35	117.16	101.54	85.92	85.92	117.16	85.92	109.35	93.73
109.35	117.16	117.16	93.73	93.73	101.54	101.54	46.86	54.67	132.78
85.92	93.73	109.35	93.73	101.54	78.11	124.97	109.35	109.35	109.35
85.92	101.54	101.54	109.35	93.73	93.73	78.11	62.49	109.35	78.11
101.54	109.35	124.97	93.73	124.97	85.92	101.54	109.35	109.35	31.24
93.73	132.78	78.11	62.49	93.73	101.54	117.16	101.54	93.73	109.35
78.11	101.54	101.54	124.97	101.54	124.97	62.49	117.16	117.16	101.54
85.92	117.16	93.73	93.73	54.67	62.49	85.92	109.35	117.16	70.30
117.16	85.92	101.54	101.54	78.11	117.16	93.73	117.16	117.16	117.16
101.54	70.30	101.54	109.35	140.59	54.67	117.16	85.92	85.92	78.11
70.30	70.30	117.16	85.92	109.35	78.11	109.35	101.54	117.16	117.16
101.54	101.54	109.35	93.73	85.92	117.16	109.35	54.67	117.16	93.73
93.73	85.92	70.30	78.11	101.54	109.35	101.54	124.97	85.92	109.35
109.35	101.54	101.54	117.16	117.16	78.11	140.59	78.11	85.92	93.73
93.73	101.54	78.11	31.24	93.73	124.97	109.35	140.59	85.92	117.16

表8-12(续)

109.35	78.11	101.54	132.78	54.67	101.54	85.92	93.73	78.11	85.92
109.35	93.73	101.54	132.78	109.35	93.73	101.54	93.73	93.73	78.11
109.35	109.35	117.16	70.30	93.73	109.35	101.54	101.54	101.54	78.11
124.97	117.16	101.54	117.16	93.73	117.16	85.92	93.73	78.11	93.73
109.35	85.92	70.30	109.35	101.54	85.92	78.11	101.54	85.92	101.54
109.35	109.35	93.73	93.73	109.35	85.92	124.97	124.97	93.73	85.92
109.35	93.73	85.92	85.92	117.16	85.92	101.54	78.11	78.11	109.35
93.73	93.73	109.35	124.97	101.54	117.16	101.54	132.78	109.35	101.54
101.54	85.92	70.30	85.92	124.97	93.73	109.35	93.73	109.35	109.35
78.11	109.35	101.54	124.97	117.16	117.16	109.35	93.73	117.16	101.54
78.11	124.97	93.73	124.97	117.16	78.11	78.11	70.30	124.97	85.92
109.35	78.11	101.54	109.35	109.35	101.54	117.16	140.59	109.35	93.73
85.92	78.11	109.35	70.30	109.35	101.54	54.67	109.35	85.92	93.73
101.54	101.54	140.59	85.92	78.11	109.35	101.54	101.54	132.78	101.54
46.86	93.73	93.73	101.54	93.73	93.73	54.67	85.92	46.86	85.92

步骤一：确认条件，确定可以做假设检验。随机性、大样本已经满足。提出原假设，H0：$\mu \leq 100$。

如果是小样本，要近似正态，录入数据，选择"分析"→"描述统计"→"探索"，如图 8-4 所示。调出"探索"对话框，如图 8-5 所示。点击"统计"，调出"探索：统计"对话框，勾选"描述""离群值"，点击"继续"，如图 8-6 所示。点击"图"，调出"探索：图"对话框，勾选"茎叶图""直方图""含检验的正态图"，点击"继续"，如图 8-7 所示。输出结果如图 8-8 所示。

图 8-4

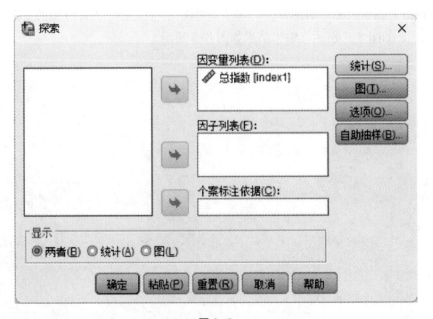

图 8-5

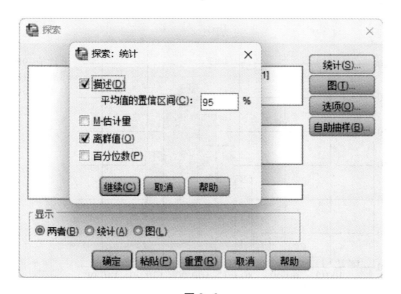

图 8-6

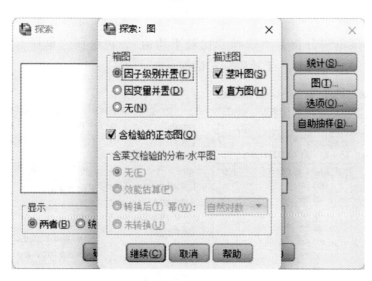

图 8-7

正态性检验

	柯尔莫戈洛夫-斯米诺夫(V)"			夏皮洛-威尔克		
	统计	自由度	显著性	统计	自由度	显著性
总指数	.121	300	.000	.967	300	.000

图 8-8

从正态性检验可知,这个案例数据不符合正态性,此案例数据是有偏的。因为本案例满足大样本,正态性不是必选项。从如图 8-9 所示的直方图也能看出,健康指数分布大体是正态分布,有点左偏。

直方图

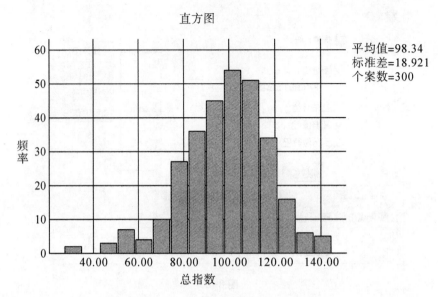

平均值=98.34
标准差=18.921
个案数=300

图 8-9

步骤二：菜单"分析"下选择"比较平均值"，再选择"单样本 T 检验"，如图 8-10 所示。调出"单样本 T 检验"对话框。

图 8-10

步骤三：将变量点入"检验变量"，填写检验值为"100"，如图 8-11 所示。点击"选项"，填写置信区间（因为我们的置信水平是 0.05，所以这里不用修改，仍为 95），再依次点击"继续""确定"，如图 8-12 所示。

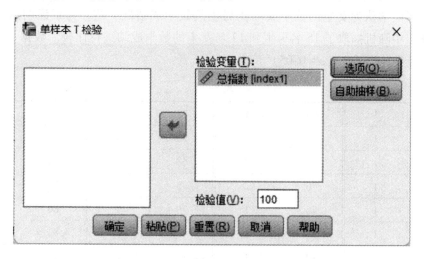

图 8-11

图 8-12

步骤四：查看结果，如图 8-13 所示。

单样本T检验

检验值=100

| | t | 自由度 | Sig.（双尾） | 平均值差值 | 差值95%置信区间 | |
					下限	上限
总指数	-1.523	299	.129	-1.66367	-3.8134	.4861

图 8-13

结果解读：本案例是单侧检验，但是软件给我们的结果是双侧的。单侧检验将 Sig.

（双尾）（p 值）除以 2，$p=0.0645$ 不能拒绝原假设。结论是我们没有找到充分证据说明当地人健康状况是不令人担忧的。

2. 两个总体均值差异假设检验

某班级同学认为女生的数学成绩比男生的数学成绩低一些，为了证明这个说法，老师从此班中随机抽取了 15 名男生和 17 名女生的数学成绩进行比较。数据如表 8-13 所示。（1 = 男，2 = 女）（$\alpha = 0.05$）

表 8-13

80	1	83	1	78	2	80	2
75	1	77	1	90	1	79	2
73	1	72	2	68	2	78	2
77	1	76	2	75	2	73	2
68	1	76	1	79	2	86	1
80	1	84	1	76	2	83	2
83	1	82	1	81	2	76	2
78	2	78	1	72	2	78	2

步骤一：输入数据，验证条件。随机性已经满足，男生 15 名，女生 17 名，属于小样本，验证近似正态性。提出原假设，H0：$\mu_1 \geqslant \mu_2$。

选择"分析"→"描述统计"→"探索"，调出"探索"对话框，点击"统计"，调出"探索：统计"对话框，勾选"描述""离群值"，点击"继续"。点击"图"，调出"探索：图"对话框，勾选"茎叶图""直方图""含检验的正态图"，依次点击"继续""确定"。输出结果如图 8-14 所示。

正态性检验

		柯尔莫戈洛夫-斯米诺夫(V)ª			夏皮洛-威尔克		
	性别	统计	自由度	显著性	统计	自由度	显著性
数学	1	0.077	15	0.200	0.990	15	0.999
	2	0.176	17	0.166	0.960	17	0.634

图 8-14

从正态检验来看，两个显著性 p 值都不能拒绝原假设，所以两个总体都不能说不是正态的。

从如图 8-15、图 8-16 所示的两个直方图来看，数学成绩的频数分布也是近似正态分布，所以能够满足近似正态要求。

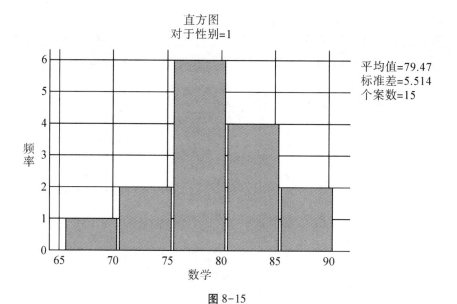

直方图
对于性别=1

平均值=79.47
标准差=5.514
个案数=15

图 8-15

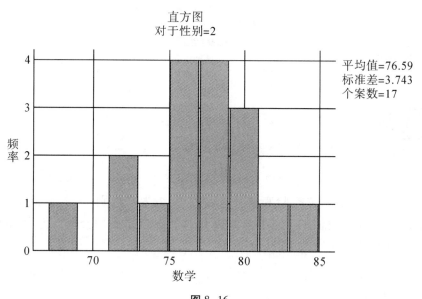

直方图
对于性别=2

平均值=76.59
标准差=3.743
个案数=17

图 8-16

步骤二：菜单"分析"下选择"比较平均值"，再选择"独立样本 T 检验"，如图 8-17 所示。调出"独立样本 T 检验"对话框。

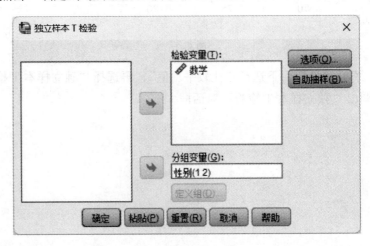

图 8-17

步骤三：将变量点入"检验变量"，填写定义组为"性别1、2"。点击"选项"，填写置信区间（因为我们的置信水平是 0.05，所以这里不用修改，仍为 95），点击"继续"，再点击"确定"，如图 8-18 所示。

图 8-18

步骤四：查看结果（如图 8-19 所示），并正确解读。

独立样本检验

		莱文方差等同性检验		平均值等同性 t 检验					差值95%置信区间	
		F	显著性	t	自由度	Sig.（双尾）	平均值差值	标准误差差值	下限	上限
数学	假定等方差	2.037	0.164	1.746	30	0.091	2.878	1.649	−0.489	6.246
	不假定等方差			1.705	24.196	0.101	2.878	1.689	−0.605	6.362

图 8-19

结果解读：这个结论中有两行，第一行是假定等方差，第二行是不假定等方差。如果第一行显著性小于 0.05，则拒绝等方差的假设，选择第二行。本案例显著性 = 0.164>0.05，所以不拒绝，则叫认为方差是相等的，只看第一行。P =Sig.（双尾）/2 = 0.0455，拒绝原假设。结论是我们有充分的证据认为女生的数学成绩不比男生的数学成绩差。

知识测评

1. 研究人员报告称，在 0.05 显著性水平上 x =4.5 的结果具有显著性。这句话的含义是什么？

2. 令 μ_1 =使用新训练方法进行的敏捷性测试的平均得分，让 μ_2 =使用传统方法进行的敏捷性测试的平均得分。考虑 $H0$ 的检验：$\mu_1-\mu_2$ =0。大样本显著性检验发现 P = 0.04。在此问题的背景下，如果 α =0.05，你的结论是什么？如果 α =0.01，你的结论是什么？

3. 在单一样本均值的假设检验中，只要样本量为 20，我们就可以使用 z 检验或 t 检验。这个说法是否正确？

4. 我们将对总体比例进行双边显著性检验。原假设为 H0：p =0.3。225 名受试者的简单随机样本 $\hat{p}$ =0.35。如果为真实总体比例构建置信区间，则标准误差 $s_{\hat{p}}$ 是多少？

如果对原假设进行显著性检验，则标准误差 $s_{\hat{p}}$ 是多少？

5. 下列是两个总体比例的数据，请检验这两个总体比例是否无差异？

	n	x	$\hat{p}$
1 组	40	12	0.3
2 组	35	14	0.4

6. 你想要对总体平均值进行单样本检验（t 检验）。随机样本大小为 10，会产生以下数据：26、27、34、29、38、30、28、30、30、23。你应该继续检验吗？请解释。

7. 对在盆栽植物中添加堆肥是否有助于植物长得更高，研究人员进行了一项随机实验。在他们的实验中，他们得到的 P 值为 0.15，因此未能拒绝原假设。他们的结论是，没有令人信服的证据表明堆肥有帮助。但这种堆肥实际上提高了植物的高度。他们犯了什么类型的错误？

8. 一名同学兴奋地告诉你，她从最近的研究项目的数据中得到了具有统计学意义的发现。她在说什么？

9. 一家包裹递送公司声称自己 90% 的时间都很准时。但有些客户并不这么认为，他们认为送货时间经常超过承诺的时间。该公司表示，如果它的说法有误，它将改变送货程序。假设事实上延误的时间比该公司声称的要多。以下哪项等同于检验功率？
（   ）

    A. 公司不改变交货程序的概率

    B. $P > \alpha$

    C. 客户出错的概率

    D. 公司改变交货程序的可能性

    E. 公司拒绝 H0 失败的概率

10. 许多球迷都认为在 2024 年亚洲青少年乒乓球锦标赛中，中国乒乓球队将赢得比赛。一位球迷拒绝接受国乒在半决赛中总比分 2∶3 不敌日本队的事实，他犯了哪种错误？

11. 以 $\alpha = 0.01$ 进行假设检验。P 被确定为 0.037。由于 $P > \alpha$，我们是否有理由拒绝零假设？

12. 在对零假设 H0：$p = 0.35$（$\alpha = 0.01$）和备择假设 HA：$p < 0.35$ 的检验中，大样本随机抽样得出的 z 值为 -2.05。据此，可以得出以下哪些结论？（   ）

    A. 很可能 $p < 0.35$

    B. $p < 0.35$ 的情况仅占 2%

    C. 如果 z 分数是正值而不是负值，我们就可以拒绝零假设

    D. 我们没有足够的证据证明 $p < 0.35$

    E. 1% 的情况下，我们会错误地拒绝替代假设

13. 某大学担心下一学年可能没有足够的学生宿舍。增建住房的成本很高，因此它的假设（假说）是现有的住房已经足够，只有当它确信有必要增建住房时（即拒绝假

说），它才会花钱增建住房。

（1）对于该大学的假设，出现第一类错误的风险有多大？

（2）对于该大学的假设，出现第二类错误的风险是什么？

14. 据说某款笔的平均寿命为 190 小时。随机抽样测试了 49 支笔，结果发现平均寿命为 188 小时，标准偏差为 6 小时。

（1）为这种笔的真实平均寿命构建一个 95% 的置信区间，判断该公司的说法是否合理？

（2）描述在 0.05 显著性水平上进行假设检验的步骤，即真实平均数与 190 小时不同（不用实际进行完整的检验，但要说明零假设和备择假设）。

15. 进行 $\alpha = 0.05$ 的假设检验，以确定统计专业男女生入学比例的真实差异（H0：$p_1 - p_2 = 0$）。$\hat{p}_1 - \hat{p}_2$ 的 P 值被确定为 0.03。这一结果在统计学上有意义吗？请结合问题解释统计意义上的重大发现是什么意思。

16. 一所学校在开展反吸烟运动。运动开展前，随机抽取了 100 名学生，发现其中有 27 人承认吸烟（我们知道，有些这样做的学生在调查中不愿意承认）。为了评估反吸烟运动是否成功，运动开展后，他们随机调查了 175 名学生，其中 30 人回答说他们吸烟。这是学校控制吸烟的有力证据吗？

17. 26 对同卵双胞胎参加了一项研究，以确定训练对记忆一串字母的能力的影响。研究人员设定了两个组（A 组和 B 组）。每对双胞胎中的一个人被随机分配到两个组中的一个，另一个人则进入另一个组。每组都接受适当的训练计划，然后用两种方法比较双胞胎的分数。一是确定 A 组和 B 组的平均值和标准差，二是每对双胞胎分数之间差异的平均值和标准差。请分别说明两种研究方法是单样本还是双样本情况，并确定 t 值的自由度。

18. 一家大型城市机场的负责人声称，安检程序在检测乘客可能试图携带上飞机的违禁金属物品方面的准确率达到 98%。当地负责执行安全的机构认为安全程序并不像声称的那么好。该机构对 250 名乘客进行的一项研究表明，安检人员漏掉了 9 种违禁随身携带物品。该测试的 P 值是多少？由此可得出什么结论？

19. 某电视节目每周六晚 20：30 播出，收视率显示每周有 55% 的观众收看。制片人将节目移至周三晚上，但担心此举可能会降低观众观看节目的比例。节目播出时间改变后，节目组随机抽取了 500 名周三晚上看电视的人进行调查，询问他们正在观看什么节目。255 人回答说他们正在观看该节目。在 0.01 显著性水平下，这一发现是否提供了证据表明观看该节目的观众比例有所下降？

实践测评

根据你感兴趣的课题进行研究，并进行调查（注意随机性），然后提出假设，再证明你的假设，并分享你的研究成果。如果你暂时没有想好研究课题，你可以针对你所在班级学生努力（不努力）对成绩有没有影响进行研究。请在 0.05 显著性水平下，设计调查实验，经过统计研究找到证据，并分享你的研究成果。

目标达成表

学习目标	目标达成情况自评
根据上下文解释 P 值	
为显著性检验做出适当的结论	
根据上下文解释第一类错误和第二类错误，说出每类错误的后果	
在进行总体比例显著性检验时，能够为总体参数的显著性检验提出适当的假设	
在进行总体比例显著性检验时，能够陈述并检查随机性、显著性水平 10% 和大样本条件	
在进行总体比例显著性检验时，能够计算出统计量和 P 值	
在进行总体均值显著性检验时，能够为总体参数的显著性检验提出适当的假设	
在进行总体均值显著性检验时，能够陈述并检查随机性、显著性水平 10% 和大样本条件	
在进行总体均值显著性检验时，能够计算出统计量和 P 值	

第9章

推断基础：分类数据分析

本章提要

在这一章中，我们将研究分类变量的推断。到目前为止，我们主要研究的是一到两个数值变量（我们可以测量其结果的变量）的数据分析和推断。本章的材料为我们开辟了广泛的研究课题，使我们能够比较不同数值的分类变量。例如，我们将提出这样的新问题：大学生网购的支付习惯与性别是否相关？

学习目标

●陈述适当的假设并计算拟合优度卡方检验的预期值和卡方检验统计量；说明并检查执行卡方检验拟合优度的随机、10%和大期望值条件；计算拟合优度卡方检验的自由度和P值；计算卡方检验拟合优度；当卡方检验的结果具有统计显著性时，进行后续分析。

●陈述适当的假设并计算基于双向表中数据的卡方检验的预期值和卡方检验统计量；根据双向表中的数据，陈述并检查卡方检验的随机、10%和大期望值条件；根据双向表中的数据计算卡方检验的自由度和P值；进行卡方检验以检验齐性；进行卡方独立性检验；在给定条件中选择适当的卡方检验。

主要内容

⭐ 卡方拟合优度检验　　⭐ 独立性的卡方检验　　⭐ 比例齐性的卡方检验

9.1 卡方拟合优度检验

某本科学校里不同血型的大致比例为 A：40%；B：11%；AB：4%；O：45%。研究人员对另一个专科学校进行随机抽样 1000 名得出血型数据为 A：270；B：200；AB：40；O：490。这个样本是否说明本科学校学生血型分布与专科学校学生血型分布存在不同，或者说样本值是否仅仅是由于抽样差异造成的？

要回答这个问题，我们需要将样本中的观察值与预期值进行比较，即在专科学生样本的血型分布与本科学生血型相同的情况下。表 9-1 汇总了我们所需的数值。

表 9-1

血型	总体比例	期望值	观测值
A	0.40	400	270
B	0.11	110	200
AB	0.04	40	40
O	0.45	450	490

从表 9-1 可知，A 型和 B 型的数字似乎有明显差异，但 AB 型和 O 型的差异不大。

卡方统计量（χ^2）计算的是每个类别的观察值和预期值相对于预期值的平方差。χ^2 统计量的计算方法如下：

$$\chi^2 = \sum \frac{(观测值 - 期望值)^2}{期望值} = \sum \frac{(O - E)^2}{E}$$

卡方分布是有自由度的，对于拟合优度检验，自由度等于类别数减去 1（$df = n - 1$）。假设样本是随机的，且样本量足够大，那么对于每个不同的自由度数，χ^2 统计量都遵循近似唯一的卡方分布。我们可以从 χ^2 临界值表（见附录）中读取或通过计算器确定样本的 χ^2 概率值。

χ^2 拟合优度检验遵循了已经熟悉的假设检验模式。表 9-2 概述了检验的主要内容。

表 9-2

假设	条件	检验统计量
H0：p_1 = 类别 1 总体比例，p_2 = 类别 2 总体比例，p_3 = 类别 3 总体比例，…，p_n = 类别 n 总体比例； HA：至少有一个总体比例是不正确的	观测值是随机样本； $n\hat{p} \geqslant 5$（或 10）； $n(1 - \hat{p}) \geqslant 5$（或 10）	$\chi^2 = \sum \frac{(O - E)^2}{E}$， $df = c - 1$

现在，让我们来回答本章开头提出的问题。我们将使用第 8 章中介绍的四步假设检验程序，这个程序现在我们已经非常熟悉了。

某本科学校学生不同血型的大致比例为 A：40%；B：11%；AB：4%；O：45%。对另一专科学校学生进行随机抽样 1000 名，得出血型数据为 A：270；B：200；AB：40；O：490。这个样本是否表明专科学校与本科学校的学生血型分布存在不同？

提示：

步骤一：提出假设。

H0：p_A = A 型血的比例 = 0.40；p_B = B 型血的比例 = 0.11；p_{AB} = AB 型血的比例 = 0.04；p_O = O 型血的比例 = 0.45。

HA：至少有一个比例是不正确的。

步骤二：检查条件满足性：样本是随机样本。预期值为 A 型：400；B 型：110；AB 型：40；O 型：450。每个值都大于 5。检验所需的条件均已具备。

步骤三：我们将使用 χ^2 拟合优度检验。数据汇总于表 9-3。

表 9-3

血型	总体比例	期望值	观测值
A	0.4	400	270
B	0.11	110	200
AB	0.04	40	40
O	0.45	450	490

计算统计量：

$$\chi^2 = \sum \frac{(O-E)^2}{E} = \frac{(270-400)^2}{400} + \frac{(200-110)^2}{110} + \frac{(40-40)^2}{40}$$
$$+ \frac{(490-450)^2}{450}$$
$$\approx 119.44$$

df = 4 - 1 = 3

查 χ^2 表，我们可以看到 119.44 远远大于 df = 3 的任何值，因此 P 值小于 0.0005。

步骤四：得出结论。由于 $P < 0.0005$，我们拒绝原假设，并得出结论：并非所有比例都与原假设中的比例相同。我们有非常有力的证据表明，专科学校中学生血型比例与本科学校学生血型比例不同。

统计学老师掷骰子 96 次，并将结果存储在表中。结果如表 9-4 所示。

表 9-4

点数	次数
1	19
2	15
3	10
4	14
5	17
6	21

老师的骰子是均匀的吗？（也就是说，如果骰子是均匀的，观测结果是否与预期的结果一致？）

提示：

步骤一：设 p_1，p_2，…，p_6 分别为掷出公平骰子的重复试验中出现的每个骰面的总体比例。

H0：$p_1 = p_2 = p_3 = p_4 = p_5 = p_6 = \dfrac{1}{6}$。

HA：并不是所有的比例都等于 1/6。

步骤二：检验条件满足性。如果骰子是均匀的，我们会得到预期值，如表 9-5 所示。

$$\left(\frac{1}{6}\right) \times 96 = 16$$

表 9-5

点数	观测值	预期值
1	19	16
2	15	16
3	10	16
4	14	16
5	17	16
6	21	16

即预期值为 1/6。由于所有预期值都大于 5，因此满足了本次测试的条件。

步骤三：使用 χ^2 拟合优度检验。

计算统计量：

$$\chi^2 = \sum \frac{(O - E)^2}{E}$$

$$= \frac{(19 - 16)^2}{16} + \frac{(15 - 16)^2}{16} + \frac{(10 - 16)^2}{16} + \frac{(14 - 16)^2}{16}$$

$$+ \frac{(17 - 16)^2}{16} + \frac{(21 - 16)^2}{16}$$

$$= 4.75$$

$$df = 6 - 1 = 5$$

查 χ^2 表，我们可以看到，在 df=5 的条件下，根据统计量值 4.75 得出 P 值在 (0.1，0.9) 中间。

步骤四：得出结论。由于 $P > 0.1$，我们没有证据拒绝原假设。我们不能断定骰子是否均匀。

9.2 双向表推理

在本章中，我们还将遇到在两个总体中测量一个分类变量的情况（称为比例同质性的卡方检验）和在一个总体中测量两个分类变量的情况（称为独立性的卡方检验）。

9.2.1 双向表（列联表）的定义

分类数据的双向表或列联表是一个由单元格组成的矩形阵列。每个单元格表示行变量和列变量的联合频率。如果行变量有 r 个值，那么表中就有 r 行数据。如果列变量有 c 个值，则表格中有 c 列数据。因此，表格中有 $r \times c$ 个单元格。（表格的维数为 $r \times c$）总数是每一行和每一列的观测值之和。

举例说明：对一个有 108 名学生的班级进道德敏感倾向性调查。结果如表 9-6 所示。

表 9-6

性别	道德敏感倾向性			
	正向	反向	无感	合计
男性	33	21	6	60
女性	21	24	3	48
合计	54	45	9	108

行变量（性别）的值为"男性"和"女性"。列变量（道德敏感倾向性）的值为"正向""反向"和"无感"。共有 $r=2$ 行和 $c=3$ 列。我们称之为 2×3 表（行数总是在前）。行总数分别为 60 和 48；列总数分别为 54、45 和 9。请注意，行总数、列总数必须与样本总数相等。

在上面的例子中，我们有一个由 108 名学生组成的总体和两个分类变量（性别和道德敏感倾向性）。在这种情况下，我们感兴趣的是这两个变量在总体中是否独立。也就是说，对一个变量的了解是否能提供另一个变量的信息？另一项研究可能会从高年级抽取 60 名男性作为简单随机样本，再从 48 名女性中抽取简单随机样本。现在我们有了两个总体，而不是一个，但只有一个分类变量。现在我们可能会问：在每个总体中，道德敏感倾向性正向、反向和无感的学生比例是否相同？无论采用哪种方法，我们最终都会得到列联表。

9.2.2 独立性的卡方检验

独立性的 χ^2 检验可概括如表 9-7 所示。

表 9-7

假设	条件	检验统计量
H0：行与列变量是相互独立的或者不相关的； HA：行与列变量是不独立的或者相关的	观测值是随机样本；每个单元格中的期望值至少为 5，即 $n\hat{p} \geqslant 5$(或 10) 且 $n(1-\hat{p}) \geqslant 5$(或 10)	$\chi^2 = \sum \dfrac{(O-E)^2}{E}$, $\text{df} = (r-1)(c-1)$

学以致用 9-3

对西部某城市的 300 名大学生网络购物支付习惯进行随机抽样调查，以确定他们对分期付款的态度。这些大学生按照性别和分期情况进行分类。调查结果见表 9-8。

表 9-8

性别	分期态度		
	分期	不分期	合计
男性	90	110	200
女性	30	70	100
合计	120	180	300

我们感兴趣的是，在这个由 300 名大学生组成的总体中，性别和分期的态度是否相关。（注意：在这种情况下，我们有一个总体，以及两个分类变量，即性别和分期态度。）也就是说，了解一个人的性别是否能让我们了解这个人对分期的态度？另一种问法是：变量在总体中是独立的吗？作为假设检验的一部分，零假设是两个变量是独立的，而备择假设是两个变量不是独立的。

提示：

步骤一：提出假设。

H0：变量在总体中是独立的；

HA：变量在总体中不是独立的。

或者，我们也可以说：

H0：这两个变量在总体中不相关；

HA：这两个变量在总体中相关。

步骤二：检验条件满足性。

与拟合优度检验一样，我们要求处理的是随机样本，且每个单元格中的期望值至少为 5（或有些教材讲义中要求不为 0，且至少 80% 的单元格期望值为 5 以上）。期望值的计算方法如表 9-9 所示：

表 9-9

性别	分期态度		
	分期	不分期	合计
男性	Exp		200
女性			100
合计	120	180	300

独立性定义：$P(AB) = P(A)P(B)$，我们已经假设双变量是相互独立的，所以得出：

$P（男性且分期）= P（男性）P（分期）=（200/300）（120/300）$

$Exp = P（男性且分期）\times 300 =（200/300）（120/300）\times 300 = 80$

同理，计算结果如表 9-10 所示：

表 9-10

性别	分期态度		
	分期	不分期	合计
男性	80	120	200
女性	40	60	100
合计	120	180	300

步骤三：卡方检验，计算统计量。

独立性假设的检验统计量与我们在拟合优度检验中看到的卡方统计量相同：

$$\chi^2 = \sum \frac{(O - E)^2}{E} = 6.25$$

对于双向表，自由度的计算公式为

$$df = (r - 1)(c - 1) = 1$$

步骤四：得出结论。

经过查表，我们可以算出 P 值为 0.012，在 0.05 的阈值下，我们认为观察到的情况是小概率事件，所以拒绝了性别与分期态度是独立的原假设。

学以致用 9-4

对随机抽出的 150 个城市进行了研究，以确定犯罪率是否与室外温度有关。研究结果如表 9-11 所示：

表 9-11

温度	犯罪率		
	高	中	低
高	12	8	5
中	35	41	24
低	4	7	14

在 0.02 的显著性水平上，这些数据是否证明犯罪率与犯罪时的温度有关？

提示：

步骤一：提出假设。

H0：犯罪率与温度独立（或 H0：犯罪率与温度无关）。

HA：犯罪率与温度不独立（或 HA：犯罪率与温度有关）。

步骤二：检验条件满足性。随机性已经满足，下面计算期望值，如表 9-12 所示。

表 9-12

温度	犯罪率		
	高	中	低
高	8.5	9.33	7.17
中	34	37.33	28.67
低	8.5	9.33	7.17

所有预期值都大于 5，具备了进行卡方检验的条件。

步骤三：卡方检验，计算统计量。

$$\chi^2 = \sum \frac{(O-E)^2}{E} \approx 12.92$$

df = (3 − 1) (3 − 1) = 4

查表，得出 0.01 < P < 0.02。

步骤四：得出结论。

由于 P < 0.02，我们拒绝 H0。我们有强有力的证据表明，犯罪率与犯罪时的温度有关。

9.2.3 比例齐性（或总体齐性）的卡方检验

在上一节中，我们检验了在单一总体中测量的两个分类变量的独立性。在本节中，我们将再次使用卡方统计量，但将研究两个或更多总体中单一分类变量的值是否成比例。在上一节中，我们考虑了这样一种情况：选取 108 名学生作为样本，根据性别和道德敏感倾向性对其进行分类。然后，我们问性别和道德敏感倾向性在总体中是否独立。现在，假设我们从学校的男生群体中随机抽取了 60 名男生，又从学校的女生群体中随机抽取了 48 名女生。在每个样本中，我们将学生分为正向、反向和无感。结果如表 9-13 所示，大家应该注意到，这与我们之前列出的以性别为类别的表格完全相同。

表 9-13

性别	道德敏感倾向性			
	正向	反向	无感	合计
男性	33	21	6	60
女性	21	24	3	48
合计	54	45	9	108

由于此处"男性"和"女性"被认为是不同的总体，因此我们不问学生总体中的性别和道德敏感倾向性是否独立。我们要问的是，在男性和女性总体中，道德敏感倾向性为正向、反向和无感人士的比例是否相同。这就是比例齐性检验。假设男性且道德敏感倾向性为正向的学生比例为 p_1；女性且道德敏感倾向性为正向的学生比例为 p_2；男性且道德敏感倾向性为反向的学生比例为 p_3；女性且道德敏感倾向性为反向的学生比例为 p_4；男性且道德敏感倾向性为无感的学生比例为 p_5；女性且道德敏感倾向性为无感的学生比例为 p_6。

步骤一：提出假设。

零假设 H0：$p_1 = p_2$，$p_3 = p_4$，$p_5 = p_6$。

备择假设 HA：零假设中所述的比例并非全部为真。

将假设表述如下也同样有效，而且可能更简单一些。

H0：男生和女生中，道德敏感倾向性为正向、反向和无感的学生比例相同。

HA：原假设中所述的比例并非全部相等。

步骤二：检验条件满足性。

随机性已经满足，计算期望值。对于给定的双向表，在齐性或独立性假设下，预期值计算方法是相同的。期望计算结果如表 9-14 所示：

表 9-14

性别	道德敏感倾向性			
	正向	反向	无感	合计
男性	30	25	5	60

表9-14(续)

性别	道德敏感倾向性			
	正向	反向	无感	合计
女性	24	20	4	48
合计	54	45	9	108

可见，只有一个期望值小于5，满足80%单元格大于5的条件。

步骤三：计算统计量。

$$\chi^2 = \sum \frac{(O-E)^2}{E} \approx 2.565$$

$$df = (2-1)(3-1) = 2$$

查表，$P>0.25$。

步骤四：得出结论。

因 $P>0.25$，不能拒绝原假设。这些数据没有提供有力的统计证据证明不同性别在道德敏感倾向性为正向、反向和无感三种情况下的比例存在不同。

学以致用 9-5

一名企业人力资源顾问认为终身制员工和非终身制员工对加薪建议的看法存在差异。她随机抽取了25名终身制员工和20名非终身制员工，看看是否存在差异。结果如表9-15所示。

表 9-15

身份	加薪态度	
	支持	反对
终身制	10	15
非终身制	12	8

这些数据是否提供了很好的统计证据，证明终身制员工和非终身制员工对拟议加薪的态度不同？

提示：

步骤一：令 p_1 = 赞成该计划的终身制员工比例，p_2 = 赞成该计划的非终身制员工比例。

H0：$p_1 = p_2$；

HA：$p_1 \neq p_2$。

步骤二：检验条件满足性。

终身制员工和非终身制员工的样本是随机给出的。期望值计算结果如表9-16所示。

SPSS 统计
分析方法

表 9-16

身份	加薪态度	
	支持	反对
终身制	12.22	12.78
非终身制	9.78	10.22

所有预期值都大于 5，所以条件已经具备。

步骤三：卡方检验，计算统计量。

$\chi^2 \approx 1.78$

$df = (2 - 1)(2 - 1) = 1$

查表得，$0.15 < P < 0.20$。

步骤四：$P > 0.15$，不足以拒绝零假设。这些数据没有提供有力的统计证据，证明终身制员工和非终身制员工对拟议薪资计划的态度不同。

特别提醒：

刚刚完成的例子也可以用两个比例的 z 检验来完成，其中 p_1 和 p_2 的定义与示例中相同（即赞成新计划的终身制员工和非终身制员工的比例）。那么

$$\hat{p}_1 = \frac{15}{25}$$

$$\hat{p}_2 = \frac{8}{20}$$

计算两个比例 z 检验的 z 检验统计量，得出 $z = 1.333$。现在，$z^2 = 1.78$。由于卡方检验和两个比例 z 检验是检验同一件事，因此，z^2 等于示例中 χ^2 的值，应该不足为奇。对于 2×2 表格，χ^2 检验统计量和对相同数据进行两个比例 z 检验得到的 z^2 值是相同的。

注意：在单边检验允许我们考虑差异的特定方向的情况下，z 检验稍微更灵活，而卡方检验只有一条尾部，不允许我们测试特定方向的差异。但是，此优势仅适用于 2×2 表，因为对于多于两行和两列的情况，无法使用简单的 z 检验。

自由度为 k 的 χ^2 分布中的一些有趣的结论：

χ^2 分布的平均值 $= k$；

χ^2 分布的中位数 $(k > 2) = k - 2/3$；

χ^2 分布的众数 $= k - 2$；

χ^2 分布的方差 $= 2k$。

三个卡方检验比较，如表 9-17 所示。

表 9–17

	拟合优度	独立性	比例齐性
样本量	1	1	2 个以上
变量个数	1	2	1
原假设	总体中分类变量符合期望分布	总体中的两个分类变量之间不存在关联	多个总体的分类变量的分布是没有差异的
随机条件	数据来自总体的随机样本	数据来自总体的随机样本	数据来自随机实验中的独立随机样本
10%条件	当不放回取样时，每个样品的 $n < 0.10 < N$		
大期望值条件	所有期望值≥5		
期望值计算	样本量×期望比例	（行合计×列合计）／总合计	
检验统计量公式	$$\chi^2 = \sum \frac{(O - E)^2}{E}$$		
自由度	类别数–1	（行数–1）（列数–1）	

SPSS 操作

1. 拟合优度检验

某地区对文、理、工科三者需求比例为 1∶2∶2。今年该区在就业市场上随机抽取 100 名高校毕业生进行调查，其中文科学生 33 名，理科生 40 名，工科生 27 名。我们要检验所收集的数据中的专业学科毕业生分布是否合理，推断各个学科（文、理、工）的毕业生比例是否满足 1∶2∶2 这一比例分布。

数据如图 9–1 所示：

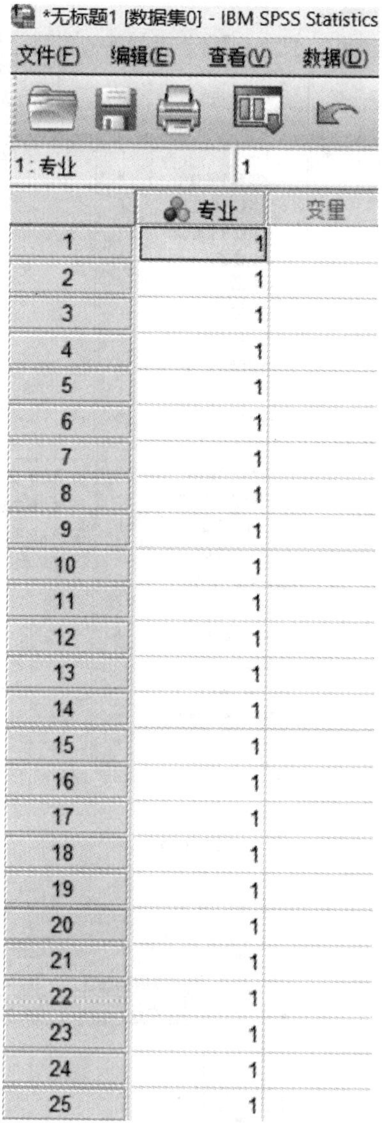

图 9-1

步骤一：录入数据后，选择菜单"分析"下"非参数检验"→"旧对话框"→"卡方"，如图 9-2 所示。调出"卡方检验"对话框，将变量"专业"选至"检验变量列表"中，勾选"使用指定范围"，下限填写"1"，上限填写"3"；值分别填写 1、2、2，并点击"添加"，再点击"确定"，如图 9-3 所示。

图 9-2

图 9-3

步骤二：得到频率分布表如表 9-18 所示，检验统计表如表 9-19 所示。

表 9-18　频率分布表

频率

专业

	类别	实测个案数	期望个案数	残差
1	文科	33	20.0	13.0
2	理科	40	40.0	.0
3	工科	27	40.0	−13.0
总计		100		

表 9-19

专业

	专业
卡方	12.675[a]
自由度	2
渐近显著性	.002

a. 0 个单元格（0.0%）的期望频率低于 5。期望的最低单元格频率为 20.0。

步骤三：结果解读。一是条件满足性，随机分布已经满足。在检验统计表下面的说明中，"0 个单元格（0.0%）的期望频率低于 5"，说明所有单元格的期望都是大于 5，条件满足。二是原假设是文科、理科、工科毕业生比例为 1 : 2 : 2。从检验统计的结果中看出，$P = 0.002 < 0.05$，所以拒绝原假设。结论是我们有充足的理由证明：该城市专业学科毕业生分布存在不合理性，各个学科（文、理、工）的毕业生比例不满足市场需求的比例（1 : 2 : 2）分布。

2. 独立性卡方检验

两种治疗方式（1、2）的疗效（1：有效；2：无效）如图 9-4 所示，如果想知道两种治疗的疗效是否有差别。

输入数据，如图 9-4 所示：

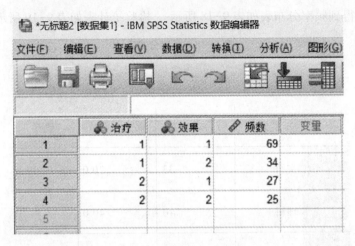

图 9-4

步骤一：录入数据后，选择菜单"数据"下"个案加权"，如图 9-5 所示，调出
"个案加权"对话框。将变量"频数"选入"个案加权依据"下"频数变量"中，点
击"确定"，如图 9-6 所示。

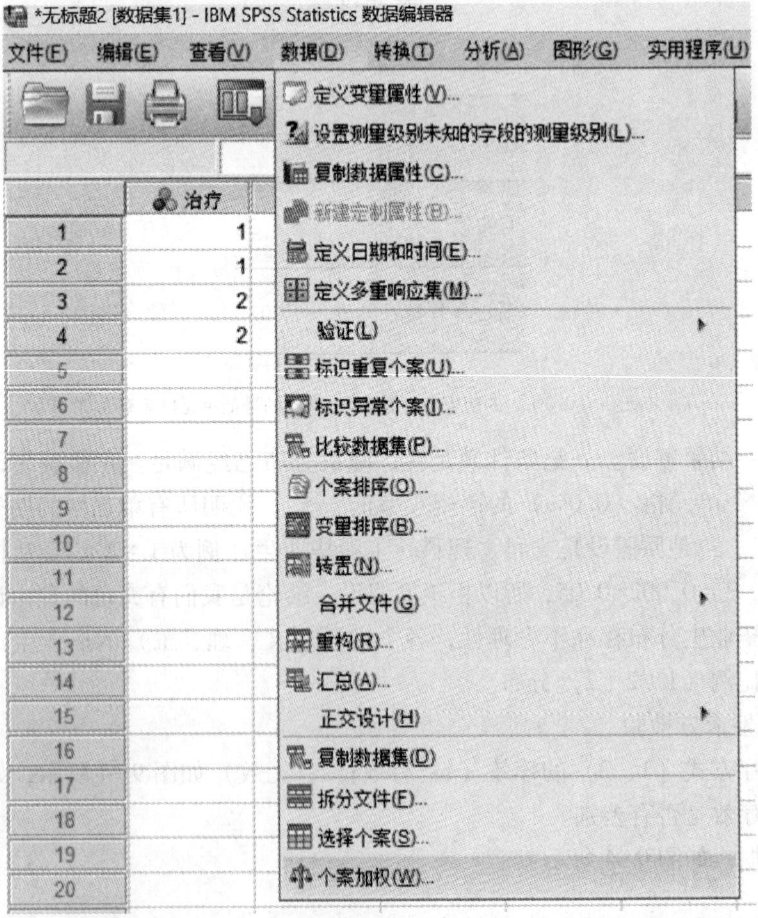

图 9-5

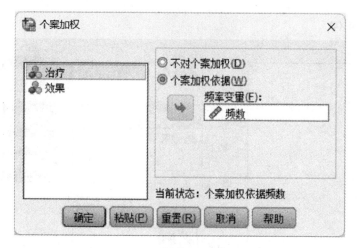

图 9-6

步骤二：选择菜单"分析""描述分析"→"交叉表"，如图 9-7 所示，调出"交叉表"对话框。将变量"治疗"选入"行"，变量"效果"选入"列"，变量"频数"选入"层"中，如图 9-8 所示。点击"统计"，调出"交叉表：统计"对话框，勾选"卡方"，点击"确定"，如图 9-9 所示。

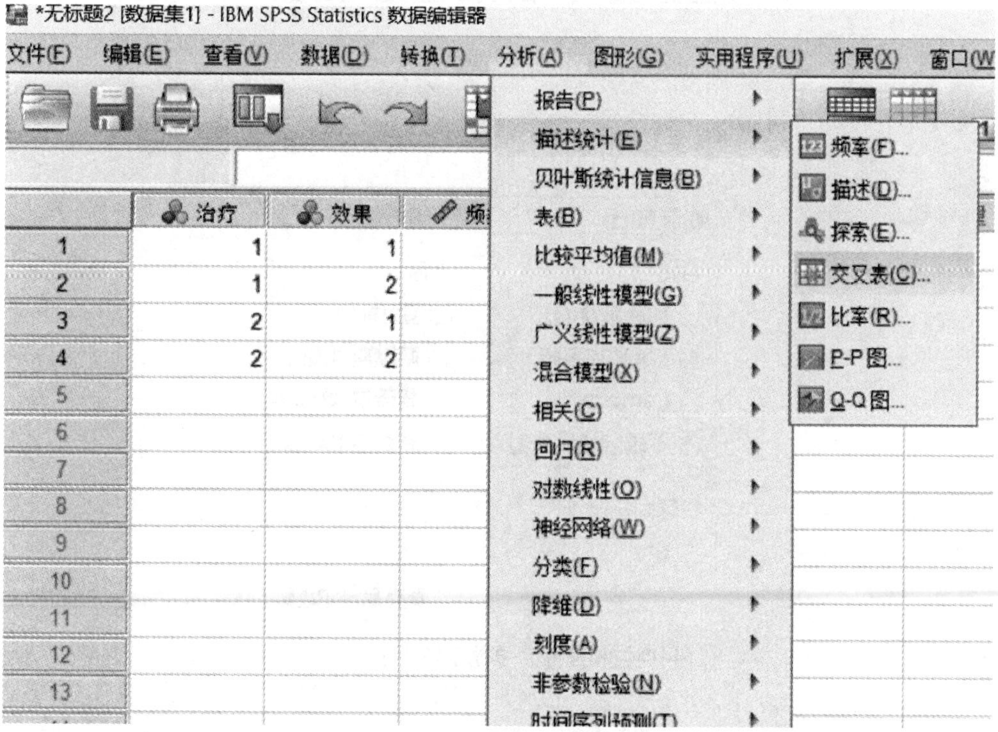

图 9-7

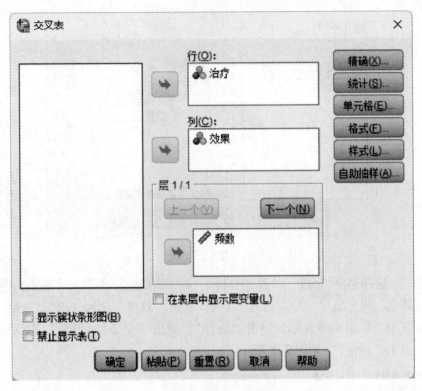

图 9-8

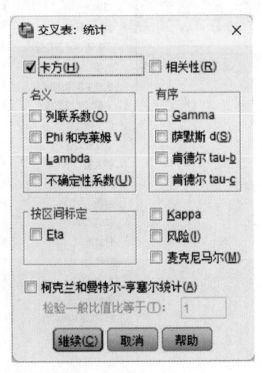

图 9-9

步骤三：得到如表9-20所示的卡方检验表。

表9-20

卡方检验

频数		值	自由度	渐进显著性 （双侧）	精确显著性 （双侧）	精确显著性 （单侧）
25	皮尔逊卡方	.c				
	有效个案数	25				
27	皮尔逊卡方	.c				
	有效个案数	27				
34	皮尔逊卡方	.c				
	有效个案数	34				
69	皮尔逊卡方	.c				
	有效个案数	69				
总计	皮尔逊卡方	3.327ᵃ	1	0.068		
	连续性修正ᵇ	2.719	1	0.099		
	似然比	3.292	1	0.070		
	费希尔精确检验				0.081	0.050
	线性关联	3.306	1	0.069		
	有效个案数	155				

注：a. 0 个单元格（0.0%）的期望计数小于 5，最小期望计数为 19.79。

b. 仅针对 2×2 表进行计算

c. 由于"治疗"和"效果"是常量，因此未计算任何统计。

步骤四：结果解读。

一是条件满足性。随机性已经满足，卡方检验表说明中，0 个单元格（0.0%）的期望计数小于 5，最小期望计数为 19.79。

情况一：$n \geqslant 40$，且期望值$\geqslant 5$，卡方检验见表9-19"总计"中的"皮尔逊卡方"。

情况二：$n \geqslant 40$，且至少一个$1 \leqslant$期望值<5，校正卡方检验见表9-19"总计"中的"连续性修正"结果。

情况三：$n < 40$或至少1个$T < 1$，费希尔确切概率法，见表9-19"总计"中的"费希尔精确检验"。

二是原假设，治疗方案与疗效是独立的。从表9-19卡方检验结果来看，卡方统计量的值为3.327，$P = 0.068 > 0.05$，没有拒绝原假设。结论：没有找到证据证明治疗方案与疗效相关。所以两种治疗的疗效无差异。

知识测评

1. 一项研究得出的卡方统计量值为20（$\chi^2 = 20$）。查表求下列情况的P值范围：

（1）该研究是$n = 12$的拟合优度检验；

（2）该研究是检验两个分类变量（行变量有3个值，列变量有4个值）之间的独立性。

2. 独立性卡方检验时收集了以下数据，中间的数据表示对品牌的喜爱调查统计。请问：此检验的零假设和备择假设是什么？标有χ^2的单元格的预期值是多少？涉及自由度是多少？

性别	品牌1	品牌2	品牌3
男性	16	22	15
女性	18（X）	30	28

3. 卡方拟合优度检验的零假设为H0：$p_1 = 0.2$，$p_2 = 0.3$，$p_3 = 0.4$，$p_4 = 0.1$。下面哪个是合适的替代假设？（   ）

A. HA：$p_1 \neq 0.2$，$p_2 \neq 0.3$，$p_3 \neq 0.4$，$p_4 \neq 0.1$

B. HA：$p_1 = p_2 = p_3 = p_4$

C. HA：H0中所述的比例并非全部正

D. HA：$p_1 \neq p_2 \neq p_3 \neq p_4$

4. 对360个随机样本进行χ^2拟合优度检验，以确定每月生日数是否与该月天数成正比。χ^2被确定为23.5。该检验的P值（   ）。

A. $0.001 < P < 0.005$

B. $0.02 < P < 0.025$

C. $0.025 < P < 0.05$

D. $0.01 < P < 0.02$

E. $0.05 < P < 0.10$

5. 一组男女受访者被问及对某类电视节目的偏好，下表给出了结果。

性别	节目1	节目2
男性	5	20
女性	3	12

以下哪些说法是正确的？（　　　）

    A. 性别和计划偏好这两个变量是独立的。

    B. 对于这些数据，$\chi^2 = 0$。

    C. 性别变量与计划偏好相关。

6. 计算下表中 χ^2 的值为（　　　）。

	C	D
A	15	25
B	10	30

    A. 2.63   B. 1.22

    C. 1.89   D. 2.04

    E. 1.45

7. 独立性的 χ^2 检验与比例齐性的 χ^2 检验的主要区别是以下哪项？（　　　）

    A. 它们自由度不同

    B. 一个检验是双侧检验，另一个检验是单侧检验

    C. 在一种情况下，两个变量在同一总体中进行比较；在另一种情况下，两个总体在单一变量方面进行比较

    D. 对于给定的 χ^2 值，它们的 P 值不同

    E. 检验之间没有差异，它们检验的是完全相同的东西

8. 研究人员将开展一项研究，帮助确定种族是否与血型有关。人种分为白人、黑人、黄人、棕色人或其他。血型有 A 型、B 型、O 型和 AB 型。对人种和血型之间的独立性进行卡方检验的自由度是多少？（　　　）

    A. 5×4＝20

    B. 5×3＝15

    C. 4×4＝16

    D. 5+4−2＝7

    E. 4×3＝12

9. 对三个总体和一个有四个值的分类变量进行了比例齐性的卡方检验。计算卡方统计量得出 $\chi^2 = 17.2$。这一结果在 0.01 显著性水平上是否显著？

10. 以下哪项最能说明独立性检验与比例齐性检验之间的区别？讨论每个答案的正确性。（　　　）

    A. 没有区别，因为它们得出的卡方检验统计量值相同

B. 独立性检验有一个总体和两个分类变量，而比例齐性检验有一个以上的总体，只有一个分类变量

C. 比例齐性检验有一个总体和两个分类变量，而独立性检验有多个总体，只有一个分类变量

D. 独立性检验在计算卡方时使用计数数据，而比例齐性检验在计算卡方时使用百分比或比例

11. 计算含有"X"的单元格的期望值。下表是其边际分布。

	D	E	F	G	合计
A	X	X	X	X	94
B	X	X	X	X	96
C	X	X	X	X	119
合计	74	69	128	38	309

12. 我们对某大城市两个地区的餐馆进行了顾客满意度比较，以了解地理位置是否影响顾客满意度。研究人员随机抽取了城东大牛排餐厅的 38 名顾客和城西大牛排餐厅的 36 名顾客进行访谈。这两家餐厅由同一人管理，研究人员确定它们在装潢、服务、菜单和食品质量方面几乎完全相同。研究结果如下表所示。

地理位置	频数			
	优秀	良好	一般	较差
城东	10	12	11	5
城西	6	15	7	8

这些数据是否提供了地点影响客户满意度的有力证据？

13. 对一个有 15 个类别的变量进行拟合优度的卡方检验。在 0.02 的显著性水平下，拒绝零假设所需的 χ^2 最小值是多少？

14. 生产过程中的缺陷数量按星期几统计如下：

	周一	周二	周三	周四	周五
数量	36	23	26	25	40

制造商担心周一和周五的缺陷数量较多。在 0.05 的显著性水平下，检验一周中每天缺陷比例相同的说法。

15. 在某高校进行了一项关于学分制的意见调查。考虑所有课程实施选修制，对于教育部要求的课程、必修课程实施选教师，其他课程可实施选课。从该学院的众多教师、学生和家长中随机抽取了 157 名受访者。受访者可以选择赞成、反对或有条件赞成。调查结果如下：

受访者	赞成	反对	有条件赞成
学生	17	9	6
教师	33	40	27
家长	5	8	12

在 0.05 的水平上，这些数据是否支持受访者类型（学生、教师或家长）与对学分制的看法有关的论点？这是独立性检验还是比例齐性检验？

实践测评

对你感兴趣的课题开展研究，并进行调查（注意随机性），然后提出假设，再证明你的假设，并分享你的研究成果。如果你暂时没有想到好研究课题，那么你就针对你所在班级学生努力（努力、不努力）与血型（A、B、AB、O）关系进行研究。请在 0.05 显著性水平下，设计调查实验，经过统计研究找到证据，并分享你的研究成果。

目标达成表

学习目标	目标达成情况自评
陈述适当的假设并计算拟合优度卡方检验的预期计数和卡方检验统计量	
说明并检查执行卡方检验拟合优度的随机、10%和大期望值条件	
计算拟合优度卡方检验的自由度和 P 值，计算卡方检验拟合优度	
当卡方检验的结果具有统计显著性时，进行后续分析	
陈述适当的假设并计算基于双向表中数据的卡方检验的预期值和卡方检验统计量	
根据双向表中的数据，陈述并检查卡方检验的随机、10%和大期望值条件	
根据双向表中的数据计算卡方检验的自由度和 P 值，进行卡方检验以检验齐性，进行卡方独立性检验	
在给定设置中选择适当的卡方检验	

第 10 章

推断应用：回归分析

本章提要

在前几章中，我们讨论了总体均值和比例的推断、两个总体均值或两个总体比例之差的推断以及总体分类变量分布和关系推断。在本章中，我们将扩展线性回归研究，纳入回归线斜率的推断，包括置信区间和显著性检验。最后，我们将探讨在进行回归分析时如何使用软件技术。

学习目标

- 检查对总体（真实）回归线的斜率 β_1 进行推断的条件。
- 根据上下文中解释 b_0，b_1，s 和 SE_{b_1} 的值，并从计算机输出中确定这些值。
- 为总体（真实）回归线的斜率 β_1 构建并预测置信区间。
- 对总体（真实）回归线的斜率 β_1 进行检验。

主要内容

⭐ 简单线性回归　　　　　　⭐ 回归线斜率的显著性检验

⭐ 回归线斜率的置信区间　　⭐ 利用技术进行回归分析

10.1 简单线性回归

在本书前面学习数据分析时，我们区分了统计量和参数。统计量是描述样本的数值，而参数是描述总体的参数。我们还看到，统计量可以用来估计参数。因此，我们用 $\bar{x}$ 估算总体均值 μ，用 s 估算总体标准差 σ，等等。在前面，我们介绍了基于一组有序对的最小二乘回归线：$\hat{y} = a + bx$。$\hat{y}$ 实际上是一种统计量，因为它是基于样本数据的。在本章中，我们将研究由 $\hat{y}$ 估算的参数 μ_y。

在了解线性回归模型之前，我们先看一个例子，让我们回忆一下最小二乘法回归的内容。

以下数据是一组 10 名统计专业女生的脉搏率和身高，如表 10-1 所示。

表 10-1

身高/cm	170	160	170	163	159	155	164	164	172	166
脉搏/（次·分$^{-1}$）	78	70	65	62	63	68	76	58	73	53

问题：根据身高、脉搏的最小二乘回归线是多少？身高与脉搏之间的相关系数是多少？结合问题解释相关系数。身高为 167 cm 的学生，预测其脉搏是多少？结合问题解释回归线的斜率。

提示：

根据身高预测脉搏的最小二乘回归线：可以通过计算机软件得出：$\widehat{脉搏}$ = 16.95 + 0.302 × 身高 。

身高与脉搏之间的相关系数：$r \approx 0.21$，说明身高与脉搏之间存在微弱的正线性关系。

身高为 167 cm 的学生，预测其脉搏：$\widehat{脉搏}$ = 16.95 + 0.302 × 身高 = 16.95 + 0.302 × 167 ≈ 67.38。

回归线的斜率意思是身高每增加 1 cm，预计平均脉搏每分钟增加 0.302 次。

在进行回归分析时，我们使用 $\hat{y} = a + bx$ 来估计真正的总体回归线。与其他用于推断的统计量类似，我们使用 a 和 b 作为总体参数 α 和 β 的估计值，它们分别是总体回归的截距和斜率。进行回归分析的必要条件是：

条件一：对于每个给定的 x 值，响应变量 y 值都是独立的正态分布。

条件二：对于每个给定的 x 值，y 值的标准偏差 σ 都是相同的。

条件三：对于 x 的固定值，y 值的平均响应与方程 $\mu_y = \alpha + \beta x$ 呈线性关系。

举例说明：假设我们想知道一个人在喝了一定数量的小杯葡萄酒后（一小杯酒约为 10 g），其敏捷性得分情况。设喝下的酒杯数为 x 杯。x 取值为 1、2、3、4、5 和 6。y 是测试敏捷度的得分（1~100 分）。那么对于任何给定的 x_i 值，都会有对应的 y 值分布，其平均值为 μ_{yi}。回归分析的条件是：①每个 y 值的分布都是正态分布；②每个 y 值的分布都有相同的标准偏差 σ；③每个 μ_{yi} 都位于一条直线上。

请记住：残差是根据回归方程进行预测时涉及的误差（残差 = y 的实际值-的预测值，即 $y = y_i - \hat{y}_i$）。那么，预测的标准误差是残差平方的函数：

$$s = \sqrt{\frac{SS_{RES}}{n-2}} = \sqrt{\frac{\sum (y_i - \hat{y}_i)^2}{n-2}}$$

s 是残差标准差 σ 的估计值。因此，在回归中实际上有三个参数需要关注：α、β 和 σ，它们分别由 a、b 和 s 估算。

我们进行回归分析所需的最后一个统计量是回归线斜率的标准误差：

$$s_b = \frac{s}{\sqrt{\sum (x_i - \bar{x})^2}} = \frac{\sqrt{\dfrac{\sum (y_i - \hat{y}_i)^2}{n-2}}}{\sqrt{\sum (x_i - \bar{x})^2}}$$

总之，回归分析取决于用 $\hat{y} = a + bx$ 估算 $\mu_y = \alpha + \beta x$。对于每个 x，y 的响应值都是独立的，且遵循正态分布，每个分布的标准差相同。回归分析取决于以下统计量：

a，μ_y 截距 α 的估计值；

b，μ_y 斜率 β 的估计值；

s，残差的标准误差；

S_b，回归线斜率的标准误差。

在接下来的章节中，我们将通过斜率的显著性检验和置信区间来探讨回归线斜率的推断。

10.1.1 回归线斜率的推断

回归分析包括回归线斜率的显著性检验和置信区间。显著性检验的零假设通常是 H0：$\beta = 0$，不过也可以检验 H0：$\beta = \beta_0$。我们感兴趣的是最小二乘回归线在多大程度上是数据的良好模型。也就是说，显著性检验是对数据线性模型的检验。

我们注意到，理论上我们可以检验回归线的斜率是否等于任何特定值。不过，通常的检验方法是检验回归线的斜率是否为零。如果回归线的斜率为零，则 x 和 y 变量之间不存在线性关系（请记住：$b = r\dfrac{s_y}{s_x}$，如果 $r = 0$，则 $b = 0$）。

备择假设通常是双侧检验（即 HA：$\beta \neq 0$）。如果我们认为数据正相关或负相关，我们可以进行单侧检验。

回归线斜率显著性检验的基本情况如表 10-2 所示。

表 10-2

假设	条件	统计量
原假设： H0：$\beta = \beta_0$ 或者 $\beta = 0$	每个给定的 x 值，响应变量 y 值为独立的且为正态分布。	$t = \dfrac{\beta - \beta_0}{s_b}$ 或者 $t = \dfrac{\beta}{s_b}$ df $= n - 2$
	每个给定的 x 值，响应变量 y 的标准差是一样的	
	给定的 x 值，变量 y 平均响应值由 $\mu_y = \alpha + \beta x$ 决定	

表 10-3 中的数据给出了 2022—2023 年上学期学生人均支出最高的 15 个地区以及该地区半年的教师平均工资。在 0.01 的显著性水平下，检验学生人均支出与教师工资之间不存在直线关系的假设。假设线性回归分析的必要条件已经具备。

表 10-3 单位：元

编号	人均支出	教师工资	编号	人均支出	教师工资
1	3982	27360	9	4669	29470
2	4042	25892	10	4888	26610
3	4123	25788	11	5020	33990
4	4168	25853	12	5440	27224
5	4247	26525	13	5536	27170
6	4349	27186	14	5710	30678
7	4517	24624	15	8349	41480
8	4642	26800			

提示：

步骤一：设 β = 从学生人均支出预测工资的回归线的真实斜率。

H0：$\beta = 0$

HA：$\beta \neq 0$

步骤二：条件满足性。问题指出线性回归的必要条件已经具备。

步骤三：我们将使用 t 检验回归线的斜率。Sal 表示教师工资，PPE 表示学生人均支出。回归方程为

$$\text{Sal} = 12027 + 3.34\text{PPE}, \ s \approx 2281, \ s_b \approx 0.5536$$

$$t = \frac{3.34 - 0}{0.5536} \approx 6.04, \ \text{df} = n - 2 = 15 - 2 = 13$$

$P - \text{value} = 0.0000$

步骤四：由于 $P < \alpha$，我们拒绝 H0。我们有证据表明回归线的真实斜率不为零，即有证据表明，学生人均支出额与教师工资之间存在线性关系。

回归线斜率等于零的显著性检验与变量之间不存在相关性的检验密切相关。也就是说，如果 ρ 是总体相关系数，那么 H0：$\beta = 0$ 的检验统计量等于 H0：$\rho = 0$ 的检验统计量。H0：$\rho = 0$ 的 t 检验统计量（其中 r 是样本相关系数）为

$$t = r\sqrt{\frac{n-2}{1-r^2}}, \ \text{df} = n - 2$$

因为这和非零斜率检验是等价的，所以不难理解：

$$r\sqrt{\frac{n-2}{1-r^2}} = \frac{b}{s_b}$$

10.1.2　回归线斜率的置信区间

除了对 $H0: \beta = \beta_0$ 进行假设检验外，我们还可以构建回归线真实斜率的置信区间。详情如表 10-4 所示。

表 10-4

参数估计	条件	公式
总体斜率: β 估计 b $s = \sqrt{\dfrac{SS_{RES}}{n-2}}$ $= \sqrt{\dfrac{\sum(y_i - \hat{y}_i)^2}{n-2}}$ $s_b = \dfrac{s}{\sqrt{\sum(x_i - \bar{x})^2}}$ $= \dfrac{\sqrt{\dfrac{\sum(y_i - \hat{y}_i)^2}{n-2}}}{\sqrt{\sum(x_i - \bar{x})^2}}$	1. 每个给定的 x 值，响应变量 y 值为独立的，且为正态分布 2. 每个给定的 x 值，响应变量 y 的标准差是一样的 3. 给定的 x 值，变量 y 平均响应值由 $\mu_y = \alpha + \beta x$ 决定	$b \pm t \times s_b$ （t 为临界值） $df = n - 2$

学以致用 10-3

再看一次前面关于从学生人均支出预测教师工资的例子。为总体回归线的斜率构建一个 95% 的置信区间。

提示：当我们对该问题进行 $H0: \beta = 0$ 的检验时，我们发现 $\hat{Sal} = 12027 + 3.34PPE$。15 个点的回归线的斜率，也就是我们对 β 的估计值为 $b = 3.34$。我们还有 $t = 6.04$。

我们的置信区间为 $b \pm t \times s_b$。我们需要找出 t 和 s_b。对于 $C = 0.95$，$df = n - 2 = 15 - 2 = 13$，我们得到 $t = 2.160$。现在，求得 s_b：

$$s_b = \frac{b}{t} = \frac{3.34}{6.04} \approx 0.5530$$

因此，

$$b \pm t \times s_b = 3.34 \pm 2.160 \times 0.5530 \approx (2.15, 4.53)$$

我们有 95% 的把握认为，回归线的真实斜率介于 2.15 和 4.53 之间。请注意：由于 0 不在这一区间内，因此这一结论与我们之前拒绝斜率等于 0 的假设是一致的。

10.2　利用技术进行回归分析

如果我们必须根据原始数据进行计算，那么在推断回归线的斜率时所涉及的计算就会令人生畏。

幸运的是，我们可能永远都不需要手工操作，而是可以依靠计算机提供的输出结果，或者使用计算器进行计算。

10.2.1　Excel 技术

下面是通过计算 15 秒内蟋蟀鸣叫的次数和记录温度收集到的数据。N 表示次数，T 表示温度（F）。具体如表 10-5 所示。

表 10-5

N	22	27	35	15	28	30	39	23	25	18	35	29
T	64	68	78	60	72	76	82	66	70	62	80	74

我们希望利用 Excel 技术来检验回归线斜率为 0 的假设，并构建回归线真实斜率的置信区间。

Excel 操作

步骤一：输入数据，如图 10-1 所示。

图 10-1

步骤二：点击"数据"下面的"数据分析"，选择"回归"，如图 10-2 所示。填写好相关内容（如图 10-3 所示），点击"确定"。

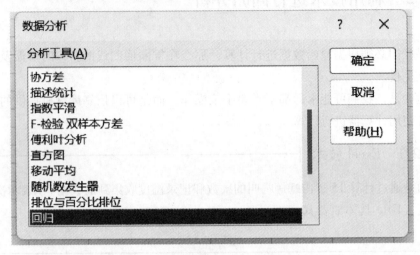

图 10-2

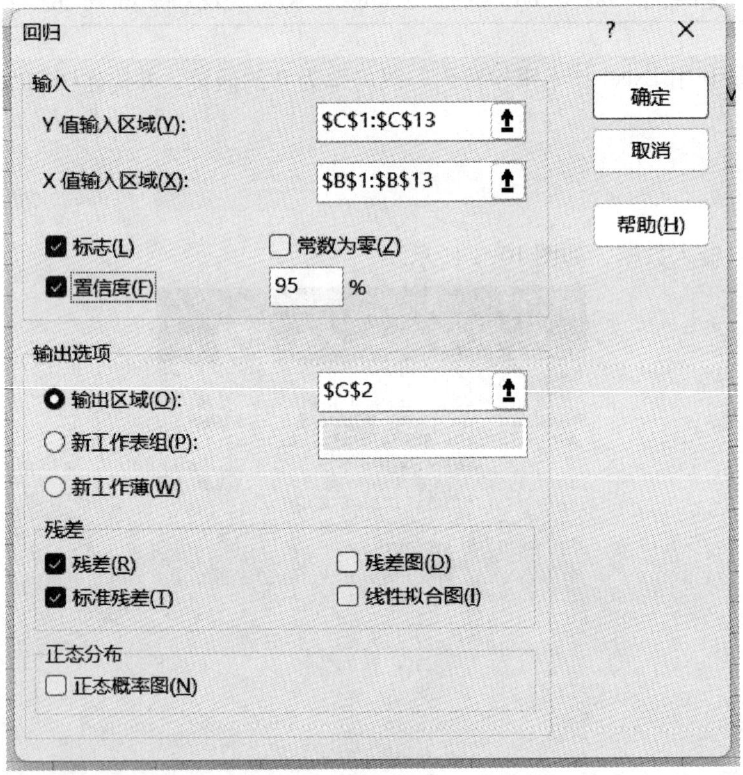

图 10-3

步骤三：结果解读。

让我们看看 Excel 对这些数据的回归结果（如表 10-6 至表 10-9 所示）。

表 10-6

回归统计	
Multiple R	0. 979115
R Square	0. 958667
Adjusted R Square	0. 954534
标准误差	1. 537611
观测值	12

表 10-7

方差分析					
	df	SS	MS	F	Significance F
回归分析	1	548. 3575	548. 3575	231. 9375	3. 02E-08
残差	10	23. 64247	2. 364247		
总计	11	572			

表 10-8

	Coefficients	标准误差	t Stat	P-value	Lower 95%	Upper 95%	下限 95.0%	上限 95.0%
Intercept	44. 0126	1. 826794	24. 09281	3. 45E-10	39. 94225	48. 08295	39. 94225	48. 08295
N	0. 993401	0. 065229	15. 22949	3. 02E-08	0. 848063	1. 13874	0. 848063	1. 13874

表 10-9

观测值	预测 T	残差	标准残差
1	65. 86743	−1. 86743	−1. 27378
2	70. 83443	−2. 83443	−1. 93338
3	78. 78164	−0. 78164	−0. 53316
4	58. 91362	1. 086383	0. 741025
5	71. 82783	0. 172166	0. 117435
6	73. 81464	2. 185363	1. 490642
7	82. 75525	−0. 75525	−0. 51516
8	66. 86083	−0. 86083	−0. 58717
9	68. 84763	1. 15237	0. 786035
10	61. 89382	0. 106179	0. 072425
11	78. 78164	1. 218356	0. 831044
12	72. 82124	1. 178764	0. 804039

根据表 10-6 中 "Coefficients" 列的 "Intercept"（常数等于 y-截距，即 $\hat{y} = a + bx$ 中的 a；此处 $a = 44.0126$）和 "N" 回归线斜率（即本例中的 "N" 系数，即 $\hat{y} = a + bx$ 中的 b；此处 $b = 0.993401$）的值。得到回归方程：$\hat{T} = 44.0126 + 0.993401 \times N$。回归方程是最小二乘法回归线（LSRL），根据蟋蟀鸣叫次数预测温度。

"N" 行 "标准误差" 列是斜率的标准误差（我们称之为 s_b，即回归线斜率估计值的变异性，此处等于 $s_b = \dfrac{s}{\sqrt{\sum (x_i - \bar{x})^2}} = \dfrac{\sqrt{\dfrac{\sum (y_i - \hat{y}_i)^2}{n-2}}}{\sqrt{\sum (x_i - \bar{x})^2}} \approx 0.065229$）；"tStat" 是 t 检验统计量的值（$t = \dfrac{b}{s_b}$，df=n-2；此处为 $t = \dfrac{b}{s_b} = \dfrac{0.993401}{0.065229} \approx 15.229949$）。

"回归统计" 表 10-4 中 "标准误差" 是残差的标准误差，即 y 值与回归线垂直距离的变化；$s = \sqrt{\dfrac{SS_{RES}}{n-2}} = \sqrt{\dfrac{\sum (y_i - \hat{y}_i)^2}{n-2}} \approx 1.537611$。"RSquare" 是判定系数（或 r^2；此处 RSquare = 95.8667% ⟹ 对 15 秒内鸣叫次数的回归解释了 95.9% 的温度变化。注意，此处 "MultipleR" 就是 $r = \sqrt{RSquare} = \sqrt{0.958667} \approx 0.979115$）。

对回归线的斜率进行 t 检验所需的所有方法都包含在这份输出中。一般有两种方法：一是 P 值法。表 10-6 中 "P-value" 是假定进行双侧检验时与检验统计量相关的 P 值（此处 $P = 0.000$；如果是单侧检验，则需要将给定的 P 值除以 2），拒绝原假设，有充足证据说明系数不为 0。二是区间估计法。表 10-6 中有 t 值的估值区间为（0.848063，1.13874），$t = 15.22949$，此值在估值区间外，所以拒绝原假设，有充足证据说明系数不为 0。

10.2.2　JMP 技术

仍然以上题为例，以下是 JMP 具体操作。

JMP 操作

步骤一：输入数据，注意把 "数据类型" 修改为 "数值型"，"建模类型" 修改为 "连续型"（如图 10-4 所示）。

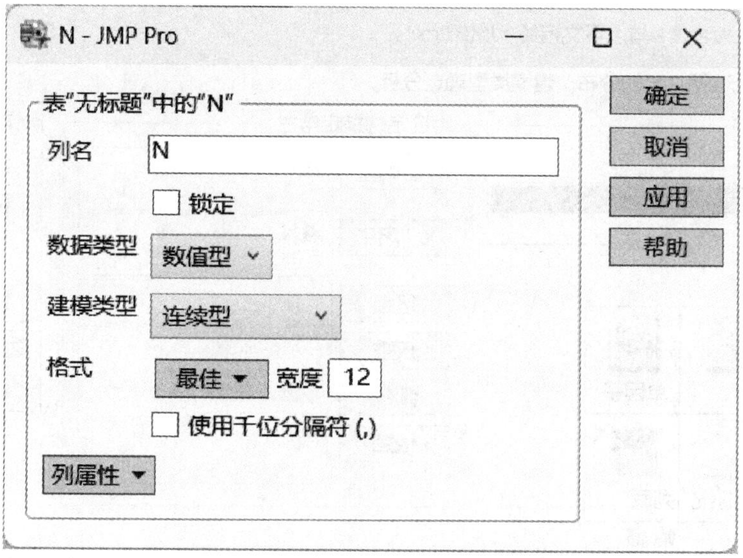

图 10-4

步骤二：选择菜单"分析"，选择"以 X 拟合 Y"，如图 10-5 所示。如图 10-6 所示，在"Y，响应"选入因变量，此处选择"T"；在"X，因子"选入自变量，此处选择"N"。

图 10-5

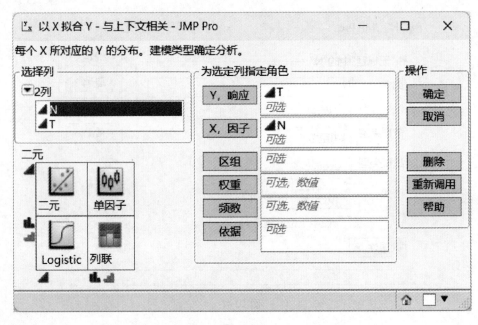

图 10-6

步骤三：选择并解读结果。JMP 给我们生成了一个散点图。如图 10-7 所示。我们需要点击倒三角形，选择需要展示的结果。此处我们选择"拟合线"，如图 10-8 所示。查看结果，如图 10-9 所示。

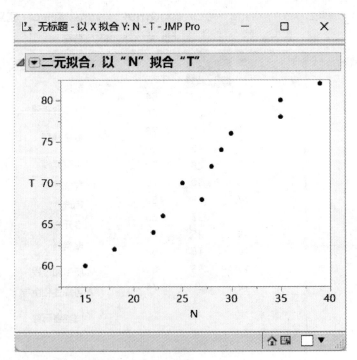

图 10-7

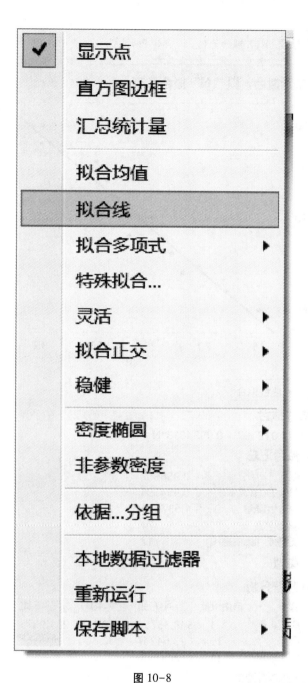

图 10-8

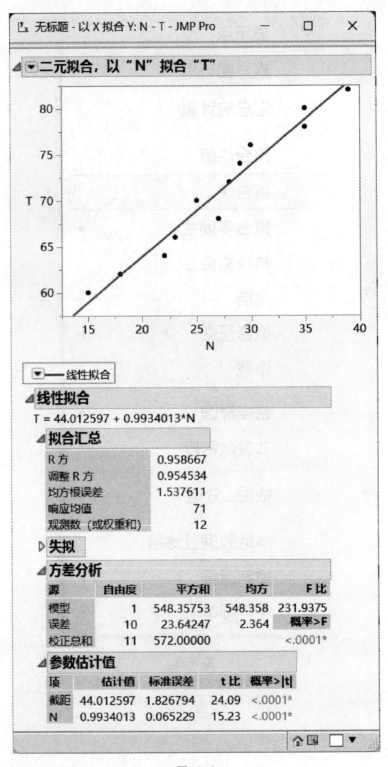

图 10-9

结果给我们展示了散点图和拟合的直线，给出了方程：$T = 44.012597 + 0.9934013 \times N$；
拟合汇总中，给出了 r^2（R 方）、残差的标准误差（均方根误差）；参数估计值中，给出

了截距、N 两项的估计值、标准误差、t 值（t 比）、P 值（概率>| t |）。

10.2.3 SPSS 技术

仍然以上题为例，以下是 SPSS 具体操作。

SPSS 操作

步骤一：输入数据，并设置好数据测量属性，如图 10-10 所示。

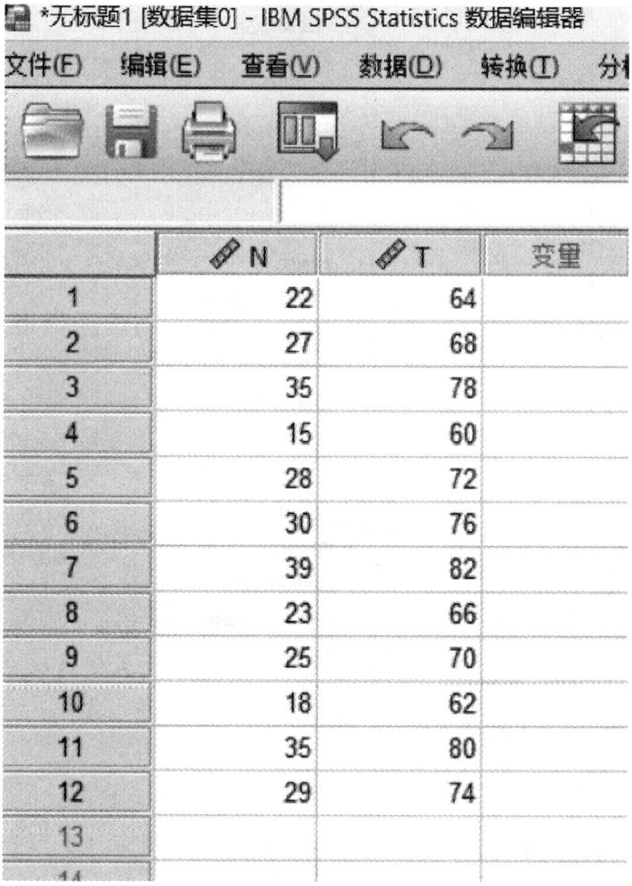

	N	T
1	22	64
2	27	68
3	35	78
4	15	60
5	28	72
6	30	76
7	39	82
8	23	66
9	25	70
10	18	62
11	35	80
12	29	74
13		

图 10-10

步骤二：选择菜单“分析”下的“回归”，再选择“线性”，如图 10-11 所示。调出“线性回归”对话框，因变量中选入“T”，自变量中选入“N”；点击“统计”，调出“线性回归：统计”对话框，勾选你想要展示的统计项，如图 10-12 所示。再依次点击“继续”“确定”。

图 10-11

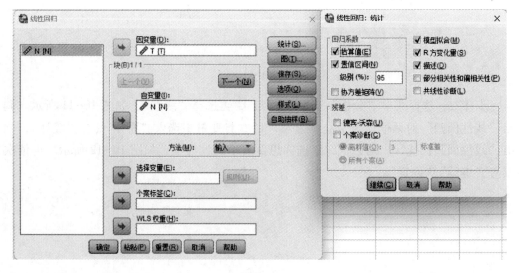

图 10-12

步骤三：结果展示与解读。关键的结果如表 10-10、表 10-11、表 10-12 所示。

表 10-10

模型摘要

模型	R	R 方	调整后 R 方	标准估算的错误	R 方变化量	F 变化量	自由度1	自由度2	显著性F变化量
					更改统计				
1	0.979[a]	0.959	0.955	1.538	0.959	231.937	1	10	0.000

注：a. 预测变量：（常量），N

表 10-11

ANOVA[a]

模型		平方和	自由度	均方	F	显著性
1	回归	548.358	1	548.358	231.937	0.000[b]
	残差	23.642	10	2.364		
	总计	572.000	11			

注：a. 因变量：T

b. 预测变量：（常量），N

表 10-12

系数[a]

模型		未标准化系数		标准化系数			B的95.0%置信区间	
		B	标准错误	Beta	t	显著性	下限	上限
1	(常量)	44.013	1.827		24.093	0.000	39.942	48.083
	N	0.993	0.065	0.979	15.229	0.000	0.848	1.139

注：a. 因变量：T

b. 预测变量：（常量），N

同上面两种技术的结论是一样的。有几个名称不一样：残差的标准误差被写成"标准估算的错误"，P 值写成"显著性"。

1. 根据学习时数预测平均学分绩点的回归方程为 $\widehat{\text{Score}} = 65.95 + 0.05$（Hours），请解释回归线的斜率。

2. 以下哪项不是进行回归线斜率推断的必要条件？（　　）

    A. 对于给定的自变量值，响应变量呈正态分布

    B. 预测变量和响应变量的值是独立

    C. 对于每个给定的自变量值，响应变量的分布具有相同的标准差

    D. 平均响应值位于一条直线上

3. 判断正误。

回归线斜率的显著性检验总是基于假设 $H0: \beta = 0$ 与备择假设 $HA: \beta \neq 0$。（　　）（正确打"√"，错误打"×"）

4. 请看下面的 JMP 结果输出：

回归方程		R^2	调整 R^2	均方根误差
$\hat{y} = 282 + 0.634x$		0.810	0.800	9.282
项	估计值	标准误差	t 比	概率>｜t｜
截距	282.459	3.928	71.91	<0.0000*
x	0.63383	0.07039	9.00	<0.0000*

请回答：回归线的斜率是多少？残差的标准误差是多少？斜率的标准误差是多少？数据是否表明 x 和 y 之间存在预测性线性关系？

5. 根据 18 个数据值，对回归线的斜率进行 t 检验，显著性水平为 0.02。按照惯例，检验是双侧检验。该检验的临界值上限是多少？

6. 以下哪些说法是正确的？（　　）

    A. 在回归的计算机输出中，s 是残差标准偏差 σ 的估计值

    B. $H0: \beta = 0$ 的 t 检验统计量与 $H0: \rho = 0$ 的 t 检验统计量具有相同的值

    C. 回归线斜率的 t 检验总是双侧检验（$HA: \beta \neq 0$）

7. 一项研究试图在智商得分（IQ）和音乐天赋（MA）之间建立线性关系。下表是基于 20 人样本回归分析的部分结果。

回归方程		R^2	调整 R^2	均方根误差
$\widehat{\text{MA}} = -22.3 + 0.493\text{IQ}$		0.477	0.448	6.143
项	估计值	标准误差	t 比	概率>｜t｜
截距	-22.26	12.94	-1.72	<0.1020*
IQ	0.4925	0.1215		

请问：

(1) H0：$\beta = 0$ 的 t 检验统计量值为多少？（　　）

    A. 4.05   B. −1.72

    C. 0.4925   D. 6.143

    E. 0.0802

(2) 回归线斜率的 99% 置信区间为（　　）。

    A. 0.4925±2.878（6.143）

    B. 0.4925±2.861（0.1215）

    C. 0.4925±2.861（6.143）

    D. 0.4925±2.845（0.1215）

    E. 0.4925±2.878（0.1215）

(3) 以下哪项最能解释回归线的斜率？（　　）

    A. 智商每增加 1 分，音乐能力得分就会增加 0.4925 分

    B. 随着智商分数的增加，音乐能力分数也会增加

    C. 智商每提高 1 分，音乐能力分数预计会提高 0.4925 分

    D. 音乐能力每增加一分，智商预计将增加 0.4925 分

    E. 智商分数与音乐能力之间有很强的预测线性关系

8. 下表给出了抽样儿童的月龄及其在该年龄段的平均身高（单位：cm）。

月龄	18	19	20	21	22	23	24	25	26	27
身高	76.2	77.98	77.98	78.23	78.74	79.76	80.01	81.03	81.28	82.80

问题：

(1) 求根据年龄（月）预测身高（cm）的相关系数和最小二乘回归线。

(2) 绘制数据的散点图和图上的 LSRL。这条线似乎是数据的良好模型吗？

(3) 为数据绘制残差图。这条线似乎仍然是一个很好的数据模型吗？

(4) 使用你的 LSRL 预测一个 35 个月儿童的身高。你对这一预测的信心有多大？

(5) 根据问题 1)，解释回归线的斜率。

9. 2022 年，有 23 个地区超过 50% 的高中毕业生参加了单招考试。下面的结果输出给出了从这 23 个地区的单招语文成绩预测单招面试成绩的回归分析。

回归方程		R^2	调整 R^2	均方根误差
		0.493	0.469	7.457
项	估计值	标准误差	t 比	概率> | t |
截距	185.77	71.45	2.60	<0.0170*
语文	0.6419	0.1420	4.52	<0.0000*

问题：

（1）根据单招语文分数预测的单招面试分数的最小二乘回归线方程是多少？

（2）确定回归线的斜率，并结合问题进行解释。

（3）确定回归线斜率的标准误差，并结合问题进行解释。

（4）确定残差的标准误差，并结合问题进行解释。

（5）假定具备进行回归分析所需的条件，在这个问题中要检验的假设是什么？分析中使用了什么检验统计量？其值是多少？你会对假设做出什么结论？

（6）构建并解释回归线真实斜率的95%置信区间。

（7）结合问题解释"95%置信区间"的含义。

10. 一些研究人员萌生了一个想法，他们可以通过一个人的身高来预测其脉搏率（早先的研究表明，脉搏率与体重之间的线性关系非常弱）。他们收集了20名大学女生的数据。下表是JMP输出结果的一部分。

回归方程		R^2	调整 R^2	均方根误差
		0.012	0.000	10.25
项	估计值	标准误差	t 比	概率>$\lvert t \rvert$
截距	52.00	37.24	1.40	<0.180*
身高	0.2647	0.5687		

问题：

（1）确定检验的 t 比率和 P 值。

（2）为根据身高预测脉搏的回归线斜率构建99%的置信区间。

（3）你认为身高和脉搏之间存在预测性线性关系吗？解释一下。

（4）假设研究人员希望证明脉搏率与身高之间存在正线性关系。t 比率和 P 值是否与（1）部分相同？如果不一样，它们是什么？

11. 下表列出了1977—1990年美国佛罗里达州沿岸这些年份动力艇的注册数量，以及被动力艇撞死的海牛数量。

年份	注册数量	撞死海牛数
1977	447000	13
1978	481000	21
1979	460000	24
1980	498000	16
1981	513000	24
1982	512000	20
1983	526000	15
1984	559000	34

年份	注册数量	撞死海牛数
1985	585000	33
1986	614000	33
1987	645000	39
1988	675000	43
1989	711000	50
1990	719000	47

要求：

（1）检验动力艇注册数量与被动力艇撞死的海牛数量之间是否存在正线性关系的假设。假设已满足进行回归分析所需的条件。

（2）使用残差图评估模型的适当性。

（3）构建并解释回归线真实斜率的90%置信区间（即找到每增加一艘注册动力艇，就会增加海牛死亡数量预测的90%置信区间）。

实践测评

根据你感兴趣的课题进行研究，并进行调查（注意随机性），然后进行回归分析，再检验你的回归模型，并分享你的研究成果。如果你暂时没有想到好研究课题，那么你就收集省、市或者县等某一级地区消费额和地区经济水平数据，看两者之间是否存在线性关系。请在0.05显著性水平下，检验你预想的线性关系是否真的存在，并分享你的研究成果。

目标达成表

学习目标	目标达成情况自评
检查对总体（真实）回归线的斜率 β_1 进行推断的条件	
根据上下文中解释 b_0，b_1，s 和 SE_{b_1} 的值，并从计算机输出中确定这些值	
为总体（真实）回归线的斜率 β_1 构建并预测置信区间	
对总体（真实）回归线的斜率 β_1 进行检验	
使用涉及幂和根的变换来找到描述两个量化变量之间关系的幂模型，并使用该模型进行预测	
使用涉及对数的变换来找到描述两个量化变量之间关系的幂模型，并使用该模型进行预测	
使用涉及对数的变换来找到描述两个量化变量之间关系的指数模型，并使用该模型保持预测	
确定几种变换中哪一种能更好地产生线性关系	

第10章　推断应用：回归分析

参考文献

［1］贾俊平，何晓群，金勇进. 统计学［M］. 8 版. 北京：中国人民大学出版社，2022.

［2］门登霍尔，辛西奇. 统计学（原书第 6 版）［M］. 关静，等译. 北京：机械工业出版社，2019.

［3］武松. SPSS 实战与统计思维［M］. 北京：清华大学出版社，2018.

［4］张文彤. SPSS 统计分析高级教程［M］. 3 版. 北京：高等教育出版社，2017.

附录

附录 A　模拟 python 代码

```python
import random

n = 100000
f = 5000
m = 5000

for i in range （n）：
    k = True
    while k：
        a = random. randrange （0，2）
        if a = = 0：
            f + = 1
            k = False
        else：
    m+ = 1
print （f，m）
```

附录 B 标准正态分布函数值表

本表列出了标准正态分布 $N(0, 1)$ 的分布函数

$$\Phi(x) = \int_{-\infty}^{x} \frac{1}{\sqrt{2\pi}} e^{-\frac{t^2}{2}} dt$$

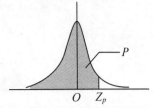

的值。

x	0.00	0.01	0.02	0.03	0.04	0.05	0.06	0.07	0.08	0.09
0.0	0.5000	0.5040	0.5080	0.5120	0.5160	0.5199	0.5239	0.5279	0.5319	0.5359
0.1	0.5398	0.5438	0.5478	0.5517	0.5557	0.5596	0.5636	0.5675	0.5714	0.5753
0.2	0.5793	0.5832	0.5871	0.5910	0.5948	0.5987	0.6026	0.6064	0.6103	0.6141
0.3	0.6179	0.6217	0.6255	0.6293	0.6331	0.6368	0.6406	0.6443	0.6480	0.6517
0.4	0.6554	0.6591	0.6628	0.6664	0.6700	0.6736	0.6772	0.6808	0.6844	0.6879
0.5	0.6915	0.6950	0.6985	0.7019	0.7054	0.7088	0.7123	0.7157	0.7190	0.7224
0.6	0.7257	0.7291	0.7324	0.7357	0.7389	0.7422	0.7454	0.7486	0.7517	0.7549
0.7	0.7580	0.7611	0.7642	0.7673	0.7704	0.7734	0.7764	0.7794	0.7823	0.7852
0.8	0.7881	0.7910	0.7939	0.7967	0.7995	0.8023	0.8051	0.8078	0.8106	0.8133
0.9	0.8159	0.8186	0.8212	0.8238	0.8264	0.8289	0.8315	0.8340	0.8365	0.8389
1.0	0.8413	0.8438	0.8461	0.8485	0.8508	0.8531	0.8554	0.8577	0.8599	0.8621
1.1	0.8643	0.8665	0.8686	0.8708	0.8729	0.8749	0.8770	0.8790	0.8810	0.8830
1.2	0.8849	0.8869	0.8888	0.8907	0.8925	0.8944	0.8962	0.8980	0.8997	0.9015
1.3	0.9032	0.9049	0.9066	0.9082	0.9099	0.9115	0.9131	0.9147	0.9162	0.9177
1.4	0.9192	0.9207	0.9222	0.9236	0.9251	0.9265	0.9279	0.9292	0.9306	0.9319
1.5	0.9332	0.9345	0.9357	0.9370	0.9382	0.9394	0.9406	0.9418	0.9429	0.9441
1.6	0.9452	0.9462	0.9474	0.9484	0.9495	0.9505	0.9515	0.9529	0.9535	0.9545
1.7	0.9554	0.9564	0.9573	0.9582	0.9591	0.9599	0.9608	0.9616	0.9625	0.9633
1.8	0.9641	0.9649	0.9656	0.9664	0.9671	0.9678	0.9686	0.9693	0.9699	0.9703
1.9	0.9713	0.9719	0.9726	0.9732	0.9738	0.9744	0.9750	0.9756	0.8761	0.9767
2.0	0.9772	0.9778	0.9783	0.9788	0.9793	0.9798	0.9803	0.9808	0.9812	0.9817
2.1	0.9821	0.9826	0.9830	0.9834	0.9838	0.9842	0.9846	0.9850	0.9854	0.9857
2.2	0.9861	0.9864	0.9868	0.9871	0.9875	0.9878	0.9881	0.9884	0.9887	0.9890
2.3	0.9893	0.9896	0.9898	0.9901	0.9904	0.9906	0.9909	0.9611	0.9913	0.9916
2.4	0.9918	0.9920	0.9922	0.9925	0.9927	0.9929	0.9931	0.9932	0.9934	0.9936

x	0.00	0.01	0.02	0.03	0.04	0.05	0.06	0.07	0.08	0.09
2.5	0.9938	0.9940	0.9941	0.9943	0.9945	0.9946	0.9948	0.9949	0.9951	0.9952
2.6	0.9953	0.9955	0.9956	0.9957	0.9959	0.9960	0.9961	0.9962	0.9963	0.9964
2.7	0.9965	0.9966	0.9967	0.9968	0.9969	0.9970	0.9971	0.9972	0.9973	0.9974
2.8	0.9974	0.9975	0.9976	0.9977	0.9977	0.9978	0.9979	0.9979	0.9980	0.9981
2.9	0.9981	0.9982	0.9982	0.9983	0.9984	0.9984	0.9985	0.9985	0.9986	0.9986
3.0	0.9987	0.9987	0.9987	0.9988	0.9988	0.9989	0.9989	0.9989	0.9990	0.9990
3.1	0.9990	0.9991	0.9991	0.9991	0.9992	0.9992	0.9992	0.9992	0.9993	0.9993
3.2	0.9993	0.9993	0.9994	0.9994	0.9994	0.9994	0.9994	0.9995	0.9995	0.9995
3.3	0.9995	0.9995	0.9995	0.9996	0.9996	0.9996	0.9996	0.9996	0.9996	0.9997
3.4	0.9997	0.9997	0.9997	0.9997	0.9997	0.9997	0.9997	0.9997	0.9997	0.9998

附录 C　t 分布上侧分位数表

本表列出了 $t(n)$ 分布的上侧 α 分位数 $t_\alpha(n)$，它满足
$$P(t(n) > t_\alpha(n)) = \alpha。$$

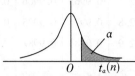

n	α = 0. 25	0. 10	0. 05	0. 025	0. 01	0. 005
1	1. 0000	3. 0777	6. 3138	12. 7062	31. 8207	63. 6574
2	0. 8165	1. 8856	2. 9200	4. 3027	6. 9646	9. 9248
3	0. 7649	1. 6377	2. 3534	3. 1824	4. 5407	5. 8409
4	0. 7407	1. 5332	2. 1318	2. 7764	3. 7469	4. 6041
5	0. 7267	1. 4759	2. 0150	2. 5706	3. 3649	4. 0322
6	0. 7176	1. 4398	1. 9432	2. 4469	3. 1427	3. 7074
7	0. 7111	1. 4149	1. 8946	2. 3646	2. 9980	3. 4995
8	0. 7064	1. 3968	1. 8595	2. 3060	2. 8965	3. 3665
9	0. 7027	1. 3830	1. 8331	2. 2622	2. 8214	3. 2498
10	0. 6998	1. 3722	1. 8125	2. 2281	2. 7638	3. 1693
11	0. 6974	1. 3634	1. 7959	2. 2010	2. 7181	3. 1058
12	0. 6955	1. 3562	1. 7823	2. 1788	2. 6810	3. 0545
13	0. 6938	1. 3502	1. 7709	2. 1604	2. 6503	3. 0123
14	0. 6924	1. 3450	1. 7613	2. 1448	2. 6245	2. 9768
15	0. 6912	1. 3406	1. 7531	2. 1315	2. 6025	2. 9467
16	0. 6901	1. 3368	1. 7459	2. 1199	2. 5835	2. 9208
17	0. 6892	1. 3334	1. 7396	2. 1098	2. 5669	2. 8982
18	0. 6884	1. 3304	1. 7341	2. 1009	2. 5524	2. 8784
19	0. 6876	1. 3277	1. 7291	2. 0930	2. 5395	2. 8609
20	0. 6870	1. 3253	1. 7247	2. 0860	2. 5280	2. 8453
21	0. 6864	1. 3232	1. 7207	2. 0796	2. 5177	2. 8314
22	0. 6858	1. 3212	1. 7171	2. 0739	2. 5083	2. 8188
23	0. 6853	1. 3195	1. 7139	2. 0687	2. 4999	2. 8073
24	0. 6848	1. 3178	1. 7109	2. 0639	2. 4922	2. 7969
25	0. 6844	1. 3163	1. 7081	2. 0595	2. 4851	2. 7874
26	0. 6840	1. 3150	1. 7056	2. 0555	2. 4786	2. 7787
27	0. 6837	1. 3137	1. 7033	2. 0518	2. 4727	2. 7707
28	0. 6834	1. 3125	1. 7011	2. 0484	2. 4671	2. 7633
29	0. 6830	1. 3113	1. 6991	2. 0452	2. 4620	2. 7564
30	0. 6828	1. 3104	1. 6973	2. 0423	2. 4573	2. 7500

n	$\alpha = 0.25$	0.10	0.05	0.025	0.01	0.005
31	0.6825	1.3095	1.6955	2.0395	2.4528	2.7440
32	0.6822	1.3086	1.6939	2.0369	2.4487	2.7385
33	0.6820	1.3077	1.6924	2.0345	2.4448	2.7333
34	0.6818	1.3070	1.6909	2.0322	2.4411	2.7284
35	0.6816	1.3062	1.6896	2.0301	2.4377	2.7238
36	0.6814	1.3055	1.6883	2.0281	2.4345	2.7195
37	0.6812	1.3049	1.6871	2.0262	2.4314	2.7154
38	0.6810	1.3042	1.6860	2.0244	2.4286	2.7116
39	0.6808	1.3036	1.6849	2.0227	2.4258	2.7079
40	0.6807	1.3031	1.6839	2.0211	2.4233	2.7045
41	0.6805	1.3025	1.6829	2.0195	2.4208	2.7012
42	0.6804	1.3020	1.6820	2.0181	2.4185	2.6981
43	0.6802	1.3016	1.6811	2.0167	2.4163	2.6951
44	0.6801	1.3011	1.6802	2.0154	2.4141	2.6923
45	0.6800	1.3006	1.6794	2.0141	2.4121	2.6896

附录 D χ^2 分布上侧分位数表

本表列出了 $\chi^2(n)$ 分布的上侧 α 分位数 $\chi^2_\alpha(n)$，它满足

$$P(\chi^2(n) > \chi^2_\alpha(n)) = \alpha。$$

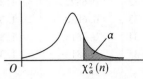

n	$\alpha = 0.995$	0.99	0.975	0.95	0.90	0.75
1	—	—	0.001	0.004	0.016	0.102
2	0.010	0.020	0.051	0.103	0.211	0.575
3	0.072	0.115	0.216	0.352	0.584	1.213
4	0.207	0.297	0.484	0.711	1.064	1.923
5	0.412	0.554	0.831	1.145	1.610	2.675
6	0.676	0.872	1.237	1.635	2.204	3.455
7	0.989	1.239	1.690	2.167	2.833	4.255
8	1.344	1.646	2.180	2.733	3.490	5.071
9	1.735	2.088	2.700	3.325	4.168	5.899
10	2.156	2.558	3.247	3.940	4.865	6.737
11	2.603	3.053	3.816	4.575	5.578	7.584
12	3.074	3.571	4.404	5.226	6.304	8.438
13	3.565	4.107	5.009	5.892	7.042	9.299
14	4.075	4.660	5.629	6.571	7.790	10.165
15	4.601	5.229	6.262	7.261	8.547	11.037
16	5.142	5.812	6.908	7.962	9.312	11.912
17	5.697	6.408	7.564	8.672	10.085	12.792
18	6.265	7.015	8.231	9.390	10.865	13.675
19	6.814	7.633	8.907	10.117	11.651	14.562
20	7.434	8.260	9.591	10.851	12.443	15.452
21	8.034	8.897	10.283	11.591	13.240	16.344
22	8.643	9.542	10.982	12.338	14.042	17.240
23	9.260	10.196	11.689	13.091	14.848	18.137
24	9.886	10.856	12.401	13.848	15.659	19.037
25	10.520	11.524	13.120	14.611	16.473	19.939
26	11.160	12.198	13.844	15.379	17.292	20.843
27	11.808	12.879	14.573	16.151	18.114	21.749
28	12.461	13.565	15.308	16.928	18.939	22.657
29	13.121	14.257	16.047	17.708	19.768	23.567
30	13.787	14.954	16.791	18.493	20.599	24.478

n	α = 0. 995	0. 99	0. 975	0. 95	0. 90	0. 75
31	14. 458	15. 655	17. 539	19. 281	21. 434	25. 390
32	15. 134	16. 362	18. 291	20. 072	22. 271	26. 304
33	15. 815	17. 074	19. 047	20. 867	23. 110	27. 219
34	16. 501	17. 789	19. 806	21. 664	23. 952	28. 136
35	17. 192	18. 509	20. 569	22. 465	24. 797	29. 054
36	17. 887	19. 233	21. 336	23. 269	25. 643	29. 973
37	18. 586	19. 960	22. 106	24. 075	26. 492	30. 893
38	19. 289	20. 691	22. 878	24. 884	27. 343	31. 815
39	19. 996	21. 426	23. 654	25. 695	28. 196	32. 737
40	20. 707	22. 164	24. 433	26. 509	29. 051	33. 660
41	21. 421	22. 906	25. 215	27. 326	29. 907	34. 585
42	22. 138	23. 650	25. 999	28. 144	30. 765	35. 510
43	22. 859	24. 398	26. 785	28. 965	31. 625	36. 436
44	23. 584	25. 148	27. 575	29. 787	32. 487	37. 363
45	24. 411	25. 901	28. 366	30. 612	33. 350	38. 291

n	α = 0. 25	0. 10	0. 05	0. 025	0. 01	0. 005
1	1. 323	2. 706	3. 841	5. 024	6. 635	7. 879
2	2. 773	4. 605	5. 991	7. 378	9. 210	10. 597
3	4. 108	6. 251	7. 815	9. 348	11. 345	12. 838
4	5. 385	7. 779	9. 488	11. 143	13. 277	14. 860
5	6. 626	9. 236	11. 071	12. 833	15. 086	16. 750
6	7. 841	10. 645	12. 592	14. 449	16. 812	18. 548
7	9. 037	12. 017	14. 067	16. 013	18. 475	20. 278
8	10. 219	13. 362	15. 507	17. 535	20. 090	21. 955
9	11. 389	14. 684	16. 919	19. 023	21. 666	23. 589
10	12. 549	15. 987	18. 307	20. 483	23. 209	25. 188
11	13. 701	17. 275	19. 675	21. 920	24. 725	26. 757
12	14. 845	18. 549	21. 026	23. 337	26. 217	28. 299
13	15. 984	19. 812	22. 362	24. 736	27. 688	29. 819
14	17. 117	21. 064	23. 685	26. 119	29. 141	31. 319
15	18. 245	22. 307	24. 996	27. 488	30. 578	32. 801
16	19. 369	23. 542	26. 296	28. 845	32. 000	34. 267
17	20. 489	24. 769	27. 587	30. 191	33. 409	35. 718
18	21. 605	25. 989	28. 869	31. 526	34. 805	37. 156
19	22. 718	27. 204	30. 144	32. 852	36. 191	38. 582
20	23. 828	28. 412	31. 410	34. 170	37. 566	39. 997

n	$\alpha = 0.25$	0.10	0.05	0.025	0.01	0.005
21	24.935	29.615	32.671	36.479	38.932	41.401
22	26.039	30.813	33.924	36.781	40.289	42.796
23	27.141	32.007	35.172	38.076	41.638	44.181
24	28.241	33.196	36.415	39.364	42.980	45.559
25	29.339	34.382	37.652	40.646	44.314	46.928
26	30.435	35.563	38.885	41.923	45.643	48.290
27	31.528	36.741	40.113	43.194	46.963	49.645
28	32.620	37.916	41.337	44.461	48.278	50.993
29	33.711	39.087	42.557	45.722	49.588	52.336
30	34.800	40.256	43.773	46.979	50.892	53.672
31	35.887	41.422	44.985	48.232	52.191	55.003
32	36.973	42.585	46.194	49.480	53.486	56.328
33	38.058	43.745	47.400	50.725	54.776	57.648
34	39.141	44.903	48.602	51.966	56.061	58.964
35	40.223	46.059	49.802	53.203	57.342	60.275
36	41.304	47.212	50.998	54.437	58.619	61.581
37	42.383	48.363	52.192	55.668	59.892	62.883
38	43.462	49.513	53.884	56.896	61.162	64.181
39	44.539	50.600	54.572	58.120	62.428	65.476
40	45.616	51.805	55.758	59.342	63.691	66.766
41	46.692	52.949	56.942	60.561	64.950	68.053
42	47.766	54.090	58.124	61.777	66.206	69.336
43	48.840	55.230	59.304	62.990	67.459	70.616
44	49.913	56.369	60.481	64.201	68.710	71.893
45	50.985	57.505	61.656	65.410	69.957	73.166

附录E F分布上侧分位数表

本表列出了 $F(n_1,n_2)$ 分布的上侧 α 分位数 $F_\alpha(n_1,n_2)$，它满足

$$P(F(n_1,n_2) > F_\alpha(n_1,n_2)) = \alpha。$$

(1) $\alpha = 0.25$

n_2＼n_1	1	2	3	4	5	6	7	8	9	10	12	15	20	24	30	40	60	120	∞
1	5.83	7.50	8.20	8.58	8.82	8.98	9.10	9.19	9.26	9.32	9.41	9.49	9.58	9.63	9.67	9.71	9.76	9.80	9.85
2	2.57	3.00	3.15	3.23	3.28	3.31	3.34	3.35	3.37	3.38	3.39	3.41	3.43	3.43	3.44	3.45	3.46	3.47	3.48
3	2.02	2.28	2.36	2.39	2.41	2.42	2.43	2.44	2.44	2.44	2.45	2.46	2.46	2.46	2.47	2.47	2.47	2.47	2.47
4	1.81	2.00	2.05	2.06	2.07	2.08	2.08	2.08	2.08	2.08	2.08	2.08	2.08	2.08	2.08	2.08	2.08	2.08	2.08
5	1.69	1.85	1.88	1.89	1.89	1.89	1.89	1.89	1.89	1.89	1.89	1.89	1.88	1.88	1.88	1.88	1.87	1.87	1.87
6	1.62	1.76	1.78	1.79	1.79	1.78	1.78	1.78	1.77	1.77	1.77	1.76	1.76	1.75	1.75	1.75	1.74	1.74	1.74
7	1.57	1.70	1.72	1.72	1.71	1.71	1.70	1.70	1.69	1.69	1.68	1.68	1.67	1.67	1.66	1.66	1.65	1.65	1.65
8	1.54	1.66	1.67	1.66	1.66	1.65	1.64	1.64	1.63	1.63	1.62	1.62	1.61	1.60	1.60	1.59	1.59	1.58	1.58
9	1.51	1.62	1.63	1.63	1.62	1.61	1.60	1.60	1.59	1.59	1.58	1.57	1.56	1.56	1.55	1.54	1.54	1.53	1.53
10	1.49	1.60	1.60	1.59	1.59	1.58	1.57	1.56	1.56	1.55	1.54	1.53	1.52	1.52	1.51	1.51	1.50	1.49	1.48
11	1.47	1.58	1.58	1.57	1.56	1.55	1.54	1.53	1.53	1.52	1.51	1.50	1.49	1.49	1.48	1.47	1.47	1.46	1.45
12	1.46	1.56	1.56	1.55	1.54	1.53	1.52	1.51	1.51	1.50	1.49	1.48	1.47	1.46	1.45	1.45	1.44	1.43	1.42
13	1.45	1.55	1.55	1.53	1.52	1.51	1.50	1.49	1.49	1.48	1.47	1.46	1.45	1.44	1.43	1.42	1.42	1.41	1.40
14	1.44	1.53	1.53	1.52	1.51	1.50	1.49	1.48	1.47	1.46	1.45	1.44	1.43	1.42	1.41	1.41	1.40	1.39	1.38

n_2 \ n_1	∞	120	60	40	30	24	20	15	12	10	9	8	7	6	5	4	3	2	1
15	1.36	1.37	1.38	1.39	1.40	1.41	1.41	1.43	1.44	1.45	1.46	1.46	1.47	1.48	1.49	1.51	1.52	1.52	1.43
16	1.34	1.35	1.36	1.37	1.38	1.39	1.40	1.41	1.43	1.44	1.44	1.45	1.46	1.47	1.48	1.50	1.51	1.51	1.42
17	1.33	1.34	1.35	1.36	1.37	1.38	1.39	1.40	1.41	1.43	1.43	1.44	1.45	1.46	1.47	1.49	1.50	1.51	1.42
18	1.32	1.33	1.34	1.35	1.36	1.37	1.38	1.39	1.40	1.42	1.42	1.43	1.44	1.45	1.46	1.48	1.49	1.50	1.41
19	1.30	1.32	1.33	1.34	1.35	1.36	1.37	1.38	1.40	1.41	1.41	1.42	1.43	1.44	1.46	1.47	1.49	1.49	1.41
20	1.29	1.31	1.32	1.33	1.34	1.35	1.36	1.37	1.39	1.40	1.41	1.42	1.43	1.44	1.45	1.47	1.48	1.49	1.40
21	1.28	1.30	1.31	1.32	1.33	1.34	1.35	1.37	1.38	1.39	1.40	1.41	1.42	1.43	1.44	1.46	1.48	1.48	1.40
22	1.28	1.29	1.30	1.31	1.32	1.33	1.34	1.36	1.37	1.39	1.39	1.40	1.41	1.42	1.44	1.45	1.47	1.48	1.40
23	1.27	1.28	1.30	1.31	1.32	1.33	1.34	1.35	1.37	1.38	1.39	1.40	1.41	1.42	1.43	1.45	1.47	1.47	1.39
24	1.26	1.28	1.29	1.30	1.31	1.32	1.33	1.35	1.36	1.38	1.38	1.39	1.40	1.41	1.43	1.44	1.46	1.47	1.39
25	1.25	1.27	1.28	1.29	1.31	1.32	1.33	1.34	1.36	1.37	1.38	1.39	1.40	1.41	1.42	1.44	1.46	1.47	1.39
26	1.25	1.26	1.28	1.29	1.30	1.31	1.32	1.34	1.35	1.37	1.37	1.38	1.39	1.41	1.42	1.44	1.45	1.46	1.38
27	1.24	1.26	1.27	1.28	1.30	1.31	1.32	1.33	1.35	1.36	1.37	1.38	1.39	1.40	1.42	1.43	1.45	1.46	1.38
28	1.24	1.25	1.27	1.28	1.29	1.30	1.31	1.33	1.34	1.36	1.37	1.38	1.39	1.40	1.41	1.43	1.45	1.46	1.38
29	1.23	1.25	1.26	1.27	1.29	1.30	1.31	1.32	1.34	1.35	1.36	1.37	1.38	1.40	1.41	1.43	1.45	1.45	1.38
30	1.23	1.24	1.26	1.27	1.28	1.29	1.30	1.32	1.34	1.35	1.36	1.37	1.38	1.39	1.41	1.42	1.44	1.45	1.38
40	1.19	1.21	1.22	1.24	1.25	1.26	1.28	1.30	1.31	1.33	1.34	1.35	1.36	1.37	1.39	1.40	1.42	1.44	1.36
60	1.15	1.17	1.19	1.21	1.22	1.24	1.25	1.27	1.29	1.30	1.31	1.32	1.33	1.35	1.37	1.38	1.41	1.42	1.35
120	1.10	1.13	1.16	1.18	1.19	1.21	1.22	1.24	1.26	1.28	1.29	1.30	1.31	1.33	1.35	1.37	1.39	1.40	1.34
∞	1.00	1.08	1.12	1.14	1.16	1.18	1.19	1.22	1.24	1.25	1.27	1.28	1.29	1.31	1.33	1.35	1.37	1.39	1.32

(2) α = 0.10

n_2＼n_1	1	2	3	4	5	6	7	8	9	10	15	20	30	50	100	200	500	∞
1	39.9	49.5	53.6	55.8	57.2	58.2	58.9	59.4	59.9	60.2	61.2	61.7	62.3	62.7	63.0	63.2	63.3	63.3
2	8.53	9.00	9.16	9.24	9.29	9.33	9.35	9.37	9.38	9.39	9.42	9.44	9.46	9.47	9.48	9.49	9.49	9.49
3	5.54	5.46	5.39	5.34	5.31	5.28	5.27	5.25	5.24	5.23	5.20	5.18	5.17	5.15	5.14	5.14	5.14	5.13
4	4.54	4.32	4.19	4.11	4.05	4.01	3.98	3.95	3.94	3.92	3.87	3.84	3.82	3.80	3.78	3.77	3.76	3.76
5	4.06	3.78	3.62	3.52	3.45	3.40	3.37	3.34	3.32	3.30	3.24	3.21	3.17	3.15	3.13	3.12	3.11	3.10
6	3.78	3.46	3.29	3.18	3.11	3.05	3.01	2.98	2.96	2.94	2.87	2.84	2.80	2.77	2.75	2.73	2.73	2.72
7	3.59	3.26	3.07	2.96	2.88	2.83	2.78	2.75	2.72	2.70	2.63	2.59	2.56	2.52	2.50	2.48	2.48	2.47
8	3.46	3.11	2.92	2.81	2.73	2.67	2.62	2.59	2.56	2.54	2.46	2.42	2.38	2.35	2.32	2.31	2.30	2.29
9	3.36	3.01	2.81	2.69	2.61	2.55	2.51	2.47	2.44	2.42	2.34	2.30	2.25	2.22	2.19	2.17	2.17	2.16
10	3.28	2.92	2.73	2.61	2.52	2.46	2.41	2.38	2.35	2.32	2.24	2.20	2.16	2.12	2.09	2.07	2.06	2.06
11	3.23	2.86	2.66	2.54	2.45	2.39	2.34	2.30	2.27	2.25	2.17	2.12	2.08	2.04	2.00	1.99	1.98	1.97
12	3.18	2.81	2.61	2.48	2.39	2.33	2.28	2.24	2.21	2.19	2.10	2.06	2.01	1.97	1.94	1.92	1.91	1.90
13	3.14	2.76	2.56	2.43	2.35	2.28	2.23	2.20	2.16	2.14	2.05	2.01	1.96	1.92	1.88	1.86	1.85	1.85
14	3.10	2.73	2.52	2.39	2.31	2.24	2.19	2.15	2.12	2.10	2.01	1.96	1.91	1.87	1.83	1.82	1.80	1.80
15	3.07	2.70	2.49	2.36	2.27	2.21	2.16	2.12	2.09	2.06	1.97	1.92	1.87	1.83	1.79	1.77	1.76	1.76

n_2 \ n_1	1	2	3	4	5	6	7	8	9	10	15	20	30	50	100	200	500	∞
16	3.05	2.67	2.46	2.33	2.24	2.18	2.13	2.09	2.06	2.03	1.94	1.89	1.84	1.79	1.76	1.74	1.73	1.72
17	3.03	2.64	2.44	2.31	2.22	2.15	2.10	2.06	2.03	2.00	1.91	1.86	1.81	1.76	1.73	1.71	1.69	1.69
18	3.01	2.62	2.42	2.29	2.20	2.13	2.08	2.04	2.00	1.98	1.89	1.84	1.78	1.74	1.70	1.68	1.67	1.66
19	2.99	2.61	2.40	2.27	2.18	2.11	2.06	2.02	1.98	1.96	1.86	1.81	1.76	1.71	1.67	1.65	1.64	1.63
20	2.97	2.59	2.38	2.25	2.16	2.09	2.04	2.00	1.96	1.94	1.84	1.79	1.74	1.69	1.65	1.63	1.62	1.61
22	2.95	2.56	2.35	2.22	2.13	2.06	2.01	1.97	1.93	1.90	1.81	1.76	1.70	1.65	1.61	1.59	1.58	1.57
24	2.93	2.54	2.33	2.19	2.10	2.04	1.98	1.94	1.91	1.88	1.78	1.73	1.67	1.62	1.58	1.56	1.54	1.53
26	2.91	2.52	2.31	2.17	2.08	2.01	1.96	1.92	1.88	1.86	1.76	1.71	1.65	1.59	1.55	1.53	1.51	1.50
28	2.89	2.50	2.29	2.16	2.06	1.00	1.94	1.90	1.87	1.84	1.74	1.69	1.63	1.57	1.53	1.50	1.49	1.48
30	2.88	2.49	2.28	2.14	2.05	1.98	1.93	1.88	1.85	1.82	1.72	1.67	1.61	1.55	1.51	1.48	1.47	1.46
40	2.84	2.44	2.23	2.09	2.00	1.93	1.87	1.83	1.79	1.76	1.66	1.61	1.54	1.48	1.43	1.41	1.39	1.38
50	2.81	2.41	2.20	2.06	1.97	1.90	1.84	1.80	1.76	1.73	1.63	1.57	1.50	1.44	1.39	1.36	1.34	1.33
60	2.79	2.39	2.18	2.04	1.95	1.87	1.82	1.77	1.74	1.71	1.60	1.54	1.48	1.41	1.36	1.33	1.31	1.29
80	2.77	2.37	2.15	2.02	1.92	1.85	1.79	1.75	1.71	1.68	1.57	1.51	1.44	1.38	1.32	1.28	1.26	1.24
100	2.76	2.36	2.14	2.00	1.91	1.83	1.78	1.73	1.70	1.66	1.56	1.49	1.42	1.35	1.29	1.26	1.23	1.21
200	2.73	2.33	2.11	1.97	1.88	1.80	1.75	1.70	1.66	1.63	1.52	1.46	1.38	1.31	1.24	1.20	1.17	1.14
500	2.72	2.31	2.10	1.96	1.86	1.79	1.73	1.68	1.64	1.61	1.50	1.44	1.36	1.28	1.21	1.16	1.12	1.09
∞	2.71	2.30	2.08	1.94	1.85	1.77	1.72	1.67	1.63	1.60	1.49	1.42	1.34	1.26	1.18	1.13	1.08	1.00

(3) α = 0.05

n_2 \ n_1	1	2	3	4	5	6	7	8	9	10	12	14	16	18	20
1	161	200	216	225	230	234	237	239	241	242	244	245	246	247	248
2	18.5	19.0	19.2	19.2	19.3	19.3	19.4	19.4	19.4	19.4	19.4	19.4	19.4	19.4	19.4
3	10.1	9.55	9.28	9.12	9.01	8.94	8.89	8.85	8.81	8.79	8.74	8.71	8.69	8.67	8.66
4	7.71	6.94	6.59	6.39	6.26	6.16	6.09	6.04	6.00	5.96	5.91	5.87	5.84	5.82	5.80
5	6.61	5.79	5.41	5.19	5.05	4.95	4.88	4.82	4.77	4.74	4.68	4.64	4.60	4.58	4.56
6	5.99	5.14	4.76	4.53	4.39	4.28	4.21	4.15	4.10	4.06	4.00	3.96	3.92	3.90	3.87
7	5.59	4.74	4.35	4.12	3.97	3.87	3.79	3.73	3.68	3.64	3.57	3.53	3.49	3.47	3.44
8	5.32	4.46	4.07	3.84	3.69	3.58	3.50	3.44	3.39	3.35	3.28	3.24	3.20	3.17	3.15
9	5.12	4.26	3.86	3.63	3.48	3.37	3.29	3.23	3.18	3.14	3.07	3.03	2.99	2.96	2.94
10	4.96	4.10	3.71	3.48	3.33	3.22	3.14	3.07	3.02	2.98	2.91	2.86	2.83	2.80	2.77
11	4.84	3.98	3.59	3.36	3.20	3.09	3.01	2.95	2.90	2.85	2.79	2.74	2.70	2.67	2.65
12	4.75	3.89	3.49	3.26	3.11	3.00	2.91	2.85	2.80	2.75	2.69	2.64	2.60	2.57	2.54
13	4.67	3.81	3.41	3.18	3.03	2.92	2.83	2.77	2.71	2.67	2.60	2.55	2.51	2.48	2.46
14	4.60	3.74	3.34	3.11	2.96	2.85	2.76	2.70	2.65	2.60	2.53	2.48	2.44	2.41	2.39
15	4.54	3.68	3.29	3.06	2.90	2.79	2.71	2.64	2.59	2.54	2.48	2.42	2.38	2.35	2.33
16	4.49	3.63	3.24	3.01	2.85	2.74	2.66	2.59	2.54	2.49	2.42	2.37	2.33	2.30	2.28
17	4.45	3.59	3.20	2.96	2.81	2.70	2.61	2.55	2.49	2.45	2.38	2.33	2.29	2.26	2.23
18	4.41	3.55	3.16	2.93	2.77	2.66	2.58	2.51	2.46	2.41	2.34	2.29	2.25	2.22	2.19
19	4.38	3.52	3.13	2.90	2.74	2.63	2.54	2.48	2.42	2.38	2.31	2.26	2.21	2.18	2.16
20	4.35	3.49	3.10	2.87	2.71	2.60	2.51	2.45	2.39	2.35	2.28	2.22	2.18	2.15	2.12
21	4.32	3.47	3.07	2.84	2.68	2.57	2.49	2.42	2.37	2.32	2.25	2.20	2.16	2.12	2.10
22	4.30	3.44	3.05	2.82	2.66	2.55	2.46	2.40	2.34	2.30	2.23	2.17	2.13	2.10	2.07
23	4.28	3.42	3.03	2.80	2.64	2.53	2.44	2.37	2.32	2.27	2.20	2.15	2.11	2.07	2.05
24	4.26	3.40	3.01	2.78	2.62	2.51	2.42	2.36	2.30	2.25	2.18	2.13	2.09	2.05	2.03
25	4.24	3.39	2.99	2.76	2.60	2.49	2.40	2.34	2.28	2.24	2.16	2.11	2.07	2.04	2.01

n_2 \ n_1	1	2	3	4	5	6	7	8	9	10	12	14	16	18	20
26	4.23	3.37	2.98	2.74	2.59	2.47	2.39	2.32	2.27	2.22	2.15	2.09	2.05	2.02	1.99
27	4.21	3.35	2.96	2.73	2.57	2.46	2.37	2.31	2.25	2.20	2.13	2.08	2.04	2.00	1.97
28	4.20	3.34	2.95	2.71	2.56	2.45	2.36	2.29	2.24	2.19	2.12	2.06	2.02	1.99	1.96
29	4.18	3.33	2.93	2.70	2.55	2.43	2.35	2.28	2.22	2.18	2.10	2.05	2.01	1.97	1.94
30	4.17	3.32	2.92	2.69	2.53	2.42	2.33	2.27	2.21	2.16	2.09	2.04	1.99	1.96	1.93
32	4.15	3.29	2.90	2.67	2.51	2.40	2.31	2.24	2.19	2.14	2.07	2.01	1.97	1.94	1.91
34	4.13	3.28	2.88	2.65	2.49	2.38	2.29	2.23	2.17	2.12	2.05	1.99	1.95	1.92	1.89
36	4.11	3.26	2.87	2.63	2.48	2.36	2.28	2.21	2.15	2.11	2.03	1.98	1.93	1.90	1.87
38	4.10	3.24	2.85	2.62	2.46	2.35	2.26	2.19	2.14	2.09	2.02	1.96	1.92	1.88	1.85
40	4.08	3.23	2.84	2.61	2.45	2.34	2.25	2.18	2.12	2.08	2.00	1.95	1.90	1.87	1.84
42	4.07	3.22	2.83	2.59	2.44	2.32	2.24	2.17	2.11	2.06	1.99	1.93	1.89	1.86	1.83
44	4.06	3.21	2.82	2.58	2.43	2.31	2.23	2.16	2.10	2.05	1.98	1.92	1.88	1.84	1.81
46	4.05	3.20	2.81	2.57	2.42	2.30	2.22	2.15	2.09	2.04	1.97	1.91	1.87	1.83	1.80
48	4.04	3.19	2.80	2.57	2.41	2.29	2.21	2.14	2.08	2.03	1.96	1.90	1.86	1.82	1.79
50	4.03	3.18	2.79	2.56	2.40	2.29	2.20	2.13	2.07	2.03	1.95	1.89	1.85	1.81	1.78
60	4.00	3.15	2.76	2.53	2.37	2.25	2.17	2.10	2.04	1.99	1.92	1.86	1.82	1.78	1.75
80	3.96	3.11	2.72	2.49	2.33	2.21	2.13	2.06	2.00	1.95	1.88	1.82	1.77	1.73	1.70
100	3.94	3.09	2.70	2.46	2.31	2.19	2.10	2.03	1.97	1.93	1.85	1.79	1.75	1.71	1.68
125	3.92	3.07	2.68	2.44	2.29	2.17	2.08	2.01	1.96	1.91	1.83	1.77	1.72	1.69	1.65
150	3.90	3.06	2.66	2.43	2.27	2.16	2.07	2.00	1.94	1.89	1.82	1.76	1.71	1.67	1.64
200	3.89	3.04	2.65	2.42	2.26	2.14	2.06	1.98	1.93	1.88	1.80	1.74	1.69	1.66	1.62
300	3.87	3.03	2.63	2.40	2.24	2.13	2.04	1.97	1.91	1.86	1.78	1.72	1.68	1.64	1.61
500	3.86	3.01	2.62	2.39	2.23	2.12	2.03	1.96	1.90	1.85	1.77	1.71	1.66	1.62	1.59
1000	3.85	3.00	2.61	2.38	2.22	2.11	2.02	1.95	1.89	1.84	1.76	1.70	1.65	1.61	1.58
∞	3.84	3.00	2.60	2.37	2.21	2.10	2.01	1.94	1.88	1.83	1.75	1.69	1.64	1.60	1.57

n_1 \\ n_2	∞	500	200	100	80	60	50	45	40	35	30	28	26	24	22
1	254	254	254	253	252	252	252	251	251	251	250	250	249	249	249
2	19.5	19.5	19.5	19.5	19.5	19.5	19.5	19.5	19.5	19.5	19.5	19.5	19.5	19.5	19.5
3	8.53	8.53	8.54	8.55	8.56	8.57	8.58	8.59	8.59	8.60	8.62	8.62	8.63	8.64	8.65
4	5.63	5.64	5.65	5.66	5.67	5.69	5.70	5.71	5.72	5.73	5.75	5.75	5.76	5.77	5.79
5	4.37	4.37	4.39	4.41	4.41	4.43	4.44	4.45	4.46	4.48	4.50	4.50	4.52	4.53	4.54
6	3.67	3.68	3.69	3.71	3.72	3.74	3.75	3.76	3.77	3.79	3.81	3.82	3.83	3.84	3.86
7	3.23	3.24	3.25	3.27	3.29	3.30	3.32	3.33	3.34	3.36	2.38	3.39	3.40	3.41	3.43
8	2.93	2.94	2.95	2.97	2.99	3.01	3.02	3.03	3.04	3.06	3.08	3.09	3.10	3.12	3.13
9	2.71	2.72	2.73	2.76	2.77	2.79	2.80	2.81	2.83	2.84	2.86	2.87	2.89	2.90	2.92
10	2.54	2.55	2.56	2.59	2.60	2.62	2.64	2.65	2.66	2.58	2.70	2.71	2.72	2.74	2.75
11	2.40	2.42	2.43	2.46	2.47	2.49	2.51	2.52	2.53	2.55	2.57	2.58	2.59	2.61	2.63
12	2.30	2.31	2.32	2.35	2.36	2.38	2.40	2.41	2.43	2.44	2.47	2.48	2.49	2.51	2.52
13	2.21	2.22	2.23	2.26	2.27	2.30	2.31	2.33	2.34	2.36	2.38	2.39	2.41	2.42	2.44
14	2.13	2.14	2.16	2.19	2.20	2.22	2.24	2.25	2.27	2.28	2.31	2.32	2.33	2.35	2.37
15	2.07	2.08	2.10	2.12	2.14	2.16	2.18	2.19	2.20	2.22	2.25	2.26	2.27	2.29	2.31
16	2.01	2.02	2.04	2.07	2.08	2.11	2.12	2.14	2.15	2.17	2.19	2.21	2.22	2.24	2.25
17	1.96	1.97	1.99	2.02	2.03	2.06	2.08	2.09	2.10	2.12	2.15	2.16	2.17	2.19	2.21
18	1.92	1.93	1.95	1.98	1.99	2.02	2.04	2.05	2.06	2.08	2.11	2.12	2.13	2.15	2.17
19	1.88	1.89	1.91	1.94	1.96	1.98	2.00	2.01	2.03	2.05	2.07	2.08	2.10	2.11	2.13
20	1.84	1.86	1.88	1.91	1.92	1.95	1.97	1.98	1.99	2.01	2.04	2.05	2.07	2.08	2.10
21	1.81	1.82	1.84	1.88	1.89	1.92	1.94	1.95	1.96	1.98	2.01	2.02	2.04	2.05	2.07
22	1.78	1.80	1.82	1.85	1.86	1.89	1.91	1.92	1.94	1.96	1.98	2.00	2.01	2.03	2.05
23	1.76	1.77	1.79	1.82	1.84	1.86	1.88	1.90	1.91	1.93	1.96	1.97	1.99	2.00	2.02
24	1.73	1.75	1.77	1.80	1.82	1.84	1.86	1.88	1.89	1.91	1.94	1.95	1.97	1.98	2.00
25	1.71	1.73	1.75	1.78	1.80	1.82	1.84	1.86	1.87	1.39	1.92	1.93	1.95	1.96	1.98

n_2 \\ n_1	22	24	26	28	30	35	40	45	50	60	80	100	200	500	∞
26	1.97	1.95	1.93	1.91	1.90	1.87	1.85	1.84	1.82	1.80	1.78	1.76	1.73	1.71	1.69
27	1.95	1.93	1.91	1.90	1.88	1.86	1.84	1.82	1.81	1.79	1.76	1.74	1.71	1.69	1.67
28	1.93	1.91	1.90	1.88	1.87	1.84	1.82	1.80	1.79	1.77	1.74	1.73	1.69	1.67	1.65
29	1.92	1.90	1.88	1.87	1.85	1.83	1.81	1.79	1.77	1.75	1.73	1.71	1.67	1.65	1.64
30	1.91	1.89	1.87	1.85	1.84	1.81	1.79	1.77	1.76	1.74	1.71	1.70	1.66	1.64	1.62
32	1.88	1.86	1.85	1.83	1.82	1.79	1.77	1.75	1.74	1.71	1.69	1.67	1.63	1.61	1.59
34	1.86	1.84	1.82	1.80	1.80	1.77	1.75	1.73	1.71	1.69	1.66	1.65	1.61	1.59	1.57
36	1.85	1.82	1.81	1.79	1.78	1.75	1.73	1.71	1.69	1.67	1.64	1.62	1.59	1.56	1.55
38	1.83	1.81	1.79	1.77	1.76	1.73	1.71	1.69	1.68	1.65	1.62	1.61	1.57	1.54	1.53
40	1.81	1.79	1.77	1.76	1.74	1.72	1.69	1.67	1.66	1.64	1.61	1.59	1.55	1.53	1.51
42	1.80	1.78	1.76	1.74	1.73	1.70	1.68	1.66	1.65	1.62	1.59	1.57	1.53	1.51	1.49
44	1.79	1.77	1.75	1.73	1.72	1.69	1.67	1.65	1.63	1.61	1.58	1.56	1.52	1.49	1.48
46	1.78	1.76	1.74	1.72	1.71	1.68	1.65	1.64	1.62	1.60	1.57	1.55	1.51	1.48	1.46
48	1.77	1.75	1.73	1.71	1.70	1.67	1.64	1.62	1.61	1.59	1.56	1.54	1.49	1.47	1.45
50	1.76	1.74	1.72	1.70	1.69	1.66	1.63	1.61	1.60	1.58	1.54	1.52	1.48	1.46	1.44
60	1.72	1.70	1.68	1.66	1.65	1.62	1.59	1.57	1.56	1.53	1.50	1.48	1.44	1.41	1.39
80	1.68	1.65	1.63	1.62	1.60	1.57	1.54	1.52	1.51	1.48	1.45	1.43	1.38	1.35	1.32
100	1.65	1.63	1.61	1.59	1.57	1.54	1.52	1.49	1.48	1.45	1.41	1.39	1.34	1.31	1.28
125	1.63	1.60	1.58	1.57	1.55	1.52	1.49	1.47	1.45	1.42	1.39	1.36	1.31	1.27	1.25
150	1.61	1.59	1.57	1.55	1.53	1.50	1.48	1.45	1.44	1.41	1.37	1.34	1.29	1.25	1.22
200	1.60	1.57	1.55	1.53	1.52	1.48	1.46	1.43	1.41	1.39	1.35	1.32	1.26	1.22	1.19
300	1.58	1.55	1.53	1.51	1.50	1.46	1.43	1.41	1.39	1.36	1.32	1.30	1.23	1.19	1.15
500	1.56	1.54	1.52	1.50	1.48	1.45	1.42	1.40	1.38	1.34	1.30	1.28	1.21	1.16	1.11
1000	1.55	1.53	1.51	1.49	1.47	1.44	1.41	1.38	1.36	1.33	1.29	1.26	1.19	1.13	1.08
∞	1.54	1.52	1.50	1.48	1.46	1.42	1.39	1.37	1.35	1.32	1.27	1.24	1.17	1.11	1.00

（4）α = 0.01

n_2＼n_1	1	2	3	4	5	6	7	8	9	10	12	14	16	18	20
1	405	500	540	563	576	586	593	598	602	606	611	614	617	619	621
2	98.5	99.0	99.2	99.2	99.3	99.3	99.4	99.4	99.4	99.4	99.4	99.4	99.4	99.4	99.4
3	34.1	30.8	29.5	28.7	28.2	27.9	27.7	27.5	27.3	27.2	27.1	26.9	26.8	26.8	26.7
4	21.2	18.0	16.7	16.0	15.5	15.2	15.0	14.8	14.7	14.5	14.4	14.2	14.2	14.1	14.0
5	16.3	13.3	12.1	11.4	11.0	10.7	10.5	10.3	10.2	10.1	9.89	9.77	9.68	9.61	9.55
6	13.7	10.9	9.78	9.15	8.75	8.47	8.26	8.10	7.98	7.87	7.72	7.60	7.52	7.45	7.40
7	12.2	9.55	8.45	7.85	7.46	7.19	6.99	6.84	6.72	6.62	6.47	6.36	6.27	6.21	6.16
8	11.3	8.65	7.59	7.01	6.63	6.37	6.18	6.03	5.91	5.81	5.67	5.56	5.48	5.41	5.36
9	10.6	8.02	6.99	6.42	6.06	5.80	5.61	5.47	5.35	5.26	5.11	5.00	4.92	4.86	4.81
10	10.0	7.56	6.55	5.99	5.64	5.39	5.20	5.06	4.94	4.85	4.71	4.60	4.52	4.46	4.41
11	9.65	7.21	6.22	5.67	5.32	5.07	4.89	4.74	4.63	4.54	4.40	4.29	4.21	4.15	4.10
12	9.33	6.93	5.95	5.41	5.06	4.82	4.64	4.50	4.39	4.30	4.16	4.05	3.97	3.91	3.86
13	9.07	6.70	5.74	5.21	4.86	4.62	4.44	4.30	4.19	4.10	3.96	3.86	3.78	3.71	3.66
14	8.86	6.51	5.56	5.04	4.70	4.46	4.28	4.14	4.03	3.94	3.80	3.70	3.62	3.56	3.51
15	8.68	6.36	5.42	4.89	4.56	4.32	4.14	4.00	3.89	3.80	3.67	3.56	3.49	3.42	3.37
16	8.53	6.23	5.29	4.77	4.44	4.20	4.03	3.89	3.78	3.69	3.55	3.45	3.37	3.31	3.26
17	8.40	6.11	5.18	4.67	4.34	4.11	3.93	3.79	3.68	3.59	3.46	3.35	3.27	3.21	3.16
18	8.29	6.01	5.09	4.58	4.25	4.00	3.84	3.71	3.60	3.51	3.37	3.27	3.19	3.13	3.08
19	8.18	5.93	5.01	4.50	4.17	3.94	3.77	3.63	3.52	3.43	3.30	3.19	3.12	3.05	3.00
20	8.10	5.85	4.94	4.43	4.10	3.87	3.70	3.56	3.46	3.37	3.23	3.13	3.05	2.99	2.94
21	8.02	5.78	4.87	4.37	4.04	3.81	3.64	3.51	3.40	3.31	3.17	3.07	2.99	2.93	2.88
22	7.95	5.72	4.82	4.31	3.99	3.76	3.59	3.45	3.35	3.26	3.12	3.02	2.94	2.88	2.83
23	7.88	5.66	4.76	4.26	3.94	3.71	3.54	3.41	3.30	3.21	3.07	2.97	2.89	2.83	2.78
24	7.82	5.61	4.72	4.22	3.90	3.67	3.50	3.36	3.26	3.17	3.03	2.93	2.85	2.79	2.74
25	7.77	5.57	4.68	4.18	3.86	3.63	3.46	3.32	3.22	3.13	2.99	2.89	2.81	2.75	2.79

n_2 \ n_1	20	18	16	14	12	10	9	8	7	6	5	4	3	2	1
26	2.66	2.72	2.78	2.86	2.96	3.09	3.18	3.29	3.42	3.59	3.82	4.14	4.64	5.53	7.72
27	2.63	2.68	2.75	2.82	2.93	3.06	3.15	3.26	3.39	3.56	3.78	4.11	4.60	5.49	7.68
28	2.60	2.65	2.72	2.79	2.90	3.03	3.12	3.23	3.36	3.53	3.75	4.07	4.57	5.45	7.64
29	2.57	2.62	2.69	2.77	2.87	3.00	3.09	3.20	3.33	3.50	3.73	4.04	4.54	5.42	7.60
30	2.55	2.60	2.66	2.74	2.84	2.98	3.07	3.17	3.30	3.47	3.70	4.02	4.51	5.39	7.56
32	2.50	2.55	2.62	2.70	2.80	2.93	3.02	3.13	3.26	3.43	3.65	3.97	4.46	5.34	7.50
34	2.46	2.51	2.58	2.66	2.76	2.89	2.98	3.09	3.22	3.39	3.61	3.93	4.42	5.29	7.44
36	2.43	2.48	2.54	2.62	2.72	2.86	2.95	3.05	3.18	3.35	3.57	3.89	4.38	5.25	7.40
38	2.40	2.45	2.51	2.59	2.69	2.83	2.92	3.02	3.15	3.32	3.54	3.86	4.34	5.21	7.35
40	2.37	2.42	2.48	2.56	2.66	2.80	2.89	2.99	3.12	3.29	3.51	3.83	4.31	5.18	7.31
42	2.34	2.40	2.46	2.54	2.64	2.78	2.86	2.97	3.10	3.27	3.49	3.80	4.29	5.15	7.28
44	2.32	2.37	2.44	2.52	2.62	2.75	2.84	2.95	3.08	3.24	3.47	3.78	4.26	5.12	7.25
46	2.30	2.35	2.42	2.50	2.60	2.73	2.82	2.93	3.06	3.22	3.44	3.76	4.24	5.10	7.22
48	2.28	2.33	2.40	2.48	2.58	2.72	2.80	2.91	3.04	3.20	3.43	3.74	4.22	5.08	7.20
50	2.27	2.32	2.38	2.46	2.56	2.70	2.79	2.89	3.02	3.19	3.41	3.72	4.20	5.06	7.17
60	2.20	2.25	2.31	2.39	2.50	2.63	2.72	2.82	2.95	3.12	3.34	3.65	4.13	4.98	7.08
80	2.12	2.17	2.23	2.31	2.42	2.55	2.64	2.74	2.87	3.04	3.26	3.56	4.04	4.88	6.96
100	2.07	2.12	2.19	2.26	2.37	2.50	2.59	2.69	2.82	2.99	3.21	3.51	3.98	4.82	6.90
125	2.03	2.08	2.15	2.23	2.33	2.47	2.55	2.66	2.79	2.95	3.17	3.47	3.94	4.78	6.84
150	2.00	2.06	2.12	2.20	2.31	2.44	2.53	2.63	2.76	2.92	3.14	3.45	3.92	4.75	6.81
200	1.97	2.02	2.09	2.17	2.27	2.41	2.50	2.60	2.73	2.89	3.11	3.41	3.88	4.71	6.76
300	1.94	1.99	2.06	2.14	2.24	2.38	2.47	2.57	2.70	2.86	3.08	3.38	3.85	4.68	6.72
500	1.92	1.97	2.04	2.12	2.22	2.36	2.44	2.55	2.68	2.84	3.05	3.36	3.82	4.65	6.69
1000	1.90	1.95	2.02	2.10	2.20	2.34	2.43	2.53	2.66	2.82	3.04	3.34	3.80	4.63	6.66
∞	1.88	1.93	2.00	2.08	2.18	2.32	2.41	2.51	2.64	2.80	3.02	3.32	3.78	4.61	6.63

n_2 \ n_1	22	24	26	28	30	35	40	45	50	60	80	100	200	500	∞
1	622	623	624	625	626	628	629	630	630	631	633	633	635	636	637
2	99.5	99.5	99.5	99.5	99.5	99.5	99.5	99.5	99.5	99.5	99.5	99.5	99.5	99.5	99.5
3	26.6	26.6	26.6	26.5	26.5	26.5	26.4	26.4	26.4	26.3	26.3	26.2	26.2	26.1	26.1
4	14.0	13.9	13.9	13.9	13.8	13.8	13.7	13.7	13.7	13.7	13.6	13.6	13.5	13.5	13.5
5	9.51	9.47	9.43	9.40	9.38	9.33	9.29	9.26	9.24	9.20	9.16	9.13	9.08	9.04	9.02
6	7.35	7.31	7.28	7.25	7.23	7.18	7.14	7.11	7.09	7.06	7.01	6.99	6.93	6.90	6.88
7	6.11	6.07	6.04	6.02	5.99	5.94	5.91	5.88	5.86	5.82	5.78	5.75	5.70	5.67	5.65
8	5.32	5.28	5.25	5.22	5.20	5.15	5.12	5.00	5.07	5.03	4.99	4.96	4.91	4.88	4.86
9	4.77	4.73	4.70	4.67	4.65	4.60	4.57	4.54	4.52	4.48	4.44	4.42	4.36	4.33	4.31
10	4.36	4.33	4.30	4.27	4.25	4.20	4.17	4.14	4.12	4.08	4.04	4.01	3.96	3.93	3.91
11	4.06	4.02	3.99	3.96	3.94	3.89	3.86	3.83	3.81	3.78	3.73	3.71	3.66	3.62	3.60
12	3.82	3.78	3.75	3.72	3.70	3.65	3.62	3.59	3.57	3.54	3.49	3.47	3.41	3.38	3.36
13	3.62	3.59	3.56	3.53	3.51	3.46	3.43	3.40	3.38	3.34	3.30	3.27	3.22	3.19	3.17
14	3.46	3.43	3.40	3.37	3.35	3.30	3.27	3.24	3.22	3.18	3.14	3.11	3.06	3.03	3.00
15	3.33	3.29	3.26	3.24	3.21	3.17	3.13	3.10	3.08	3.05	3.00	2.98	2.92	2.89	2.87
16	3.22	3.18	3.15	3.12	3.10	3.05	3.02	2.99	2.97	2.93	2.89	2.86	2.81	2.78	2.75
17	3.12	3.08	3.05	3.03	3.00	2.96	2.92	2.89	2.87	2.83	2.79	2.76	2.71	2.68	2.65
18	3.03	3.00	2.97	2.94	2.92	2.87	2.84	2.81	2.78	2.75	2.70	2.68	2.62	2.59	2.57
19	2.96	2.92	2.89	2.87	2.84	2.80	2.76	2.73	2.71	2.67	2.63	2.60	2.55	2.51	2.49
20	2.90	2.86	2.83	2.80	2.78	2.73	2.69	2.67	2.64	2.61	2.56	2.54	2.48	2.44	2.42
21	2.84	2.80	2.77	2.74	2.72	2.67	2.64	2.61	2.58	2.55	2.50	2.48	2.42	2.38	2.36
22	2.78	2.75	2.72	2.69	2.67	2.62	2.58	2.55	2.53	2.50	2.45	2.42	2.36	2.33	2.31
23	2.74	2.70	2.67	2.64	2.62	2.57	2.54	2.51	2.48	2.45	2.40	2.37	2.32	2.28	2.26
24	2.70	2.66	2.63	2.60	2.58	2.53	2.49	2.46	2.44	2.40	2.36	2.33	2.27	2.24	2.21
25	2.86	2.62	2.59	2.56	2.54	2.49	2.45	2.42	2.40	2.36	2.32	2.29	2.23	2.19	2.17

n_2 \ n_1	22	24	26	28	30	35	40	45	50	60	80	100	200	500	∞
26	2.62	2.58	2.55	2.53	2.50	2.45	2.42	2.39	2.36	2.33	2.28	2.25	2.19	2.16	2.13
27	2.59	2.55	2.52	2.49	2.47	2.42	2.38	2.35	2.33	2.29	2.25	2.22	2.16	2.12	2.10
28	2.56	2.52	2.49	2.46	2.44	2.39	2.35	2.32	2.30	2.26	2.22	2.19	2.13	2.09	2.06
29	2.53	2.46	2.46	2.44	2.41	2.36	2.33	2.30	2.27	2.23	2.19	2.16	2.10	2.06	2.03
30	2.51	2.47	2.44	2.41	2.39	2.34	2.30	2.27	2.25	2.21	2.16	2.13	2.07	2.03	2.01
32	2.46	2.42	2.39	2.36	2.34	2.29	2.25	2.22	2.20	2.16	2.11	2.08	2.02	1.98	1.96
34	2.42	2.38	2.35	2.32	2.30	2.25	2.21	2.18	2.16	2.12	2.07	2.04	1.98	1.94	1.91
36	2.38	2.35	2.32	2.29	2.26	2.21	2.17	2.14	2.12	2.08	2.03	2.00	1.94	1.90	1.87
38	2.35	2.32	2.28	2.26	2.23	2.18	2.14	2.11	2.09	2.05	2.00	1.97	1.90	1.86	1.84
40	2.33	2.29	2.26	2.23	2.20	2.15	2.11	2.08	2.06	2.02	1.97	1.94	1.87	1.83	1.80
42	2.30	2.26	2.23	2.20	2.18	2.13	2.09	2.06	2.03	1.99	1.94	1.91	1.85	1.80	1.78
44	2.28	2.24	2.21	2.18	2.15	2.10	2.06	2.03	2.01	1.97	1.92	1.89	1.82	1.78	1.75
46	2.26	2.22	2.19	2.16	2.13	2.08	2.04	2.01	1.99	1.95	1.90	1.86	1.80	1.75	1.73
48	2.24	2.20	2.17	2.14	2.12	2.06	2.02	1.99	1.97	1.93	1.88	1.84	1.78	1.73	1.70
50	2.22	2.18	2.15	2.12	2.10	2.05	2.01	1.97	1.95	1.91	1.86	1.82	1.76	1.71	1.68
60	2.15	2.12	2.08	2.05	2.03	1.98	1.94	1.90	1.88	1.84	1.78	1.75	1.68	1.63	1.60
80	2.07	2.03	2.00	1.97	1.94	1.89	1.85	1.81	1.79	1.75	1.69	1.66	1.58	1.53	1.49
100	2.02	1.98	1.94	1.92	1.89	1.84	1.80	1.76	1.73	1.69	1.63	1.60	1.52	1.47	1.43
125	1.98	1.94	1.91	1.88	1.85	1.80	1.76	1.72	1.69	1.65	1.59	1.55	1.47	1.41	1.37
150	1.96	1.92	1.88	1.85	1.83	1.77	1.73	1.69	1.66	1.62	1.56	1.52	1.43	1.38	1.33
200	1.93	1.89	1.85	1.82	1.79	1.74	1.69	1.66	1.63	1.58	1.52	1.48	1.39	1.33	1.23
300	1.89	1.85	1.82	1.79	1.76	1.71	1.66	1.62	1.59	1.55	1.48	1.44	1.35	1.28	1.22
500	1.87	1.83	1.79	1.76	1.74	1.68	1.63	1.60	1.56	1.52	1.45	1.41	1.31	1.23	1.16
1000	1.85	1.81	1.77	1.74	1.72	1.66	1.61	1.57	1.54	1.50	1.43	1.38	1.28	1.19	1.11
∞	1.83	1.79	1.76	1.72	1.70	1.64	1.59	1.55	1.52	1.47	1.40	1.36	1.25	1.15	1.00